本居宣長

「もののあはれ」と「日本」の発見

先崎彰容

新潮選書

本居宣長「もののあはれ」と「日本」の発見　目次

序　章　渡来の価値観――「西側」から西洋へ　11
二枚の写真　「東側」から「西側」へ　華夷秩序の崩壊　普遍的価値の動揺
本居宣長の登場　一般的な宣長像　普遍的価値との軋轢と葛藤
「もののあはれ」論の更新

第一章　「家」と自己像の葛藤――商人、あるいは医者と武士　27
義兄の夭折　江戸の「あきなひ」と京都の「みやび」　幼年時代からの乱読癖
「今井田家養子」と浄土宗信仰　成果のない商人修行　顔のない「家」
継続すべき「家」という存在　商人から医者に転身　本居姓への改姓
先祖の来歴へのこだわり　本居姓と武士の系譜　場所と時間の発見

第二章　貨幣経済の勃興――学術文化の都への遊学　55
宝暦年間の京のにぎわい　堀景山との出会い　奇才たちの時代

分水嶺の時代　農本主義から重商主義へ　社会の流動化と国学の誕生
学問観をめぐる対立　「聖人の道」など無関係　徂徠学派が見た日本
朱子学への懐疑　宣長の現状認識　紫宸殿と古代憧憬　和歌のある日常
清輔朝臣と鴨長明　宇治川に浮かぶ七百年

第三章　恋愛と倫理のあいだ——『あしわけをぶね』の世界　91

大野晋の推理　『あしわけをぶね』冒頭の定義　朱子学の詩論と感受性
宣長の恋　歌論と源氏物語論へ　世界の「人情」をありのままに
『あしわけをぶね』の読み方　古今伝授とは何か　古今伝授の政治的意味
三鳥の伝と政治権力　三人の「古今伝授」批判　契沖という先駆者の発見

第四章　男性的なもの、女性的なもの——契沖、国学の源流　125

契沖学の成り立ち　「人間的立場」という評価　『勢語臆断』の挑戦
人間関係の相違　「人情」とは、なにか　社会的通念と異なる関係性

「実情」と詞の技巧　自他を架橋する詞　和歌と国学の関係

第五章　「もののあはれ」論の登場――『石上私淑言』の世界　145

古典主義者、賀茂真淵　「うた」の世界へ　正岡子規と古今和歌集
古今和歌集成立の背景　グローバル化と漢詩文集　普遍的価値観への挑戦
「ことば」の役割　歌集が生みだす「型」　「もののあはれをしる」とは何か
日本語の伝統　音読みと訓読みの発見　和辻哲郎と「もののあはれ」
永遠の根源への思慕　「于多」について　「詠」の読み方

第六章　源氏物語をめぐる解釈史――中世から近現代まで　187

源氏物語という文化遺産　『石上私淑言』と『紫文要領』
『紫式部日記』にみる闇　桐壺巻にみる権力瓦解の予兆　楊貴妃とエロス的関係
藤井貞和の説　和辻哲郎の説　光源氏はなぜ好色なのか　折口信夫の源氏論
「色好み」と「稜威」　国学の系譜へ

第七章　肯定と共感の倫理学――『紫文要領』の世界　217
四辻善成『河海抄』　夥しい解釈史　詩学の源氏物語解釈への影響
荻生徂徠の「詩」解釈　準拠説と「物語道」　精神の空白と微笑み
宣長の「物語」解釈　相容れない解釈　『湖月抄』の物語論
「からごころ」の人間関係　蛍巻にみる人間関係　「そらごと」ゆえの価値
忘れられた「もののあはれ」　ヒューマニズムという罠　源氏物語とは何なのか

第八章　「日本」の発見――「にほん」か、「やまと」か　255
『成熟と喪失』の母子関係　儒教の「天」の喪失　ナショナリズムと男性の系譜
「からごころ」と漢字表記　万葉主義と新古今主義の深い溝
真淵の『萬葉新採百首解』　「ますらをぶり」の政治思想　宣長は本当に男性的か
「日本」の発見　「にほん」か、「やまと」か　倭国は未開の国なのか
「日出づる国」の国際秩序観　「日本」の登場　宣長にとっての「日本」

日本書紀の国際感覚　日本書紀の解釈史　平安京以前の信仰へ
山々に囲まれた「やまと」

終章　太古の世界観——古典と言葉に堆積するもの　301
宣長、ルソー、カント　坪内逍遥と『源氏物語玉の小櫛』
古典を手ですくい、飲み干す

あとがき　311

註　315　主要参考文献一覧　337

本居宣長「もののあはれ」と「日本」の発見

【凡例・注記】本文中、敬称略。旧漢字は適宜新字に改め、宣長の著作からの引用部分は、全集（筑摩版）にしたがった。『あしわけをぶね』の引用についてはカタカナ表記をひらがな表記に改めて濁点を付した。『石上私淑言』および『紫文要領』からの引用は、全集のほかに「新潮日本古典集成版」を参照しながら適宜修整を施した。そのほかの全集からの引用についても、本書では原文の趣旨を尊重しつつ、現代読者に配慮して適宜修整を施した。なお、著作権保護期間が終了した図版の一部は、パブリック・ドメインのものを使用した。

序　章　渡来の価値観――「西側」から西洋へ

二枚の写真

写真の話からはじめたいと思う。

一枚目は二〇二三年五月二十日、広島で撮影されたもので、岸田文雄首相を中心に、左右をバイデン米大統領とマクロン仏大統領、その外側を加・独両首脳が占めている。周囲を欧州連合関係者が取り囲み、内側に伊首相と青いネクタイをした英首相スナク氏が納まっている。もう一枚は一九四三年十一月五・六日に開催された会議の際に撮影されたもので、東條英機首相を中心に、ビルマ・満州国・中華民国・タイ・フィリピン・インド各国代表が一列に並んでいる。

この二枚の写真の間には八十年の時間が流れている。いうまでもなく、一枚目はG７広島サミットの集合写真であり、二枚目は、第二次世界大戦中に開催された大東亜会議のものである。もし仮に満州国と中華民国を現在の中国とみなしたばあい、二枚目の写真は東南アジアから大陸を含む地域であることがわかるだろう。

私は大学の研究室で、偶然二枚の写真を見比べたときの衝撃を、忘れることができない。日本を取り巻く環境の変化におどろいたのである。G７において、日本は唯一の黄色人種の国であり、自由と民主主義を標榜する西側陣営の国として写真に納まっている。そこに疑いはない。

いっぽう、二枚目の写真では、アジア解放の盟主として日本が座の中央を占めている。西洋列強の帝国主義に対抗する東側陣営の中心国、これが当時の日本が世界に示したアイデンティティーだった。世界秩序をみずから創りだそうとする野心が当時の日本にはあって、「大東亜共栄圏」という理念にも反欧米の意識がにじんでいる。米中対立がしきりに叫ばれている今日、日本は強固な日米同盟に基づいた西側陣営の一員であることは自明のことに思える。だが、わずか八十年というこの期間で、日本の自己意識が東から西に反転した事実は知っておいてよい。私たちにとって自明と思える秩序は、けっして自明ではないのである。

日本はいったい西側なのだろうか、東側なのだろうか。あるいは本来の自分をとうに手放してしまい、所属をもたない根無し草のような存在にすぎないのだろうか。

野口武彦の評論「日本の東と西」（『日本思想史入門』所収）は、冷戦崩壊直後の一九九二年に書かれた作品である。「いったいいつの頃から、日本は『西側の一員』になったのだろうか」とはじまるこの評論で、野口は、東西ドイツの統合、湾岸戦争、ソ連邦崩壊と立て続けに起きた国際情勢の激変のなかで、一九九〇年代、日本の地位が次第に「西側の一員」に固定化されていったという。そしてこの日本の自意識が、古代以来の日本思想史全体を俯瞰してみたばあい、きわめて異例な事態であることを強調したのであった。

九〇年代以降、有史以来はじめてといっていい程、日本は先進国として西側にすり寄り、自己同一化している。だが歴史をふりかえれば、そう簡単ではなかった。わが国は第一次大戦後に世界の

G7広島サミット　© dpa／時事通信フォト

大東亜会議、写真中央が東條英機　1943年

五大国の地位を占めた時でさえ、西側とは一貫して距離を感じてきた。西側とは、そこから何かがもたらされる未知の象徴だったのであり、単なる地理的な方角ではなく、価値を含んだ概念だった。「西側が優れている」という世界像は自明であり、そこに自己をどう位置づけるかに悩んできた。いいかえれば、西側と自己との間には、絶対に越えられない亀裂が深々と入っていたのである。この野口の歴史の見方にもう少しつき合いながら、私なりの解釈を加えると、次のようなことがいえる。(1)

「東側」から「西側」へ

きわめて広く視野をとり、聖徳太子の登場から日清戦争後の岡倉天心までを俯瞰してみることにしよう。

推古十五年（６０７）の『隋書』倭国伝には、「日出づる処の天子、書を日没する所の天子に致す」という有名な言葉がでてくるが、隋の煬帝《ようだい》はこれを読んで無礼極まりないと激怒したと伝えられている。「天子」は天命を受けた者だけに許された地位なので、世界の中心であり一人しか存在しない。その言葉を自称した日本側の態度が煬帝の逆鱗にふれたわけである。

当時は西の大陸から仏教が伝来し、律令制度が採用されるなど、知識・技術の移転が頻繁におこなわれていた。たとえば推古十三年十月、天皇が臣下である蘇我稲目に仏像を礼拝すべきかどうかと尋ねると、「西側の国々は一様にみな礼拝している。どうしてわが国だけが拒否できようか」と稲目は答えたといわれる。また隋から唐に大陸の支配者が代わると、舒明二年（６３０）に第一回の遣唐使がさっそく派遣される。以後、白村江の戦いで唐の水軍に大敗したにもかかわらず派遣はつづき、菅原道真が廃止を決定する寛平六年（894）まで、実に二百年以上にわたり、「西側」の最新知識が導入されつづけた。つまり西側から東漸《とうぜん》するグローバル・スタンダードへの対応に追われていたのだ。その後、唐の崩壊の結果、古今和歌集や源氏物語が誕生し、平安の国風文化時代に入ったことは、歴史のイロハである。

そもそもこうした大陸との激しい交流は、なぜおきたのか。それは強力な統一国家である隋と唐が出現し、五胡十六国時代の混乱に終止符が打たれたことに由来する。日本側からみると、高句麗・新羅・百済の朝鮮半島三国のむこう側に、律令体制を整えた強大な「近代国家」隋・唐が出現し、相対峙することになった。遣唐使廃止にいたるまでの二百数十年余、先進巨大国家の影響力にどう対応するのかが、問われつづけた。激しい交流は政治から文化にいたるまで「西側」の価値観を受け入れる緊張を強いた。

野口によれば、同様の緊張感を、日本人は十九世紀後半、幕末・明治維新期にも追体験する。西洋資本主義国家群が、律令体制の大陸に代わって、「新しい西側」として出現してきたからである。明治四年（1871）に締結された日清修好条規とは、今や「東側」の地位に転落したかつての「西側」である清国と日本とが結んだ、西洋諸国への対抗措置だった。大陸よりさらに「西側」から新しい文明が現れたとき、かつての西側は東の一部に転落したのである。それは律令体制や儒教的価値観といった、日本が大陸から学びつづけてきた世界観、善悪の価値基準が相対化されたという意味である。

大陸の制度文物から思想にいたるまで、これまで世界を理解する絶対自明の基準だった価値が、その地位を降りてしまった。相対化といってしまえば、事柄は簡単なようにも思えるが、これがいかに深刻な精神的危機を日本人にもたらしたかは想像しておいたほうがよい。

羅針盤を失った自分たちは、いったい今どこにいて、どこへ向かえばよいのだろうか。新しい西側とは、どのような距離感でつき合うべきか。混乱の一端を描いた、明治期最大の啓蒙思想家の言葉をひいておこう——「然ば則ち今の改革者流が日本の旧習を厭ふて西洋の事物を信ずるは、全く軽信軽疑の譏を免る可きものと云ふ可らず（中略）尚甚しきは未だ新の信ず可きものを探り得ずして早く既に旧物を放却し、一身恰も空虚なるが如くにして安心立命の地位を失ひ、之が為遂には発狂する者あるに至れり。憐む可きに非ずや(2)」。福澤諭吉『学問のすすめ』第十五編のとても有名な部分である。

——それならすなわち、現在の改革者側がわが国旧来の習慣を嫌って西洋の物事を信じるとは、まったくもって軽はずみに信じ、軽薄な疑いだと批判されても仕方ない（中略）さらにひどくなると、新しく信じることができる何かを得ていないのに、旧来のものを放り出し、まるで空虚な個人になってしまって、安心し、支えとなる基準を失い、これが原因で正気を失う者まででてくる。憐れむべきことではないか。

華夷秩序の崩壊

このとき福澤の眼には、二種類の日本人が見えていたのだろう。第一に、すぐさま流行に飛びつき、西洋文明の導入を焦る者である。彼らは過去の日本を顧みず、西側の正しさを信じきっている。第二に、より深刻な精神的危機に陥った者たちだ。従来の価値観の崩壊に戸惑い、しかも新しい価値観にもなじめない。変化する時代に対応できず、心に空洞ができた結果、正気を失う日本人のすがたを福澤は書き留めたのだった。

のちに、日本政治思想史が専門の坂本多加雄は、福澤が憂慮した事態を次のようにまとめている。近代以前の「文明」とは、中国大陸の儒教文化が普及した状態をさし、華夷秩序が国際関係のモデルであった。それは力や法よりも徳治を重視した文明観であり、その文明観からすれば、武士の力で統治された日本は、大陸に比べて野蛮だとされたのである。

こうした伝統のなかで、福澤の文明論が画期的だったのは、文明の定義を変えたことにあった。従来の儒教の「徳治」を西洋の「智慧」に転換し、普遍的価値基準に変更を迫った。また国際秩序にたいするイメージも、中国を中心とする同心円上の華夷秩序から「野蛮、半開、文明」へと変わり、中国と日本は「半開」に位置づけられたのである。とりわけ、中国を半開に分類したことは大きな意味をもった。なぜなら従来の普遍的価値が相対化され、東側の一国家になってしまったことで、もはや中国の価値観を信じていればすむような時代は終わりを告げたのである。これがいかに深刻な精神的危機をもたらしたのかは、想像を絶する。(3)

普遍的価値の動揺

だが当然のことながら、日本の自己像の東側から西側への転換に応じない思想家も登場してくる。

岡倉天心はその格好の事例である。

「アジアは一つである」という有名な書きだしをもつ天心の『東洋の理想』は、明治三十六年（1903）に英文で発表されたものである。天心がイメージする東は、アジア全体を包含する広大なものであった。天心にとって、日本はあくまでも東の要なのであり、西に対抗する文化と価値を持ち合わせた国であらねばならなかった。理念としてのアジアは、西側から何かを学ぶのではなく、むしろ西側に、新たなアジア的価値をあたえる側である。天心は、日本思想史の基調である西側絶対史観に抵抗し、むしろ東側にこそ価値の源泉があると主張したわけだ。野口によれば、天心は世界秩序の見方それ自体への異議申し立てをしたのであり、日本についても「西側に対して劣位にある」という自己像の変更を迫ったのである。

以上の主張は、四十年後の東條英機主催の大東亜会議につながるものなのかもしれない。天心は、従来の日本思想史の見取り図――すなわち野口の歴史観――のような、つねに西側から最新の世界観が到来するという観念はもちろん、日本は単なる東側の一員であるという自己像も拒絶した。天心は自らの手で独自性を発見せねばならないといったのである……。

一九九〇年代の終わりごろ、大学図書館の片隅で、はじめて野口の文章にふれたとき、激しく心をゆさぶられた。何かをつかんだ気がしたが、漠としたままだった。それはちょうど、本居宣長で卒業論文を準備していたころのことである。より広い視野から日本思想史へ入門してみようと思い、手に取ったのが、野口武彦の『日本思想史入門』だったわけである。

その際の強烈な読後感を、今なら明確に言葉にすることができる。

日本は大国隋・唐との緊張関係に入ってこの方、つねに「西側」を意識し、その世界観のなかにみずからを位置づけようとしてきた。先に坂本多加雄が指摘した華夷秩序とは、世界を中華と夷狄《いてき》に二分したうえで、天子の「徳治」が及ぶ範囲を中華とみなす。夷狄であっても冊封体制に入れば、その存在を認められ、同心円の周辺部に位置づけをあたえられる。しかし大陸の優越性は変わることはない。

この国際秩序観にたいしては、すでに江戸期には疑問が投げかけられていた。わが国は大陸文化の一部ではなく、天照大御神の子孫が統治する「神国」であり、武家諸法度による「武国」でもある。この二重統治体制こそが、日本の優越性の証明だという自国認識である。こうした視点に立てば、大陸や朝鮮半島は、文人官僚による軟弱な統治体制にすぎないということになる。「西側」の相対化は、福澤の文明論以前、すでに江戸期からはじまっていたのである（前田勉『兵学と朱子学・蘭学・国学』）。

明治以降の近代日本になると、西とは西洋文明を指すようになり、戦後はアメリカ的価値観がそれにとって代わったのだろう。しかし、かつての西側であった大陸の文明が、わが国にあたえた影響は、その歴史の長さを考えれば西洋諸国の比ではない。日本は有史以来、多くの時間を大陸との軋轢と緊張、文明摂取に費やしてきたのであって、その濃淡によって、国家像の修正をおこなってきた。[4]実際、福澤が、宣長と同時代の蘭学者・杉田玄白（1733-1817）から影響を受けていたように、東西文化の入れ替わりは百年単位でゆるやかに進んでいったのである。思想界で羅針盤の針が東から西に転換するのは、伊藤仁斎（1627-1705）にはじまり荻生徂徠（1666-

1728）を経由し、玄白や宣長が活躍した十八世紀後半を考えても、百年以上の月日がかかっている。さらに福澤の登場までふまえると、自己像の変化は、ゆうに二百年以上のときをかけて成し遂げられたのである。

本居宣長の登場

本居宣長を論じる本書が、隋・唐帝国や明治期の思想家の話からはじまることに、読者は戸惑うかもしれない。しかし江戸中期に活躍した宣長は、わが国が有史以来課されてきた条件を、最も深刻に受けとめ、応答しようとした思想家のひとりである。

宣長が志した学問を、ふつう国学という。ではそもそも、国学とは何だろうか。日本思想史の専門的な辞典によれば、それは江戸中期に勃興した、古代にたいする新しい研究方法から生まれた[5]。まず儒学の分野で、伊藤仁斎や荻生徂徠といった傑物が、「古学」と呼ばれる学問分野を切り拓いた。『論語』や『孟子』はもちろん、『大学』や『中庸』などの中国古典を徹底的に読み込んで、斬新な手法で解釈した。その方法論は、契沖（1640－1701）や荷田春満《かだのあずままろ》（1669－1736）、賀茂真淵（1697－1769）ら江戸思想界の先駆者によって日本古典へと応用されてゆく。

万葉集研究に没頭した賀茂真淵が、「いにしえの世の歌は人の真ごころ也。後の世の歌は人のしわざ也」（『萬葉集大考』）と書いたとき、日本人の理想的な生き方は、古代の歌のなかに秘されているという確信と、自分が今、そのベールを一枚一枚剝がしているという感動に震えていたにちがいない。古代が生き生きとした姿で眼の前に現れる。古代人の恋の駆け引きが、熱い息づかいとともに真淵にはみえたのだ。儒教や仏教を外来思想としてしりぞけ、和歌と物語文学に日本人の原型をさぐる学問が、「国学」ということになるだろう。

つまり国学とは、復古的であると同時に、「西側」への懐疑からはじまった学問なのである。宣長も、そうした国学者のひとりだった。彼を虜にしたのは万葉集ではなく、古今和歌集であり源氏物語であり、なにより古事記だった。宣長は古事記や日本書紀を読み解くために、律令国家と隋・唐帝国の時代情勢にも精通していた。たとえばドナルド・キーンは、宣長を「日本が生んだもっとも偉大な学者の一人」であり、「彼の著作は、ひろく文学、語学、神道の三大領域」にわたっているると賛辞を惜しまない（『日本文学史』）。宣長をしるとは、千年を超える日本古典に耽溺することであり、文化に精通することなのである。

一般的な宣長像

もっとも一般的な本居宣長のイメージは、どのようなものだろうか。風雅の世界に遊び、日本文化の精髄を「もののあはれ」という概念で取りだしてみせた人物だろうか。茶の湯や能楽の「わび寂び」が禅宗の影響をうけているのとは一風異なる、日本の独自性の発見者ということだろう。あるいは、研究者のあいだでは、宣長を近代文学の発見者とする評価である。近代文学は、なによりも「個人」や「自我」を尊重すべきであると考えてきた。したがって政治からの文学の自立を主張した宣長は、個人の内面を重視した近代の人である。肯定的に評価するばあい、主流をなしてきたのは、宣長に個人主義の萌芽をみるこのような研究である。

いっぽうで、正反対ともいえる見解が、宣長に全体主義の危険な薫りを嗅ぎとる研究である。実際、宣長は第二次大戦中、皇国思想の唱道者として、絶大な支持を得ていたではないか。宣長六十一歳のときの自画像に添えられた歌、

しき嶋の　やまとごゝろを人とはゞ　朝日にゝほふ　山ざくら花

には、何か死の匂いすら漂っているではないか。途方もない透明感が、若者を戦地に送りだし、死に誘いはしなかったか。その宣長が生涯をかけて執筆したのが『古事記伝』である。古事記研究の金字塔であり、今なお参照されるこの著作には、『直毘霊《なおびのみたま》』という論考が収録されている。実証的な古事記研究はすばらしい。だがその研究意欲を支える信条、宣長の確信をかたる『直毘霊』の美文を読むとき、肯定的であれ否定的であれ、読む人の心をざわつかせずにはおかない――「皇《すめら》大御国《おおみくに》は、掛《かけ》まくも可畏き神御祖天照大御神の、御生坐る大御国にして、万の国に勝れたる所由は、先づここにいちじるし、国といふ国に、此の大御神の大御徳みかがふらぬ国なし」（『本居宣長全集』より）。宣長はうつくしく、あるいは妖しく、私たちに多面的な顔をみせるのだ。

実際の宣長は、十代のころから和歌の面白さに魅せられ、古今和歌集や新古今集に親しみ、二十三歳のときに医者を志して京都に遊学する。そこで荻生徂徠や契沖の学問にふれ、古典研究に生涯を捧げる覚悟を決めた。京都遊学の終わりには、『あしわけをぶね』という最初の歌論書を書きあげている。それは葦の間を分け入る小さな船という意味。宣長が知の巨人へと成長していく、小さ

な、しかし確実な一歩だった。

その後、故郷の伊勢松坂で町医を開業するかたわら、源氏物語の研究書『紫文要領《しぶんようりょう》』と歌論書『石上私淑言《いそのかみささめごと》』をかたちにしていく。三十四歳ごろのことである。有名な「もののあはれ」論が全面展開されたのは、この二冊の作品においてである。『あしわけをぶね』と『石上私淑言』、『紫文要領』の三冊が、本書では読解の中心になる。宣長七十二年の生涯のうち、主にここまでの時期についてである。

その最中、後年につながる劇的な事件があった。戦前はとりわけ有名だった賀茂真淵との生涯ただ一度の対面である。これを「松坂の一夜」という。この日を境として、宣長は時代をさらに遡り、古事記研究へとのめり込んでゆく。その作業は実に三十五年の歳月をかけてつづけられ、寛政十年、宣長六十九歳のときに主著『古事記伝』が、全四十四巻をもって完成した。

それは天と地と地底の黄泉国という三層の壮大な世界観にもとづく「宇宙生成論な言説」（子安宣邦）だといわれている。主著『古事記伝』は、この世界全体のなかで、日本とは何かという問いにたいする答えであり、日本人の自己像形成に決定的な役割をはたした。そして戦後、ナショナリズム研究の勃興とともに、宣長は無視できない存在として毀誉褒貶にさらされる。「日本」研究の絶えざる源泉になりつづけてきたのである。

普遍的価値との軋轢と葛藤

だが本書では、まったくちがう読み方をしようと思う。一般的な宣長イメージとは異なる視点、二つの視点から宣長を読んでみたいのである。そのために必要なのが、野口の歴史観を参照することだった。

野口によると、古学や国学が勃興した江戸中期が、「西側」への権威が揺らぎはじめた時代だということがわかる。宣長と同時代人には、杉田玄白や前野良沢（1723－1803）らの蘭学者がいた。彼らは、『蘭学事始』に生き生きと描写されているように、近代医学の輸入をつうじて西洋文明に目覚めた人たちだった。従来の儒学、なかでも朱子学は、医学をふくめた世界全体を説明する際の価値基準の座にながらく君臨していた。この「西側」の基準をゆさぶり、亀裂を入れ、完全な破砕を目論んだのが仁斎と徂徠、あるいは蘭学者であり、国学でいえば本居宣長だったのである。

宣長はこうした時代状況にたいして、きわめて個性的で、しかも徹底した回答をあたえた人物である。普遍的価値との軋轢と葛藤が、まず私の興味関心をひくのである。

「もののあはれ」論の更新

宣長の独自性は、たとえば戦国時代の天才、細川幽斎（1534－1610）と比較すればあきらかである（第三章参照）。武術に秀で、また当代随一の文化人として歌道、茶道、蹴鞠もよくした愛国者が幽斎である。古今和歌集を最新の理論で読み解き、世界文学に位置づけようとした野心家だった。現代思想で古典をするどく斬り、人びとから喝采を浴びたのだ。

だが宣長が「もののあはれ」論でめざしたのは、そういうことではない。近代文学の発見でも、個人主義の称揚でもなかったのである。「もののあはれ」論は自我論ではなく、男女の恋愛を基礎にした人間関係論である。男女の恋が紡ぐ駆け引きの中に、私たちの生き方の基準を発見した。それは朱子学的世界観以前の自分たちの生活様式であり、この世界を肯定するために、借り物の外来語ではなく日本語をつかう。朱子学や仏教、武士道、さらに商品貨幣経済がもたらす人間関係はとても冷たいものである。こうした人間関係とは、まったく異なる生き方と言葉遣いがあることを宣長は発見した。

つまり「もののあはれ」論は、倫理学であり日本語学なのである。「日本」成立以前の奥深く、太古の息遣いさえ聴こえてくるような時代の人びとの佇まい、彼らの鼓動こそ「もののあはれ」である——これが宣長を読む際のもう一つの私の興味関心となる。(6)「西側」の普遍的価値との葛藤と

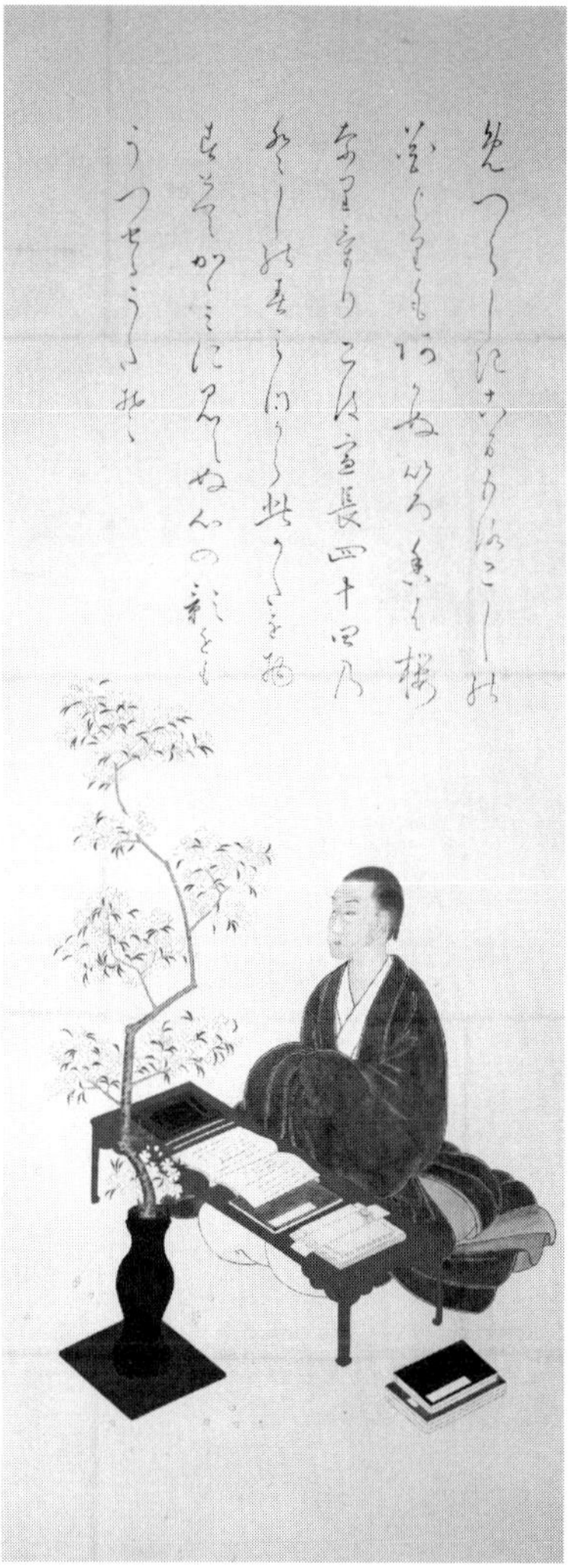

本居宣長四十四歳自画自賛像
本居宣長記念館所蔵

「もののあはれ」論の更新、この二つを証明するのが本書の目的である。

政治や外交、経済システムであれば、時代の風向きに敏感になり、諸外国との激しい駆け引きを意識するのは当然である。その時代を主導する外交秩序のなかに、自国を位置づけようとするのもまた自明のことであろう。だが思想もまた、そうである必要があるのだろうか。思想は言葉による営みなのだから、その解釈は日本人自身の素手でおこなわれるべきだろう。なぜなら言葉に親しむとは、多くの死者たちによって遺されたものにふれることだから。つまり思想を学ぶとは、よく生き、よく死ぬために先人の叡智をみずからのものとすることだ。体感する、という今日では忘れられてしまった態度で古典と向きあうことである。だからどこかで現代を超越せねばならない。

現代思想の刃で明瞭な輪郭に切り取られた古典からは、鮮血がしたたり落ちている。本居宣長が拒んだのは、こうした血をみる作業だった。古典は古典のまま、そのやわらかい指先に包み込まれ、私たちのもとに届かねばならない。それは明瞭でも斬新でもないが、確かに日本人の生き方のリズムが宿った、言葉の宝石たちなのである。それはグローバルな価値基準に左右されない、呼吸する言葉たちなのである。だから本書も現代の物差しで宣長を切り取らない。ひたすらに静かに、まずは人生の軌跡を追いかけることから、はじめてみたいのである。

第一章 「家」と自己像の葛藤――商人、あるいは医者と武士

義兄の夭折

宝暦元年（1751）二月二十八日、小津榮貞、のちの本居宣長は深い憂鬱に沈んでいた。あらゆる秩序が、眼の前で瓦解したからである。

この時、宣長は二十二歳。

青春を謳歌している年齢であるにもかかわらず、心は漆黒の闇に包まれていた。追いやっていたはずの死の影が、ふたたび眼の前に現れたからである。浄土宗の篤信家の家に生まれた宣長は、弥陀仏へ無病息災を日々念じていた。にもかかわらず、この日、義兄の宗五郎が四十歳の若さで世を去った。

突然の死の到来は、はじめてのことではなかった。最初の亀裂が小津家に入ったのは、先立つこと十年前、元文五年（1740）閏七月に父・小津定利が急死したときからである。宣長の人生をかたりはじめるには、この父と義兄の死を、どうしても振り返らねばならない。なぜなら宣長の青春は、「家」の存在と切ってもきれない関係にあるからである。

小津家は代々、伊勢松坂で木綿仲買商を営んでいた。当時の松坂は紀州藩領であるとともに、伊

勢神宮の参拝客でにぎわう宿場町であり、しかも伊勢街道が和歌山・熊野に分岐する交通の要所でもあった。大商人も多く、また京都方面にも近かったことから、公家、貴族的な文化の薫りが南下し、松坂の街を覆っていた。時間と金を持て余した商人の欲望が、「家」の隆盛と没落としてはっきりと眼の前に展開される街、それが松坂であった――「里のひろき事は、山田につぎたれど、富る家おほく、江戸に店といふ物をかまへおきて、手代といふ物をおほくあらせて、あきなひせさせて、あるじは、国にのみ居てあそびをり、うはべはさしもあらで、うちうちはいたくゆたかにおごりてわたる」(『玉勝間』巻十四「伊勢国」、全集①－445)。

手代とは商家の奉公人をさし、番頭の下で住み込みで働く人たちのことである。経営が安定すると、主人は手代を江戸に派遣して仕事を任せてしまい、自分は地元で遊び暮らすだけの生活を送っていたのである。

しかし都市の華美が行き交う場所には、盗賊などの出入りも多く、派手な生活を楽しむ家がある一方で、急速に没落するばあいも多かった。宝暦年間の松坂を描写したある文章は、没落する「家」のエピソードをいくつも書き留めている――たとえば堀江八郎兵衛は、酒浸りの生活を送り、江戸にだしていた店も次第に衰微し、上納金の支払いにも苦慮して家は断絶してしまった。また柳屋彦左衛門は、松坂第一の驕り人で、絵画や道具に凝って珍品を買い集め、また他人の嫁に手をだして遊び暮らし、それでも旦那、旦那ともてはやされていたが、最終的に家は断絶してしまった――(森壼仙「宝暦咄し」)。宣長の前にあったのは、こうした都市・松坂の生々しい息吹だった。

江戸の「あきなひ」と京都の「みやび」

ところが、商いのために江戸に下っていた小津定利は、半年もたたないうちに、江戸大伝馬町一丁目の木綿問屋で四十六年の生涯を突如、閉じたのである。宣長は、三十六歳で未亡人となった母・お勝とともに、九歳の妹はん、六歳の弟親次、そして生後半年の妹しゅんの面倒をみる立場に立たされた。真夜中に門を急くように叩き、危篤の知らせと死去の報が二通同時に早飛脚で届いたとき、母お勝は激しく動揺し、泣き崩れた。

宣長はみずからの胸の内を後年、「われもわらは心に、いとかなしかりし事など、今もほのかにおぼえたるを、思ひ出るも、夢のやうにかなし」と書き留めている。自分も子供心にひどく悲しかったことを、今でもほのかに覚えている。それを思い出すだけでも、夢のことのように悲しい――この直後、一家は住み慣れた本家から隠居家への移動を余儀なくされている。

当時わずか十一歳だった宣長に代わって、家督を継いだのが、義兄の小津宗五郎である。小津本家六代目として、宗五郎は、いわば中継ぎ投手の役割を引き受けた。生涯を小津家に捧げるために生きた宗五郎は、義父にあたる定利との関係も良好だったといってよい。もともと宗五郎は定利の最初の妻である清の連れ子であり、父・孫右衛門の死後に本家である小津家に戻った。実母も没したのち、定利と後妻との間に宣長が生まれると、彼の立場は微妙なものとならざるを得なかった。それでも義理堅い義父・定利は、あくまでも宗五郎を跡取りとみなしており、宗五郎は江戸に赴いて別に店をもった。そして義父が死ぬと松坂に一旦は帰郷し、遺言にしたがい小津家を相続し生活を支え小津家への忠誠を誓ったのである。

しかしそれからほどなく宗五郎はふたたび江戸に戻り、名を改めた後も神田紺屋町に店を構え、独立の意思を示すことになるが、宗五郎は律儀な一面をもち合わせていた。曾祖父小津三郎右衛門道休がはじめた大伝馬町の木綿問屋と、祖父定治がはじめた堀留町の煙草屋と両替商は畳まれることになるが、宗五郎は残った資産のうちから四百両の現金を工面し、その利息で宣長一家が生活できるように家産整理をしておいてくれたのである。

つまり元文五年の時点で、父の役割は義兄の宗五郎に託されていた。だがそれはたとえていえば、大黒柱の定まらない家のようなものであり、何とか均衡を保っているにすぎず、軋みと不安定を免れないものであった。

父・定利が鬼籍に入ったこの時点で、宣長はいまだ家督を相続していない。形式上は宗五郎が、小津家を支える立場をとっている。しかし十一歳の宣長には、にわかに「家」の重みが生々しく肩の上に感じられたに違いない。それは商人として速やかに自立し、父の立場に自分が到達せねばならないことを意味した。父としての役割を演じることを、一日も早く求めたのは母のお勝であった。

この時期の年譜を見てみると、まず注目すべきは延享二年（1745）四月からの約一年にわたる江戸行である。当時宣長は十六歳、滞在先は隠居家「叔父源四郎ノ店」、すなわち曾祖父小津三郎右衛門道休が大伝馬町一丁目ではじめた木綿問屋の三つのうちの一つだといわれている。一年に及ぶ江戸生活が、叔父の家での住み込みだったことは、明らかに商人としての手習いをしていたことを想起させる。しかし筆まめでしられる宣長が、この間の生活記録を一切残していない事実は、深い意味をもつと思われる。

松坂に帰郷後の延享三年七月から、宣長は、京都の名所等を書き連ねた『都考抜書《とこうばつしょ》』を起筆し、「平安城」を中心に愛宕山や大原までを俯瞰した地図『洛外指図』を描いている。だが、宣長が京都に滞在したのは、江戸行直前の二月のことである。その後、江戸に一年滞在したにもかかわらず、江戸には一切触れず、京都について書いたことは、はじめての京都滞在の方が、宣長に強烈な印象を残したことを示している。江戸行は江戸への否定をつよめ、京都賛美の心を抑え難いものにしていたのである。

なぜなら江戸は「あきなひ」の象徴であり、京は「みやび」の象徴だったからだ。そして生まれ故郷の松坂という街には、江戸と京双方の香りが入り混じっていた。宣長はそのうちから、京の香りだけを吸おうと懸命になりはじめる。

幼年時代からの乱読癖

宣長が、自身の資質を学問に見いだしはじめたのは、恐らくこの前後のことである。それは後年、『玉勝間』のなかに「おのが物まなびの有しやう」という項目をたてて、幼いころからの乱読癖を懐かしそうに回想していることからもわかる。

おのれいときなかりしほどより、書をよむことをなむ、よろづよりもおもしろく思ひて、よみける、さるはかばかしく師につきて、わざと学問すとにもあらず、何と心ざすこともなく、そのすぢと定めたるかたもなくて、ただからのやまとの、くさぐさのふみを、あるにまかせ、うるにまかせて、ふるきちかきをもいはず、何くれとよみけるほどに、十七八なりしほどより、歌よままほしく思ふ心いできて、よみはじめけるを、それはた師にしたがひて、まなべるにもあらず（全集①－84・85[7]）

何よりも読書を面白く思い始めた宣長は、特定の師匠に教わるわけでもなく、また学問の方向性も定まらぬまま、乱読を開始する。『経籍』という書籍目録をつくり、神儒仏そのほかに書籍を分類し書き留める作業も同時期にはじめている。そして国内外の別も時代の今昔も問わずにむさぼり読んでいると、十代後半のころから、和歌を詠みたいと思う気持ちが湧きあがり、ひとり作歌活動にはいった。先にみた京都の名所録『都考抜書』の作成は、まさしくこうした時期にはじめられたものである。

宣長にとって、これは平安憧憬という、趣味嗜好の問題では済まなかった。なぜなら、京のみやびに惹かれ読書に耽溺することは、商人として自立することの妨げになるからだ。ひいては「家」の崩壊に手を貸し、父になることの断念を意味してしまうからである。宗五郎という義兄によって、からくも均衡を保っている間に、本物の父に宣長はならねばならない。そのためには商人となり、家業の存続に耐えるだけの力を蓄えねばならない。つまり小津家という歴史に推参し、その流れの一点となること、「家」のアイデンティティーに自己を同一化することに耐えねばならない。

家業と自己の将来像との間に齟齬が生まれるのは、いつの時代にもおこる普遍的葛藤である。それは歴史のなかに埋もれてしまう類の凡庸なものだが、その葛藤から非凡な何かを生みだす者もいる。

江戸期の宣長のばあい、家長として父の役割を引き受けることはごく自然のことであり、定利と死別して以降、十代のすべての時間は、この重荷を意識的に引き受けることに費やされた。それは宣長に、他の子供よりもはやく成熟することを強いたものと思われる。

「今井田家養子」と浄土宗信仰

かくして、宣長研究者の間で必ず注目される「今井田家養子」の顚末は起こったのである。寛延元年（1748）十一月、十九歳の宣長の姿は、実家を離れて伊勢山田にあった。半年後から本格的に紙商売をはじめるために、今井田家の養子となったのである。定利に代わり「家」を支え、父になるために、今井田家で宣長は二つのことに取り組む必要があった。一つはもちろん紙商売を学び商人となることであり、もう一つが、父を含めた小津家の伝統である宗教、浄土宗により深く帰依することであった。

実際、今井田家滞在直前の宣長は、強烈に定利の存在を意識している。それが如実に表れているのが、「父定利の忌日に追福のため南無阿彌陀佛を沓冠にをきて釈教の心を」と題詠された、以下の六首である。文頭と文末をそれぞれつなげると、南無阿弥陀仏になっている。

南によりも　ただ有難し本願を　ふかく頼みて　浅く思ふ南
無始よりも　造し罪のことごとく　消るは彌陀の　誓成ら無

阿さからぬ　罪は有共たすかると　思て頼め　深き誓を
彌陀佛の　国はいのちもはかりなく　苦みなくて　楽めるの彌
陀い慈悲の　ふかき願ひも成就して　今は西方正覚の彌陀
佛法の　をしへはあまた多けれと　たくひはあらし　南無阿彌陀佛

（全集⑮－181）

問題は、作品の巧拙にあるのではない。定利の存在を表現する際の方法が、浄土宗と和歌の混合物だという事実である。

宣長は、今井田家に養子にはいるこの年の春、「栄貞詠草」と題して、はじめて和歌を詠みはじめた。「家」の宗教である浄土宗を表現する方法が、宣長の「家」以外の部分、個人的な感情表現の媒体、すなわち和歌によって行われたことは注目に値する。宣長の内部に、面従腹背の二人の人物がいて、商人の仮面をかぶりながら、そこから逸脱する歌詞で、父の存在を表現しているのである。利害打算の商いと和歌という美的な世界が一人の人格のなかでせめぎ合い、美の方に吸い寄せられていく。表現することそれ自体が、父を裏切ることにつながっているにもかかわらず。

宣長は、今井田家への養子縁組が決定したのちの閏十月、浄土宗の「五重相伝」を受けている。五重相伝とは、出家後一定の宗学を修めた僧侶に、浄土宗の奥義を伝授することをいう。だが、近世中期にはその本来の役割を弱め、檀家教化と寺院の経済的安定の形式的行事になっていた。これが大事なのは、個人的な信仰心よりもむしろ、「家」の存続に深い意味をもつからである。

森瑞枝の研究によれば、「幕藩体制下、寺檀関係もまた身分（生業）同様原則的には不変である。商家小津の継承は生業と屋号で果たされ、樹敬寺檀家小津の方は信仰と法号によって引き継がれ、双方備わって名実ともに小津家の正員となると仮定すると、（樹敬寺で受けた：先崎注）宣長の五重相伝の意義は、かなり明瞭になってくる」ということになる。(8)

成果のない商人修行

つまり宣長が「家」を存続させるためには、生業と屋号を引き継ぐだけではなく、樹敬寺の檀家として信仰をかたちで示さねばならない。そもそも生家の小津家と、母方の村田家は、ともにきわめて熱心な浄土宗の信者であった。宣長自身、十歳の時点で英笑という法名を授かり、十五歳の二月には融通念仏百篇、翌三月には十万人講の日課百篇を修していたのである。後年の宣長の学問が神道に傾斜していったことを思えば、若き日に浄土宗を篤く信仰している姿は奇異に映るかもしれない。だが、生業を引き継ぐことに困難を覚えつつも、信仰においては「家」と矛盾することはなかった。あるいは、信仰において辛くも「家」と繋がっていると感じていたのかもしれない。

そして実際、すでにこの時期に、宣長は神道の世界にもふれていたのである。なぜなら今井田家は、祝部とよばれる神宮の摂末社への奉公役を担う家柄だったし、また偶然、伊勢の街が遷宮に沸く様子を宣長は目撃していたからである。御柱立、白石持ち、清鉋、御装束神宝読合などと呼ばれる神事が行われ、九月には内宮遷宮と外宮遷宮が相次いで行われた。宣長はこうした神道関連の行事を参観するとともに、和歌の添削を受け、また『源氏物語覚書』を起筆し、平安朝物語の世界を知り始めていた。

　それにもかかわらず、今井田家での宣長の日々を再現するのは、信仰生活を除けば、きわめて困難である。日記には具体的な内面の吐露はもちろん、のちの国学者宣長を匂わせる文字もまったく見あたらない。

　たしかに宣長は毎朝、天照皇太神宮にはじまり、諸神に拝礼し、当家代々御先祖はもちろん、父母兄弟他一切衆生が往生極楽することを願っている。「父母及故郷ノ母無病長命ニシテ、念佛相続ヲ願ヒ奉ル、江戸ニ於テ、三四右衛門無病長命ニシテ、小津氏子孫長久ヲ願ヒ奉ル、心願ノ如クニ守ラセ玉へ」（全集⑳－658）。

　しかし毎朝毎夕、宣長が小津家の長久を祈れば祈る程、心のなかの矛盾は顕在化したと思われる。なぜなら小津家の長久とは、とりもなおさず宣長自身が商人として自立することであり、そのための修行を今ここでおこなっているにもかかわらず、宣長自身はまったく商人という立場に自己を同一化できなかったからである。それは「今井田日記」の中に、具体的な商いの修行について一行も書かれていないことにあきらかであり、逆に「榮貞詠草」に何気なく書かれている「定めなき　うき世のわざに　ほたされて　長き闇路は　いかむとすらん」という言葉に、当時の困惑が端的に表現されている。

　宣長がおよそ二年にわたり取り組んだ商人修行は、渡世のための手段にすぎず、日々の仕事は長い闇路であり苦痛しか感じられなかった。

顔のない「家」

この今井田家滞在は、あっけなく終わる。そして宣長の挫折は、小津家瓦解のはじまりでもあった。

寛延三年十二月、まずは宣長と今井田家の間に「ねがふ心にかなはぬ事有しによりて（中略）離縁してかへりぬ」という事態が起こった。今日にいたるまで、宣長研究者のあいだでも、帰郷の理由は判然としない。あまりにも唐突で、しかも何も書き残していないからだ。ただ、「あきなひのすじ」に身を入れない宣長の気質は、周囲の眼にもあきらかであり、違う人生を選択するならば早い方がよいと判断されたのだろう。ともかくも宣長は、ここで決定的に商人の道を諦めたのである。

さらに宣長に衝撃を与えたのが、先述の義兄・宗五郎の急逝であった。

本章の冒頭で、宣長を憂鬱が襲っていたといったのは、このことにかかわる。宣長は自身の内外で、何かが決定的に瓦解した音を聞いたはずである。これまで曲がりなりにも父の役割を担ってきた義兄の不在は、一気に家督という伝統の重みを宣長の肩に背負わせたからだ。しかもその折も折、宣長自身は最低限の役割である商人見習いという肩書すら手放し、何ものでもないもの、裸の「存在」そのままに帰郷し、世間に晒されていたのである。

肩書と義兄を喪失したこの時期、宣長がどのような精神状態にあったのか、明確に示す史料は遺っていない。ただ商家での役割を果たせず、若さを持て余した青年が実家でなすことなく放心していた姿を想像して欲しい。役割を失い、宙づりになったのは宣長だけではない。小津家そのものが「顔」を失ったことは確実である。「家」はその個性を失いかけており、松坂の富裕層がそうであるように、小津家もまた解体の危機を迎えていた。

今井田家から実家に戻った以上、宣長自身はひろびろとした将来が眼の前にあり、何ものにでもなれるはずであった。だが何ものにでもなれるということは、当時の常識からすれば「自由」をまったく意味しない。宣長の内外での崩壊は、文字どおり、小津家と宣長を不定形な「存在」へと突き落としたのである。

それをどのように着色し、何ものかになり、世間に所属し位置づくことができるのか。つまり小津家を支える「父」になることを引き受けられるのか。義兄の突然の死は、宣長を憂鬱へと突き落とした。それはあらゆる所属からの剝落、家の喪失が、二十歳を過ぎたばかりの青年に課した試練にほかならない。

だがそれにしても、これほどまでに強い家の職業の否定は何を意味するのだろうか。先代の仕事を継承し、家を守るのが常識とされていた当時、それを否定することから出発した宣長は、いったいどこに向かうのだろうか。つまり自分自身を、どこに所属させ、何ものであるかを確定しようとしていたのか。

継続すべき「家」という存在

すでにみたように、定利とお勝の結婚は二度目のことで、それ以前、定利は最初の妻との間には子宝に恵まれず、先妻の連れ子の宗五郎だけがいた。定利は、お勝との間に子供をつよく望み、大和国の吉野にある水分神社が、俗に子守明神といわれ、子宝に恵まれると聞いて訪問を決意する。

そしてもし男の子が生まれた暁には、その子が十三歳になった時に、自分と連れ立って御礼を申し上げに参ると願掛けをしたのである。こうして生まれたのが宣長であった。

定利の死後、寛保二年（1742）七月、十三歳になった宣長は、水分神社に最初の参詣をしている。十四日に松坂を出発した従者二名をふくむ宣長一行は、十六日夜から翌日朝にかけて神社参詣をはたす。この時ばかりではなく以後二回、四十三歳と七十歳のおりにも詣でている。

三度目のお礼参りの際に詠んだ『鈴屋集』巻四の「吉野百首」には、「みくまりの　かみのちはひのなかりせは　これのあか身は　うまれこめやも」という歌が詠まれている。「ちはひ」とは「幸ふ」すなわち霊力が現前して加護するという意味であり、宣長は、水分神社の霊験を深く信じていたものと思われる。

さらに『玉勝間』巻十二には、「吉野の水分神社」という文章があって、そこには今日でいう民俗学的視点から、水分神社の由来を精査した結果が記されている。自分をこの世に遣わした神社の霊験は、どこから来たものなのか。宣長は所属の源泉にこだわっている。

この神社は『続日本紀』にも記載された由緒ある神社であり、「水分」本来の意味は「分」を「くまり」すなわち配ると読むことから、田のために水を配る神、すなわち水を支配する神であった。ところが「みくまり」という発音が「みこもり」と訛ったことで、「御子守」つまり子供にまつわる神へと変化したことを宣長は突き止めた。

こうした出自への異様とも思えるこだわりは、二度目の参詣時に書かれた『菅笠日記』のなかで、「神の御めぐみの。おろかならざりし事をし思へば。心にかけて。朝ごとには。こなたにむきてをがみつつ。又ふりはへてもまうでまほしく。思ひわたりしことなれど」という感慨によく表れている（全集⑱－348）。

先に今井田家時代の宣長が神仏に祈る様子をみたが、宣長の人生とは祈禱する人生であり、それはつねに「家」、あるいは父への感謝の思いとしてなされている。個人を超えた時間を守り継ぐために、個人を超えた存在への祈りを捧げているのである。

ところで、定利の願掛けが、木綿問屋の継承者誕生を願ってのことだったことは注目されてよい。宣長は何よりも父から商人として「家」を引き継ぐ時間軸の一点として誕生を望まれていたのである。無論、当時の一般常識として職業選択という自己主張が許されるはずもなく、長男は「家」の流れの中のある時期を引き継ぎ、支えるとき、はじめてその存在を認められる。次は自分が子孫を残し、家を保存する父の立場に立つことを要求されるのである。

定利の結婚の経緯自体が、そのことを物語っている。隠居家・道智の次男として生まれ、小津家本家五代目の定該が亡くなったことを受けて、定該の姉・清と結婚した。小津本家の家督を継ぐための、一度目の結婚である。その清は、すでに一度嫁いだ出戻りで、亡夫である隠居家の長男・元閑との間に宗五郎をもうけていた。つまり、定利は兄の死を受けて、兄嫁と結婚したのである。宗五郎は実は兄の子供だったわけだ。

このような複雑な血縁関係をもってしてもなお、継続すべきなのが「家」なのであって、定利はその役割を忠実に務め、宗五郎に託した。こうした事情を宣長がしらなかったはずはない。

商人から医者に転身

義兄の死去を受けて宣長は手代を伴い、三カ月ほどの間、江戸で残務処理に当たっている。残務処理といえば聞こえがよく、次世代の家督を担う者として諸事に奔走したようにもみえるが、この時、実際の宣長はまさしく、何ものでもなかったのである。

後世の研究者たちは「知の巨人」として宣長をみがちである。だがこの時点で、宣長はまだ全くうだつの上がらない青年だったし、自分自身がそのことを最もよく分かっていたはずである。この時期の小津家と宣長が、いかに混乱の渦中にあり、羅針盤を失った状況にあったかは想像に難くない。もしかしたらこのときの江戸行は、周囲からの眼を遁れるためであり、社会的役割の一切を持たぬまま、浪人者の宣長は「家」の伝統の処理に当たっていたかもしれないのである。

宣長は、父によって象徴される小津家の秩序、価値基準、伝統の解体に自ら手を下したことに気づいていたはずである。浄土宗にすがるだけでは「家」の崩壊を食い止めることはできない。宣長は自らが決定的に父の役割に不向きであることを感じていたが、それでもなお、父に匹敵する立場に立つ必要性に迫られていたのだ。

では、この矛盾する己をどうしたらよいのか？　このとき決定的な解決手段をあたえてくれたのは、母のお勝であった。宣長を「くすし」すなわち医者にしようと決意したのである――「跡つぐ彌四郎、あきなひのすぢにはうとくて、ただ書をよむことをのみこのめば、今より後、商人となるとも、事ゆかじ、又家の資も、隠居家の店おとろへぬれば、ゆくさきうしろめたし、もしかの店、事あらんには、われら何を以てか世をわたらん、かねてその心づかひせではあるべからず、然れば彌四郎は、京にのぼりて学問をし、くすしにならむこそよからめ、とぞおぼしおきて給へりける」（『家のむかし物語』、全集⑳－28）。

母は跡継ぎの彌四郎、すなわち宣長がまったく商売には不向きで、読書ばかり好んでいることを心配し、恐らく商人になることは無理だろうと踏んだのである。宗五郎がまとめておいてくれた四百両の資産も、もし預け先の隠居家の店が傾けば、利息生活は望めない。生活の困窮は目の前に迫っていた。残された財産をつかい宣長を京都に遊学させ、学問で食えるようにしなければならない。商人から医者へと一家の存在意義を変更することによってしか、渡世できないと考えたのである。

この窮余の一策は、矛盾を抱えた宣長にとって希望の灯であった。なぜなら医者になることは、公の世界に自らを位置づけることを可能にしてくれるから。同時に京都遊学は、私の世界に直結する和歌の世界を象徴する場所でもあったから。

雅びに浸りながら、「あきなひのすじ」以外の方法で「家」を支える手段を得られるとしったとき、宣長の精神はようやく均衡点をみつけはじめていた。二つに分裂していた自己像が、京都遊学のおかげで統一できる可能性が生まれてきたからである。

本居姓への改姓

そして、宣長のゆらぐ自己像の統一を決定づけたのが、小津から本居への改姓の決断である。宣長が「本居真良榮貞」というかたちで本居姓を最初にもちいたのは、延享三年（１７４６）十月、まだ十七歳のころであったが、正式な改姓は宝暦二年三月十六日、医学修行の道を選んだその日に行われた。より正確にいえば、すでに小津姓が象徴する公的地位から脱落し、何ものでもなかった宣長が、しばしの空白期間をへて、新たに本居姓を発見し身に帯びたということである。

従来、宣長研究者はこの本居姓への改姓について、特段の注目を払っていない。たとえば古典的研究である村岡典嗣の『本居宣長』では、「彼は血統に於いて、全然小津氏の出で、本居氏の出でない。かつ本居家は、已に彼の伯父永喜によつて復興せられてゐた。彼が本居姓を名告つたのは、復姓とは言ふものの、血統上の意義はない。思ふに彼の好む所にいでたのであらう」と述べるにとどまっている[9]。宣長が、血統からすれば何ら関係をもたない本居姓に改姓した理由を、村岡は、好みの問題に解消してしまう。あくまでも宣長の嗜好だというのである。

また十一年ものあいだ、『本居宣長』の執筆にすべてを賭けた小林秀雄も、「宣長が、小津という商家の屋号を捨て、本居の姓を名乗り、宣長と改名し、春庵或は舜庵と号するに至ったのは、医者に志したからである」と簡単に記すのみである[10]。だが江戸時代に生きた人間が、そう簡単に商家の屋号を捨てて、医者になることなどできるだろうか。宣長にとって屋号を捨てるとは、単に職業を変えるといった近代的かつ個人的な選択の問題ではないのであって、伝統を否定すると同時に、自分も一存在として宙に浮くことを意味する。これは自分が何ものでもない「存在」に放りだされることではないか。

村岡や小林が見落としているのは、宣長が今井田家を離縁され、同時に宗五郎に先立たれたことで、公的所属を一時的であれ奪われた事実である。宣長は小津ですらいられない時期があったのであって、無色透明なまま、母とともに世間の視線にさらされていた。生きるとは、外面的には他者との関係性のなかで生活の糧を得るということであり、内面的には自分とは何ものかという問いに答えるということに他ならない。

宣長改姓の謎を解くカギは、後年に書かれた『家のむかし物語』に記されている。寛政十年（1798）六月十三日、宣長は『古事記伝』最終巻四十四の浄書を終えて、ライフワークに終止符をうった。六十九歳のことである。それから間もない七月二十日に完成したこの物語は、宣長による家譜作成の試みである。同書によれば、宣長が本居姓のはじまりを本格的に探りはじめたのは、改姓から二十年後の明和八年（1771）三月、四十二歳のときのことである。宣長は大阿坂村にあった本居家を訪問し、林之右衛門という人物と対面し、先祖の由来などについていろいろ質問した。突然の宣長の訪問に相手方は当初、戸惑ったらしい。

相手側の本居家でも、祖である本居延連の弟にあたる武秀の子孫が、伊勢松坂の小津家にいるらしいことはしっていた。しかし多数いる小津のうちどの家が関係者であるのか把握しかねていたところ、最近になって医者になった者が、小津姓を改めて本居姓にしたと聞いて、はじめて宣長の家が血筋に関係することがわかったという。

先祖の来歴へのこだわり

宣長が訪問する以前、両家はまったく交流をもたず面識もなかったにもかかわらず、みずからのルーツを、大阿坂村ではないかと推測できたのは、なぜなのだろうか。

『本居宣長の思想と心理』の著作がある松本滋は、若き日の宣長が読んだ可能性のある文書が、

『家のむかし物語』に挿入されているという仮説を提示している。「吾家に伝はれる文書一ひら」がそれである。京都遊学直前に宣長はこの文書にふれ、甚大な衝撃を受けた。それが京都到着直後の改姓決断につながったものと思われる。以下、松本の仮説をふまえながら、なぜ小津から本居に姓を変更したのかをめぐる謎を解き明かすことにする。

そもそも本居家は、北畠家に仕えた武士の家系である。その北畠が織田信長に滅ぼされると、本居武連の子供である延連と武秀は浪人の身となった。今風にいえば勤め先の会社が潰れたようなものである。二人は転職先を探し、運よく伊勢松坂城主の蒲生氏郷によって召し抱えられると、天正十八年（1590）春の小田原攻めに参戦し、上司である蒲生氏郷は、北条氏打倒に多大な貢献をすることができた。その結果、戦功により氏郷は奥州会津に国替となった。本居延連、武秀兄弟は相談のうえ、兄は伊勢の地に残り、弟である武秀は従者三名とともに氏郷と命運をともにするべく、会津の地をふむ。しかし翌年の天正十九年七月、九戸政実《くのへまさざね》追討の戦に参加した武秀は転戦のすえ、三十九歳で討ち死にを遂げてしまうのである。

二カ月程度つづいたこの戦で、いったいいつ、どの場所で本居武秀が戦死したのか。異様なことに、宣長は、武秀の死に場所を確定するために、南部や会津の旅人が松坂を訪問してくると、ことの次第を述べたうえで、九戸攻めの記事に本居武秀討ち死にの記述がないか常に聞いていたという。この過去への情熱を支えていたのは、天正年間の延連、武秀兄弟のその後の顚末が、宣長の人生そのものに深い影響を与えたからにほかならない。

武秀が戦死した際、妻である慶歩はちょうど懐妊していた。周囲にしる人もなく心細さを感じた慶歩は、会津から五兵衛と長五郎という二人の従者をつれて伊勢に戻ってくる。ところが慶歩は大阿坂村に住んでいた義兄・延連のもとには身を寄せず、小津村の油屋源右衛門という人のもとで男の子を産み落としたのである。その後、源右衛門は小津村から松坂に移住し、姓を小津と名乗ったうえで商いを始める。慶歩母子もそれにともない移住し、男の子は成長して小津七右衛門、法号を道印と名乗り、源右衛門の長女と夫婦となった。つまり小津家を継承し、商人の道を歩んだことになる。三代後の三四右衛門定利が宣長の父であり、お勝とのあいだに宣長が生まれることになる。すなわち小津家の流れの末端に、宝暦年間の宣長がいたのである。

宣長を悩ませたのは、なぜ慶歩が長子・道印にたいし、亡父のことに加え先祖の由緒についても一切口をつぐみ、隠したままこの世を去ったのかということである。「家」の系譜を長子が担うことは、当然の責務であった。自らが何ものであるかは、家業によって事前に決定されているといってよく、宣長自身が、あきなひの家を引き継ぎ、家長になることを求められていたように、道印にも家業をしらせるのが普通である。それゆえに、「亡父様御事、幷御先祖之御事、母様深く御かくしなされ、御一生口外不被成候」という慶歩の沈黙は謎であった。過去は意識的に再現しようとしない限り、宣長にまで届かない。つまり宣長は時間の連続性のなかに自分を発見することができない。

だから宣長は探偵のように、一つの仮説を立てていくのである。大阿坂村の本居家は武秀にとって本家にあたるのに、なぜ近年になるまで代々交流が一切なく両家を知らなかったのか。そもそもなぜ義兄のもとに、出産間近の彼女は身を寄せなかったのか。

恐らく慶歩は、会津から戻る際、大阿坂村に住む本居家には隠したまま、小津村に人目を忍ぶように帰ってきたにちがいない。なぜなら武秀の兄・延連は、そのときいまだ存命で、雄々しく勇気に満ちた人なので、慶歩にたいし会津で男子を産み落とし、「武士」として成人させるべきだと叱責するはずだ。不安を理由に帰郷することなど、絶対に許さないと考えたからだ――「武士の本意にあらずと、此主のいきどほり給はんことを、恥恐れてにこそ有けめ」(全集⑳－14)。

かくして慶歩は、人生の偶然から小津家に身を寄せ、「あきなひのすじ」の家の人となった。長子もまた商人として生きていく方が幸せだと願った。そして生前に先祖が武士であった事実をひた隠しに隠し、この世を去ったのである。武士という出自も、義兄との血筋も抹殺し、過去を闇に葬り去ることを選んだのである。

だが長子・道印はついに、従者である長五郎を詰問し、母がなぜ家について沈黙を守りつづけたかの理由を問うた。とうとう長五郎は口を割った。亡父が実は武士だという真実をしったのは、実に道印五十歳を超えてのことであった。「吾家に伝はれる文書一ひら」は、その事情を道印が後世のために書き遺しておいた文書だったのである。そしてそれを読んだ宣長の眼に、衝撃的な言葉が飛び込んでくる。九戸政実追討のため南部にむかう武秀は、次のように言づけて出陣していったのである。

今度の儀は、かねて御覚えもありし哉らん、御出馬之節、五兵衛長五郎両人え被仰置候、此度我等もし討死せば、汝等両人、奥を介抱致し、安産のうへ、もし男子出生いたさば、我等家名

を相続可令候と、御懇に御頼被成候　（全集⑳－9）

――今回のことでは、かねてより言い置いておいたこともあるだろう。出陣に際し、武秀は二人にたいし、もし今回、自分が討ち死にした場合、嫁を介抱し安産するようにしてほしい。そしてもし、男子出生のおりには、わが家名を相続させてほしいと、懇ろに頼んでいった。

この一文を眼にした若き日の宣長が、どれほどの混乱と解放感を味わったのかは想像を絶する。つまり慶歩は、夫・武秀の死を賭しての家名存続の遺言を裏切っていたのだ。母は長子・道印に本居姓ではなく小津姓を継がせた。家名はここで途絶え、武士から商人へと家業は変わった。沈黙によって慶歩は過去を抹殺し、子供に商人としての自己像をあたえ、それは宣長に引き継ぐことを強いてくるほどの重みとなっていた。

父であることが「あきなひのすじ」を受け継ぐことである限り、商人になれない宣長は、自己否定を背負いつづけねばならない。商人の自己否定は、みずからが何ものでもない「存在」になることを意味するはずだった。だがこのとき、宣長は、実は商人という所属自体が、過去の抹殺のうえに成り立つ仮初めのものであることを発見したのである。宣長は商人にならずとも、過去を否定せず、自己をしっかりと支える足場があることを感じた。父の役割を放棄せずとも、本居姓を名乗り、武士として生きる道があることをしったのである。

本居姓と武士の系譜

先に混乱と解放感といったのは、この点にかかわる。商人家業を放棄し、所属のないまま世間に放り出された宣長は、「本居」姓の発見によって、からくも過去との繋がりを確認することができた。宣長にとって武士という過去は、束縛ではなく解放なのだ。人は過去とつながることによって、自由になることもありうる。武士という過去を取り戻すことは、自己形成の重要な部分を占めていた。

家系をめぐる顚末を総括して、宣長は、次のように自己規定している――「そもそもわが家の遠つ祖は、上にしるせるごとく、数ならざりしかども、むげにいやしき民にもあらず、世々を重ねて、北畠殿につかうまつり、道観君も、蒲生殿につかへ給ひて、もののふのつらにて在しを（中略）のりながくすしとなりぬれば、民間にまじらひながら、くすしは世に長袖とかいふすぢにて、あき人のつらをばはなれ、殊に近き年ごろとなりては、吾君のかたじけなき御めぐみの蔭にさへかくれぬれば、いささか先祖のしなにも、立かへりぬる」（全集⑳－29）。

大略を記せば次のようになろう――我が家は伊勢国司北畠顕能卿に仕える武士、すなわち「もののふ」の家柄であり、自分は「くすし」となり、商人とは別の道を進んだ。後年、国学を大成し、藩主からも認められる存在となった今、先祖の地位に少しだけ近づくことができたのではないか。

二十代のころ、三人の弟妹を養う立場に立たされていた当時の宣長は、資質の有無にかかわらず、喰うために医者にならねばならなかった。その混乱の渦中で、遊学直前に、武士の系譜に連なることをしり、宣長はどうにか精神の均衡を保った。国学を大成し、藩主からも認められるまでになった。主君に仕えるという公的な役割を果たしている点では武士と医者はつうじる。あるいは学問が公的に認められた以上、自分は筆の力で「もののふ」の一端に連なったと考えてよいのではないか――。

場所と時間の発見

実は青年時代の宣長には、もう一つ、家系をめぐる強烈なエピソードが遺されている。それは、「端原氏城下絵図」と、「端原氏系図」と呼ばれる士族家系図のことである（次頁参照）。

今日、全集に「未詳地図」として収録されたこの絵図は、端原氏の「御所中」を中央に描き、周囲を「國士長屋屋敷」などが取り囲んでいる。整然と区画整備された街の様子が書き込まれ、南を「紅葉川」、北側を「嶋田川」が守り固めているといった配置になっている。そしてこの絵図に呼応するように、宣長は「端原氏系図」に氏族の千二百年以上にわたる系譜を書き込んでいるのである。まず「大系図」には、端原氏の起源を「大道先穂主《おおみちさきほのぬし》」であるとし、「親安四年十一月十八日」に誕生した「宣政公」によって家系は隆盛をきわめたとされている。そして「御分家」である「喜前殿」や「細津殿」の系譜も詳細に書き留めているのである。

端原氏をめぐる絵図と系譜について、すべて鍵括弧つきで記してきたのは、実はこれら一切が虚構、つまり宣長の創作上のものだからである。「端原氏」が実在しないのはもちろん、「親安四年」などの年号にいたるまで、すべては宣長の夢想の産物なのである。

そして驚くべきことに、この創作が、今井田家滞在前後になされていたという事実は、宣長がいかに武士の系譜にみずからを所属させたいと願っていたかを物語ってあまりある。岩田隆は、『本

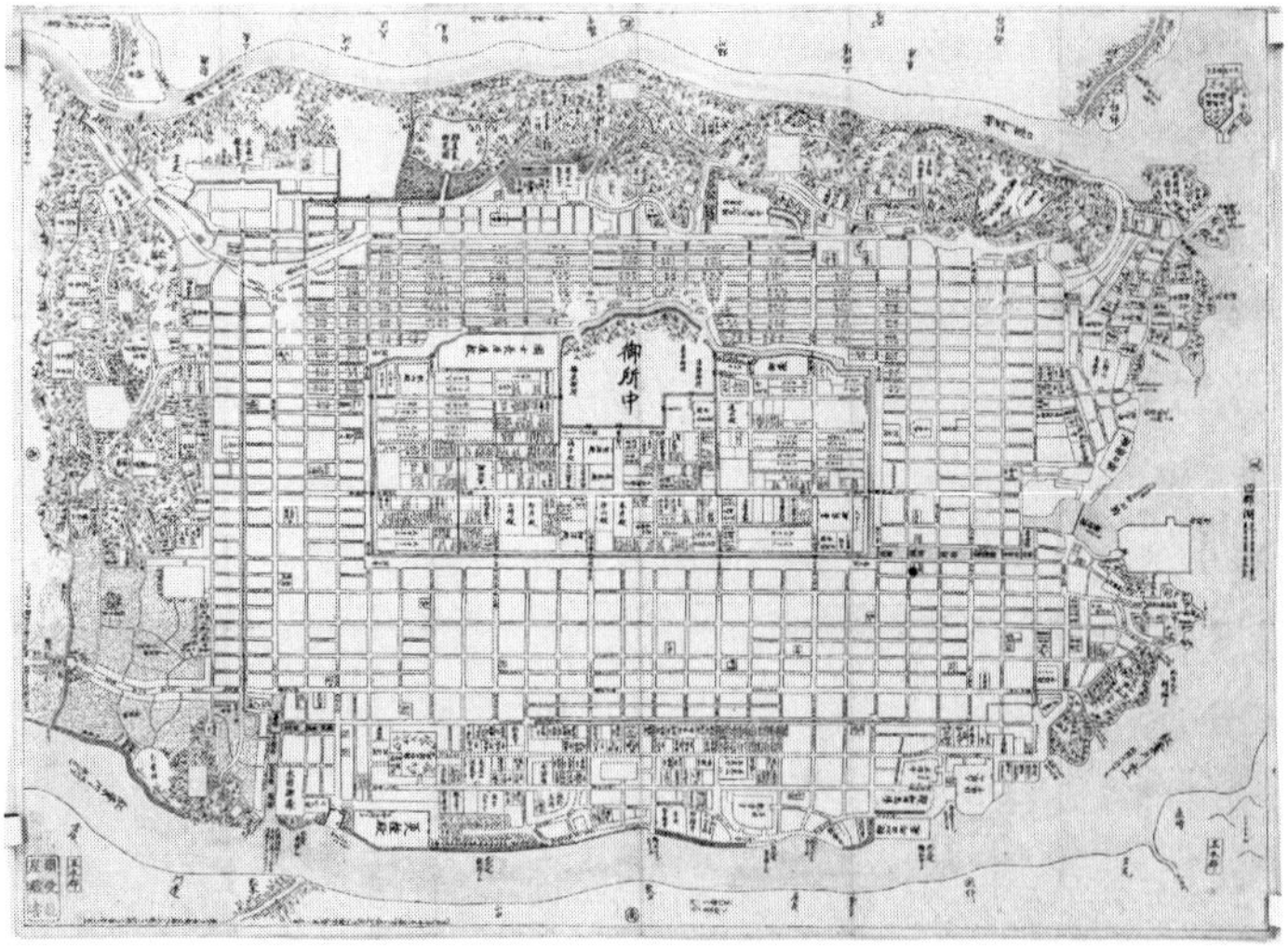

端原氏城下絵図　本居宣長記念館所蔵

居宣長の生涯』という著作において、この時期がちょうど宣長がはじめて「本居」姓を用いだした時期と重なっている点に注目し、系図作成の意図を次のように推測していた――「宣長の家は『小津氏』だが、その出自をたどると、実は『本居氏』であった（中略）そして遥かなる昔の本居氏一門を、あらまほしく美化し、その虚構の世界を構築することに異常な情熱を燃やしたのではあるまいか」[11]。

　もちろん後に、虚構の世界ばかりでなく、実際に自分には武士の血が流れていることをしる。だがこの段階ではまだ何もしらない。十代の最後を今井田家で「あきなひのすじ」の修行にあけくれていた宣長は、自身の精神的均衡を保つために系図作成に没頭していたのかもしれないのである[12]。

　そして、こうした個人的系譜への関心が、その後の宣長の学問的方向性に大いにかかわりがあることに注目せねばならない。後年、源氏物語や古事記などの言語研究に生涯をささげる宣長は、この時点で、地図や家系図を頻繁に作成し、自己の内部に渦巻くなにかを言葉以外の方法で表現しようとしていた。

こうした地図や系図作成について、「家であれ京都であれ連続するものを尊しとする見方、そしてもう一つは日本、また松坂という自分の住む場所への関心である」と指摘したのは吉田悦之であった[13]が、榮貞時代の宣長は、自分がどこから来てどこに存在するのか、場所と時間を考える必要に駆られていたといってよい。それは所属への関心が、宣長を突き動かしていたと言ってもおなじである。その眼覚めが、みずからの出自と役割が定まらない思春期に重なったのは偶然ではない。人は家系であれ、場所であれ、仕事であれ、所属していること、つまり流れの一点に自足している限り、わざわざ出自など問わないし、歴史や場所の重みにも気づかない。歴史という言葉を肉感的に感じとるには、危機に直面し、精神の羅針盤が狂わねばならない。これは人であれ国家であれ、おなじなのかもしれない。

十代の宣長の作業は、まさしくこの危機に反応したものである。とりわけこの時期に、『大日本天下四海画図』（次頁参照）を作成し、精密な日本国図を描いたのは、まずは視覚的にみずからの所属する場所を把握したい衝動に宣長は駆られていたからだ、と吉田は指摘している。

宣長の出自や所属へのこだわりは、異様にみえるかもしれない。だが第二章でふれるように、貨幣経済の急速な発達によって、個人は地域社会を抜けだし、これまでになく幅広い世界と交流することになった。物と金、そして人が流動する。地域共同性は解体する方向に社会は進み、個人の存

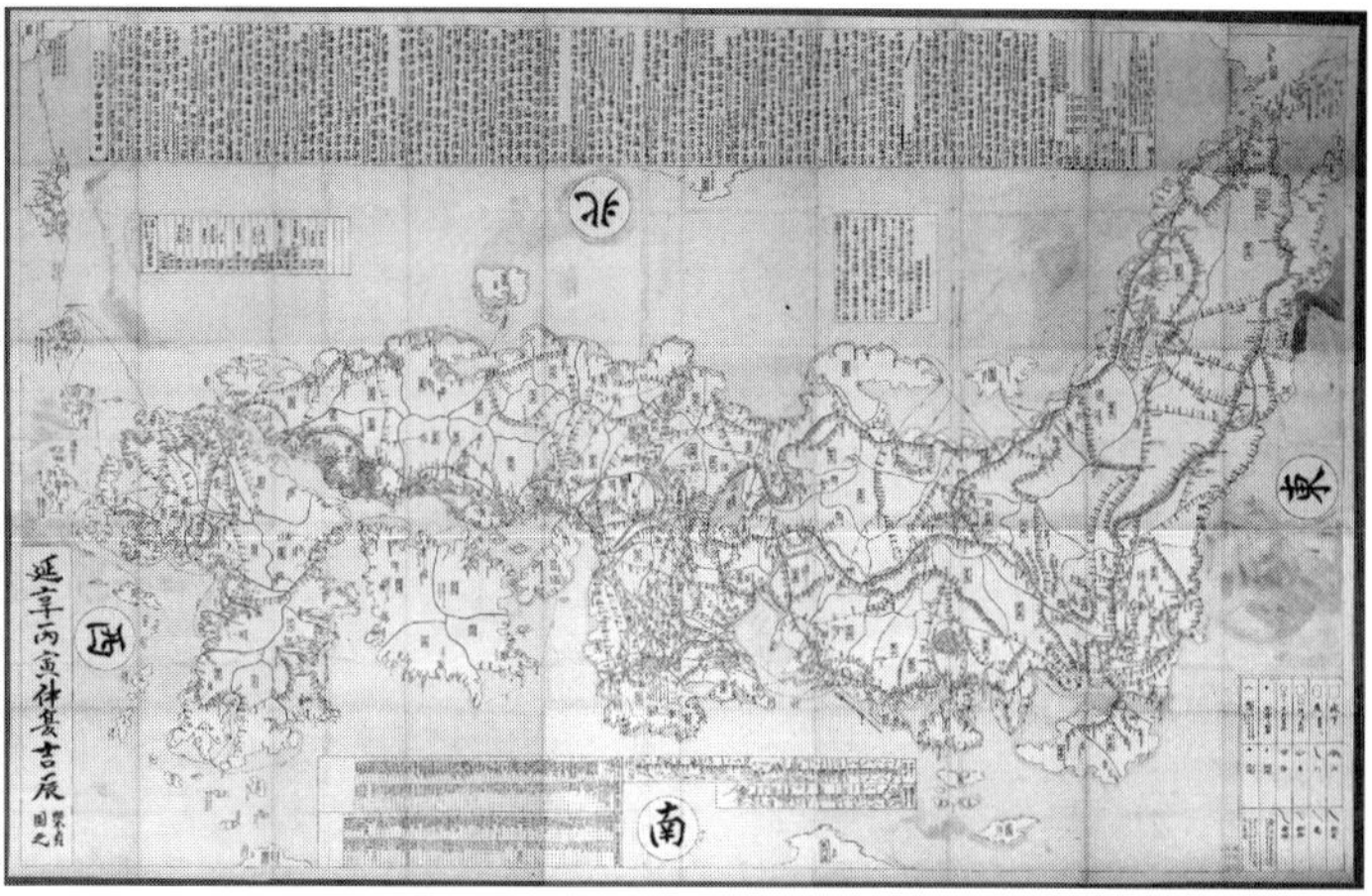

大日本天下四海画図　本居宣長記念館所蔵

在が露わになりだしてきたのである。宣長は、こうした時代全体の雰囲気に敏感で、意識的に古典的秩序を取り戻そうとしたにちがいない。

二十代にはいり、京の地で正式に「本居宣長」と名乗った。これは過去との連続性の発見であった。武士の系譜に連なり、武士の気概をもって医者になることで「家」の復興を期す。京都遊学中、師の堀景山とともに宇治川を逍遥し、和歌の世界を存分に堪能する一方で、彼の精神的安定を支えたのが、この改姓であった。医者という公的役割と、和歌という私の世界は、本居という姓を蝶番にして結びつけられたのである。何ものでもない透明な存在が、ついにみずからの手で古典的秩序を取り戻したのである。

京都遊学早々に改姓し、みずからの公的役割を獲得した宣長は、以後、水を得た魚のように勉強した。そして作歌に励んだ。次章では、宣長が実際にどのような生活を送ったのかを、『在京日記』に活写された時代状況とともにみていくことにしよう。それは宣長が嫌悪した「あきなひのすじ」、すなわち商品貨幣経済が浸透した田沼意次の時代である。

第二章　貨幣経済の勃興——学術文化の都への遊学

宝暦年間の京のにぎわい

舞台は今から二百七十年ちかく前の京都、宝暦六年（1756）師走十五日の夜である。ようやく晴れたこの日、京の街はとりわけ慌ただしかった。[14] 以下、宝暦二年三月から同七年十月までの記録『在京日記』を参照しつつ、当時の様子を再現してみよう。

二日前の十三日は「事始めの日」にあたり、どの家でも迎春準備が本格的にはじまっていた。そこに節分が重なったので、京の人びとは一気に年末気分の高まりを感じとったのである。

午前中の霙まじりの曇り空は、午後からはようやく晴れたものの、頰を突き刺すぴんと張りつめた空気は、年の瀬にふさわしい厳しさだった。

隣家からは、歳男が「鬼は外へ、福は内へ」と唱えながら、炒り豆をまく様子が聞こえてくる。でも問屋の場合は勝手がちがっていて、「鬼」が「御荷」の発音に近いから、「御荷は内へ」といって豆をまいているにちがいない。

その声に交じって、「厄はらひまいらせふ」という甲高い声も聞こえてくる。七難九厄といって、七歳からはじまり十六歳、二十五歳……と、六十一歳になるまでの間、九年毎に厄年の者がいる家は、門前で声の主を呼び止める。節分の炒り豆と数枚の銭を紙に包んで厄払い――その多くは乞食である――に渡すためだ。すると厄払いは、

〽やあらめでたや旦那の御寿命まうさば、鶴は千年亀は万年、浦島太郎は八千歳、三浦の翁助(15)百六ツ、五葉の松は雲井はるかに、悪魔外道をひつからげ、西の海へさらりこつかこう

と祝言を唱えてまわるのである。乞食という、社会秩序の周縁にいる者たちには、世人にはない霊力があると思われていたのだろう。日常では忌避され、表に姿を現わさないこうした不思議な力は、不浄を清める年の瀬になると、逆に特別な役割を帯びて顔をだすのだ。

またこの日は、屋敷内やその周辺にモグラが原因と思われる盛り土があるばあい、手にナマコをもって、銅の盥の底を叩いてまわる。「をころもちは御宿にか、なまこ殿御見舞そ」と唱えながら歩かねばならない。モグラの性質として、ナマコをひどく嫌うという言い伝えがあるからで、節分の日におこなわねばならない厄除けの行事のひとつだったのである。

師走の夜、京の街のちぎれるような寒さのなかを、いくつもの声が響いていた。

その声はどこか急いていて、暗い感じを決してあたえない。

宣長は、こうした声を聴きながら家の者と連れ立って五条天神へと向かって歩きだす。道すがら西洞院通、松原通は商人たちが夜店をだしていて、たいそうな人出で賑わっている。

宣長ふくめた参詣人たちのお目当ては、おけら火をもらうことと、宝船の絵を買うことである。

境内で焚かれた浄火におけら（キク科の薬草）を加えて燃やしたものを「おけら火」という。火種を家に持ち帰り、竈に移して煮炊きをすると、無病息災で過ごすことができると信じられていた。にぎにぎしく装飾された宝船の絵もまたいわゆる縁起物で、紙に描いた船の絵を枕や布団の下に敷いて寝る風習があった。その夜、もしよい夢をみれば来年には福が訪れ、悪夢をみた場合はその紙を水につけて悪夢を流してしまうという決まりごとがあった。

節分の勢いを借りて、京の街の慌ただしさは募り、あっという間に大晦日をむかえる。商家は一年間の出納決済をすませるために集金に追われ、地に足がつかないほどに忙しい。

日が暮れると、家ごとに灯明をともし、その灯りが注連飾りに反射して明滅し、京の街に風情を添える。その間を商人たちが夜明けまで、白い息を吐きながらせわしなく往来する姿が消えることはない。家のなかでは鏡餅が早々に供えられる。いろどる飾りはもちろん「譲り葉」だ。新しい葉が成長すると古い葉が落ちることから、家が代々つづく、父子相続を象徴するとされる常緑の高木のことである。

ここ数日、周囲の雰囲気に呑まれ、ろくに読書も手につかなかった宣長は、大晦日の夜を祇園社――現在の八坂神社――で迎えることにした。寒さが尋常でないことは、境内の手水鉢の水が凍っていることからもわかる。仕方なく手を清めないまま宝殿のほうに流されてゆくが、ものすごい人出で、警備も兼ねた下級の神職が鈴をふりながらお祓いをして、参詣者から金銭をもらい受けている。

新年の参拝を終えて西楼門の石段を降りると、四条通はもちろん万里小路や高倉あたりまで人であふれ、乞食が座り込んで銭を乞うている。元旦の午前四時ごろになれば、削掛《けずりかけ》神事という天下安全の祈願がとりおこなわれることだろう。神事で拝殿の東西に恭しく浄火をおこし、削掛の木にその火を移す。社司はこの火をつかって様々な神供を調理し、参詣者はこぞって浄火を吉兆縄にもらい受け、白宅へ持ち帰る。新年の種火とし、鰤、鯨、鰯、数の子などの魚介類と牛蒡や大根を煮込んだ雑煮を家族一同で食し、一年の平穏を願うのは、おけら火とおなじである――。

堀景山との出会い

『在京日記』からは、年の瀬の京の街の活き活きとした喧騒が浮かび上がってくる。このとき宣長は二十七歳。にぎやかな古都の街中で、五度目の正月を迎えようとしていた。

この『在京日記』は、江戸中期の風俗をしるための、一級の民俗学的史料ともいえる。義兄・宗五郎の死に直面し、何ものでもない透明な存在に転落したのは五年前のことである。その後、「本居」への改姓によって、過去とのつながりを恢復した宣長は、医学と歌学の道を登りはじめていた。

今風にいえば、この時の宣長は、研究生活をはじめたばかりの大学院生が、あこがれの地に留学し存分に青春を謳歌しているのに似ている。将来、定職につけるかどうかの不安をまだ抱えながらも、自分が追究したい学問の本場の空気を吸い、街の風景に溶け込みながら生活することの充実感。満開の桜の震えに風をかんじ、古都の薫りに浸るロマンチシズム。そしておなじ学問研究を目指して集っている学者の卵たちとの切磋琢磨、尽きない議論、酒と交遊の時間――。

戦後の一時期、人文学研究者のあこがれが、学問と芸術の都パリにあったとすれば、宣長のそれは京都であった。街かどに垣間見える平安文化の伝統を呼吸し、身を浸す「遊学生活」は、七百年近い時空を一跨ぎして、華麗な王朝文化に自分も参加しているような錯覚すらあたえた。と同時に、京の地は、医者になるための専門知識と、学問全般の基礎となる儒学の素養をあたえてくれる街でもあったのである。

宝暦二年（1752）三月十九日、儒学と医学修行のために上洛した際、最初に宣長が寄宿したのは、堀景山（1688−1757）という儒学者のもとであった。堀景山、名は正超、字は君燕といい、景山は号である。堀家は代々、安芸広島藩藩主浅野家に朱子学をもって出仕した家柄であり、普段は京に住んでいて、求めに応じて江戸や広島に参じ、講義や指導をおこなうことで禄を食んでいた。この抜群の教養人にして風流を解する儒者とその弟子たちに出会ったことは、宣長の学問的欲求を満たし、視野をいっきに広げた。

後に述べるように、宣長は堀景山から学問の基礎を叩きこまれたといってよい。朱子学だけでなく徂徠学にも精通し、さらには契沖の和学、すなわち「国学」の源流にも通暁していたこの師匠から、多くのことを吸収した。宋時代に完成された儒学の一派・朱子学と、その思想体系を批判することで登場した徂徠学、またわが国独自の契沖の和学が、それぞれどのような学問なのかは、おいおい触れることになろう。ここでは、宣長が「綾小路室町ノ西ノ町南方」にあった堀景山宅に寄宿し、遊学最初の二年半ほどを過ごしていた事実をしれば足りる。

奇才たちの時代

宣長の生涯を決定する学問の方向性は、この京都遊学中に形成されていった。すなわち医学の道に進むことであり、和歌を詠み歌学を探求し、日本古典に精通することである。若き日の宣長をとらえたのは、言葉によって歴史と伝統を遡ることであって、それは医学の道でもおなじであった。宣長の古代趣味ともいうべき傾向は、恐らく当時の文化環境によって育まれたものである。宝暦・明和期は、それに先立つ元禄文化の影響を引きついだ「博物学の世紀」(芳賀徹)だった[16]。

たとえば十八世紀半ばの京都河原町では、小野蘭山(1729-1810)なる人物が私塾をひらき、民間の博物愛好家らを相手に本草学を教えていた。本草学とは、今日風にいえば植物学のことで、元来は大陸で薬物研究としてはじまったものである。以後、動物・鉱物にいたる広範な博物学となり、西暦五〇〇年ごろには『神農本草経』が、さらに明の時代に李時珍によって『本草綱目』となって体系化された。林羅山によって江戸初期に長崎から輸入され、日本でも流行をみせ、貝原益軒『大和本草』や蘭山らの活動を生みだしていたのである。

日本列島の動植物、鉱物の本格的な分類と観察から、金魚や朝顔の栽培方法にかんする精緻な手引書まで、実証研究や趣味にいたる文化は百花繚乱の様相を呈していた。専門家からマニアにいたる多くの人びとが動植物の虜になった。和歌や歌学もまたそうした文化的営為の一つだったし、医学も例外ではなかったのである。だが、宣長をふくむ、いわゆる国学者にとって、歴史と伝統に棹さすことは、単なる懐古趣味以上の問題、国家をめぐるアイデンティティーの問題へと収斂していくことになるだろう。

だがそれはまだまだ後の話である。当時の京の街に目を凝らせば、東洋のパリとでも呼びたくなるような、芸術の都にふさわしい人材に溢れていた。京都遊学を考える書生が参考にした住所録によれば、明和五年当時、京には百人を超える学者——儒者や医者をふくむ——の他にも、二十四名の書家と十六名の画家、五人の篆刻者などが集住していた（『平安人物志』）。

とりわけ宝暦・明和年間の画壇には、南画に池大雅と与謝蕪村、写生画に伊藤若冲と円山応挙、漢画の望月玉蟾《もちづきぎょくせん》らが相次いで登場していた。そのうち池大雅は、二十代から三十代にかけて諸国を遍歴し各地で作品を残し、また『平安人物志』では書家にも分類されるほどの書の大家でもあった。宣長が今、正月をむかえている宝暦七年から三年後の宝暦十年には、代表作「三岳紀行図屛風」を、三十八歳の若さで世に問うことになる。

また与謝蕪村は俳人として今日まで名を遺した人物である。だが生業は絵師であった。蕪村もまた諸国遊歴が長く、江戸に下り俳諧の手ほどきを受けたのちに、関東、東北、上方を遊歴し、京に落ち着いたのは宝暦七年九月のことであった。伊藤若冲はこの時期、青物問屋の主人から、ようやく画業に専念しはじめたころである。宝暦五年に四十歳で家督を次弟に引き継ぐまで、若冲は問屋の主人だったのであって、絵画は趣味の範囲を抜けだしていなかった。後に、「樹花鳥獣図屛風」などの、写実を基礎とした奇抜な画風を確立した絵師になるまでには、今少しの時間を要する。

そして円山応挙。若冲にやや遅れて出現したこの天才絵師は、宝暦年間を二十代ですごしている。彼は「四条麩屋町東へ入丁」、すなわち宣長寄宿先から七〇〇メートルほど東進した場所に居を構え、弟子の多くもまたこの地に集住したことから「四条派」と呼ばれている。宣長が後に、江戸期を代表する国学者に成長していくその傍らには、文化と芸術の息吹が確かに息づいていたのであって、また宣長が本業とする医学の世界でも、杉田玄白や前野良沢ら多彩な人材がおなじ空気を吸っていた。

「奇才たちの時代」とでも呼べるような活き活きとした空気が、京都の街を華やかに染めていた。彼らはあらゆる知識に貪欲であり、ほぼ同時代のヨーロッパで澎湃《ほうはい》と沸き起こった「百科全書派」に匹敵する、世界への好奇心に溢れていた。自然科学・絵画・言語によって、この世界すべてを説明し尽くそうとする野心、人間の探求心への信頼が、時代の雰囲気を支配し躍動させていた。

分水嶺の時代

だが一方で、時代全体を俯瞰してみると、様子はすこし違って見える。宣長の時代は過渡期、「分水嶺の時代」でもあったのである。

宝暦期（一七五一－六四年）をもって江戸時代の「分水嶺の時代」とする歴史家は少なくない。万人直耕を説き、封建的身分制度を真正面から否定するユニークな思想家安藤昌益が、その思想形成の孤独な作業をしていたのは宝暦期であり、また徳川体制が不動と信じて疑う人のいなかった時代に、皇室の尊厳を説いて幕府の神経をさかなでした竹内式部・山県大弐《やまがただいに》が活躍したのもこの時期である。こんななかで大田南畝は育ち、早熟な成長をとげ、明和四（一七六七）年一九歳で『寝惚先生文集』という狂詩文を書いて一躍文名をあげ、江戸新興文学の旗頭となった。そのきっかけが平賀源内のすすめというから、その奇才ぶりは推測がつこうというものである。[17]

かつて名著『田沼意次の時代』のなかで、歴史学者の大石慎三郎は、宝暦時代をこのように描きだしている。徳川家康が幕府を開いてから百五十年余り、幕末はまだ一世紀も先のことである。江戸時代の中間地点を過ぎた宝暦期とは、どんな時代なのか。宣長が体感した時代の息吹とは、どのようなものだったのだろうか。それは政治体制から文学にいたるまで旧体制が軋みはじめ、新しい言葉が生まれつつある時代だった。明るさの背後に危機が忍び寄る時代に、宣長は成人したのである。ここでは、いったん宣長が彷徨していた京の街を離れて、より広い視野から時代状況を眺め渡してみよう。

宣長が歌学の道にのめり込み、また医者として自立していく宝暦・明和年間は、田沼意次の治世としてしられる時代である。それは経済的繁栄と政治的腐食が同居した、奇妙に不安定な時代だった。腐食の一例として、宝暦事件を挙げることができる。尊皇思想に感化され過激化した天皇周辺の人物たちを、幕府が追放や蟄居に処した事件である。[18]

主犯格の竹内式部は垂加神道に影響を受けた人物であり、書紀解釈の秘伝「土金之伝」を知る者のひとりだった。土金之伝とは、本来は儒教の概念である「敬」こそが、日本古典である日本書紀の精髄だとみなし、皇統が連綿とつづくことを保証する、と考える思想である。これが式部の天皇観をかたちづくっていた。そして祭政一致の復古的な政治思想を固めていく。式部ふくめた垂加神道家たちにとって、理想の君臣関係は、歴史上の後醍醐天皇と楠木正成であり、どれほど国が乱れようとも確固たる君臣合体をしめし、日本書紀の根本思想である「敬」を体現していると評価されたのである。

この天皇像を御進講によって桃園天皇に吹き込むことを画策した結果、竹内式部は流罪に処せられた。盤石なはずの幕藩体制に亀裂がはいり、朝幕関係がきしみはじめたのを象徴する事件が、宝暦事件だった。

市井の事件をみてみよう。同時代の蘭学者で医師の杉田玄白は『後見草《のちみぐさ》』において、飢饉や災害に翻弄される人びとを描きだし、次のようにいう。

生まれてこの方、これといった事件もなかったが、宝暦九年夏ごろになると、世間はしきりとさわぎはじめた。来年は十年という数字と辰という干支が重なることから、災難の多い年になるだろうと噂をしはじめたのである。この噂の背景には、三河万歳という人物の謡う「ミロク十年辰年」という言葉が深いかかわりをもつ。彼の言葉は民俗学的信仰に由来していて、疫病や災難が起きるという不安感を、人びとにもたらした。そして実際、第十代将軍に徳川家治が就任したこの年、お祝いの当日に江戸は大火に見舞われた。それ以降、明和年間にかけて事件や騒動が相次ぐことになる。とりわけ、明和四年は物騒な年で、山県大弐・藤井右門《ふじいうもん》による倒幕計画——明和事件という——が露見し、大弐は斬首、右門は獄門の刑に処されたし、竹橋付近の宝物蔵に落雷し出火したり、「髪切り」というものが流行したりした。

「髪切り」とは、男女の差別なく美しく結われた髪をその元結から剃刀様のもので切り落とすもので、若い女性を中心に夕暮れ時になると被害者が続出した。誰が、なんの目的でこんなことをしたのかわからない。憑き物信仰のひとつで、鼠くらいの大きさの獣をつかい、人に憑依させて禍をおこす「飯綱の法」を修験した者が犯人だと噂された。幕府も多くの修験者を取り締まったが、本当の原因はわからなかった。

以上のように『後見草』が克明に書き記す宝暦・明和の人心は、見えない不安に浸されはじめていたのである。

農本主義から重商主義へ

こうした不穏な情勢を生みだした原因とはなにか。当時の経済システムの激変が、このなぞを解くヒントを与えてくれる。

宝暦・明和期は、貨幣流通の進展がめざましく、経済システムの変化に政治制度が追いつかない状況だった。世にいう享保の改革も、こうした時代背景から断行されたものであり、宣長が「あきなひのすじ」を嫌悪したからといって時代から逃れられるわけではなかった。田沼意次がしばしば歴史教科書で否定的に取り扱われるのも、重商主義政策が金儲けと賄賂政治を横行させたという印象をあたえるからである。いいかえれば、この時代にはじめて本格的に貨幣の役割が、人びとの生活に影響をもたらしたということである。

先立つ元禄時代の急激な貨幣経済の発達は、この時期さらに進んでいた。社会的流動性が加速し、人間関係に根本的な変化が生じてくる。

たとえば、江戸思想史が専門の前田勉や歴史人口学者の速水融らの研究を参考にすると、十七世紀初頭からの百年の間に、全国の総耕地面積は二〇六万五〇〇〇町から二八四万一〇〇〇町へ、石高は一・五倍の三〇〇〇万石に急増し、人口は一二〇〇万人から三一〇〇万人まで激増したという。この間、商品作物による貨幣経済が浸透していったことは、武士や農民の社会における役割を変えてゆく。支配層である武士が消費者として市場の変動に投げ込まれ、社会をコントロールする地位を失ってゆくからである。

また供給者であるはずの農民も、商品を買う需要者側にまわり、消費活動に参加してゆく。こうした時代の変化を「事しげく物多」い状態だと指摘したのは、儒学者の熊沢蕃山《くまざわばんざん》である。蕃山は商品経済が人びとを揺さぶる有様を、三点にわけて次のように言っている——「此そのより来る所余多ありといへども、其大本三あり。一には、大都・小都共に河海の通路よき地に都するときは、驕奢日々に長じてふせぎがたし。商人富て士貧しくなるものなり。二には、粟を以て諸物にかふる事次第にうすくなり、金銀銭を用ること専なる時は、諸色次第に高直に成て、天下の金銀商人の手にわたり、大身・小身共に用不足するものなり。三には、当然の式なき時は、事しげく物多くなるもの也。士は禄米を金銀銭にかへて諸物をかふ。米粟下直にして諸物高直なる時は用足ず。其上に、事しげく物多ときはますます貧乏困窮す」(『集義和書』巻第十三義論之六)。

大意を訳すと次のようになるだろう。交通網の発達した都市部に、物と貨幣が還流する。幕府が規制をかけないかぎり、貨幣で商品を売買する活動は激しさを増し、インフレになる一方である。粟や米を貨幣に代えて生活用品を購入するということは、武士の役割を劇的に変える。なぜなら武士は米を納品させることで経済の要をおさえ、政治経済の実権を握ってきた。しかし米の座が貨幣に奪われた結果、武士は社会全体をコントロールする権力を手放し、商人の手に明け渡したのである。士農工商の最下層にいたはずの商人が発言権を増しただけではない、社会構造全体を組み替えてしまうのである。

その社会構造を一言でいえば、流動性が増したということだ。

漆や茶にはじまり、木綿や菜種といった商品作物を栽培するということは、本来、自給自足と地産地消のための農作物が、領主統制下の地元で消費されずに日本国中を還流することを意味する。またヒットする商品作物や農具を探しだし、市場に供給する嗅覚に優れたものが蓄財できる世の中は、能力主義的な風潮を生みだす。個人の発想や能力を評価する気風が満ち満ちる。地域での人びとの絆よりも、より広域での商品を介した契約によるつながりが重視される。海運の著しい発達も後押しして——元禄七年（1694）の十組仲間はその典型である——人びとは地域性の束縛から脱し、自由に往来することでバラバラになっていくのである。元禄期以降、幕府は支配下以外で自由に組織拡大に努める新興商人にたいし、規制するのではなく、むしろ彼らの力を利用しようとした。問屋組合の力を間接的に利用することで、物価高騰を避けようとしたのである。しかし、享保期に百万人を超えた大都市江戸の消費意欲は、政府の制御を許さなかった。繁栄と奢侈は、夥しい物資の流入を求め、全国からヒト・モノ・カネが江戸へむかって流れこんだ。

これを今日風に、農本主義から重商主義への移行と考えてもよいだろう。貨幣がもつ意味とは、日本国中のあらゆる作物や物品を、貨幣の下にすべて「平等」に数字化していく点にある。米や野菜ばかりか人間の命にいたるまで、あらゆるものが「商品」となり、市場という場所で平等に取引の材料にされる。したがって、農業に従事する人びとも、村社会内部で農作物を交換する状態を抜けだし、極論すれば、個人が日本全体の市場のなかに、直接放り込まれるようになる。それは士農工商という身分社会のうち、武士より下位の身分のはずの農民のなかに、貨幣を蓄財する者が登場することを意味したし、農民ばかりではなく、商人の力が無視できない存在として台頭してきたことも意味する。

ここで重要なのは、宣長が拒んだ「あきなひのすじ」が、人間を消費者とみなし、貨幣の消費量の大小で幸福をはかる人間像を生みだしたことだ。より効率的に商品を生産し消費するためには、労働力も貨幣も物も、すべては流動することが奨励される。そしてここに決定的な人間関係の変化が生じる。人間関係から信頼、友情が奪われ、親密な関係をつくりだすために必要な「時間」が奪われる。すると他者は、消費者や競争相手とみなされるにすぎなくなる。貨幣や生産性向上という数字に表れるものばかりが重視され、数字に表れない生活の質や人との交流のぬくもりが奪われてしまったのである。

さらに、従来の階級社会も崩れていくだろう。貨幣が人間の価値を決定する基準となった結果、武士が最上位という価値観が瓦解したからだ。士農工商があたかも自然状態のように、永久不変の階級だと見なされてから百五十年あまり、階級は崩れ去り、貨幣の多寡で人びとは区分されはじめたのである。従来のシステムが機能しなくなり、貨幣が権威を呑み込む。

社会の流動化と国学の誕生

先に宣長が『玉勝間』のなかで繁栄する伊勢国を描写し、また森壺仙が「宝暦咄し」で絵画や道具に凝りすぎるあまり没落する家、あるいは酒浸りの生活で江戸の店を畳んだ家もあると指摘したのも、こうした貨幣経済の浸透が背景にあった。

本居宣長が生きた時代を社会構造から見たばあい、次のようにいうことができるだろう。貨幣経済によって階級が流動化し、貨幣の多寡が人びとの関係を決定する。富裕層と貧困層に二極化がすむ社会へと、大きく変化しはじめた。富裕層にとって、社会的流動性の増大は無限のチャンスに開かれた明るい未来に見える。経済的な余裕を背景に、文化的爛熟を支える担い手が商人たちを中心に登場してきたのである。

ところが貧困層にとっては、社会的流動性は不安定と同義語であり、見通しが立たない日々の生活は、安心をあたえてくれることはない。

つまり新しい独立精神が沸き起こると同時に、繁栄であれ不安であれ、「身分」よりも「個」の意識に覚醒し、「自分とは何か」という問題がこの時期、つよく自覚されるようになったのである。

この点に関連して前田勉は、社会学者であるエリッヒ・フロム『自由からの逃走』を参照しつつ、中世の伝統的共同体から解放された個人が、二つの感情を抱えながら生きていく様に注目した。前田は、西洋中世の解体過程を、国学と蘭学の登場に当てはめ、次のように指摘したのだった――「一八世紀後半、江戸の思想史において大きな二つの流れが生まれてくる。すなわち、蘭学と国学という二つの思想潮流であるが、結論を先にいえば、この二つのうち、蘭学はフロムのいう『個人に独立の新しい感情』を基盤に生まれたのにたいして、国学は『新しい服従と強制的な非合理的な活動』をうながしたものであると図式化できると思われるからである」。蘭学と国学が同時発生したのは偶然でもなんでもない、必然だというのである。それは「個人」が露出した際に、私たちの心に生まれる、二つの傾向を象徴する学問だというのだ。

つまり宣長の時代を、「近代」のはじまりだといっているのである。蘭学にのちの自然科学の発見につながる自主独立の精神をみる。快活な自立心に溢れ、進取の気性に富んだ人間が、自然科学の探求へむかうと考えたのだ。一方で国学には、不安と孤独な自我を見いだしている。存在の孤独にさいなまれたものは、何かにすがりたくなるし依存したくなる。[19] その依存先として国家が発見されたのである。「カネの競争によって敗れた者のルサンチマン」を抱いた結果、国学者たちは「日本人」に自己を同一化し精神的鬱屈を発散しようとしたというのだ（以上、『兵学と朱子学・蘭学・国学』）。[20]

かくして、前田によれば、個人の自覚が芽生えたという意味で、蘭学も国学も「近代」を象徴する。時代が大きく変化するとき、従来の価値観や基準は通用しなくなるのであり、経済の流動化は、個人を先行き不透明な混沌に突き落とす。それを世の中チャンスだらけだと感じれば、肯定的に受け止めるだろう。こうした先進的な人間こそ蘭学者なのだろう。混沌を不安と感じると、否定的な気分に満たされる。孤立感を深めた人間の典型として国学者が挙げられていて、孤独が国家を発見し飛びついたと考えるわけである。

先に田沼意次の時代を繁栄と腐食の時代、楽天と不安が同居する奇妙な時代だと指摘しておいたが、蘭学は前者、国学は後者であるということができよう。そして前田は前者を肯定し、後者を否定するという「図式化」を示したわけである。

その当否はしばらく置いておこうと思う。この図式化が、きわめて実存的な——つまり個人の内面に焦点をあてた——解釈であることを確認しておくだけでよい。

学問観をめぐる対立

貨幣経済という時代背景から、ふたたび若き日の宣長に戻ろう。伊勢松坂は貨幣経済の成功者たちが軒を並べ、太平を謳歌していたが、宣長はその一員になることができなかった。代わりに宣長が京の街で求めたのは和歌と源氏物語の世界であった。京都時代の宣長は師の堀景山だけではなく、多くの友人たちにも恵まれた。酒の勢いを借りて激論を戦わし、手紙で自説を主張しあう仲間たちの存在が宣長の青春を支えていたが、宣長の和歌と平安朝への憧憬は、仲間たちの間でも異様なものとして映ったらしい。医術の基礎が漢学であった当時、儒学を学ぶ友人たちから賛同を得るのはむしろ難しいことだった。たとえば、宣長には上柳敬基と清水吉太郎という二人の友人がいたが、彼らとの学問観をめぐる対立ははっきりしていたのである。

宝暦七年三月の上柳宛書簡のなかで、宣長は、法輪寺の開帳にあわせて虚空蔵大士像を拝観しつつ、嵐山と桂川に遊ぶことを提案する。それにたいし上柳は、儒学を修めることを理由に誘いを断っている。宣長は返信のなかで、「足下は道学先生なる哉、経儒先生なる哉。何んぞ其の言の固なる也」と非難しつつ、自分は釈迦の言葉が好きだし、信じており、楽しんでいる。そればかりでなく、老子や荘子、諸子百家、山川草木禽獣虫魚風雲雨雪日月星辰にいたるまで、要するに宇宙と天地万物あらゆるもの皆、賞賛の対象にしていると応じた。そして次のように友人を詰問するのだ——「足下風雅に従事せざれば則ち已む。若し風雅に従事する乎、其の言宜しく此くの如くなるべからず」（全集⑰‐17）。

ここに本居宣長を考える際の最重要キーワードの一つ、「風雅」がはやくも登場している。和歌は「風雅」にかかわるとされ、天地万物、すなわち世界全体を肯定することを意味しているという。たいして、儒教という特定の立場から、和歌という異端を批判することは、世界を否定のまなざしで眺めることになる。その否定的態度に、宣長はなじめないのである。

倫理学者の相良亨は、この書簡に注目し、「儒教的ドグマの専制を否定した最初の文献として、また風雅を重んずる宣長の立場を主張した最初の文献として、さらにまた、ドグマを否定して現実を重視する傾斜を示した文献として、この上柳あての書簡は貴重なものである」という見解を述べているが、[21] 相良はここで二つの重要な指摘をしている。第一に、現実は森羅万象が多様な世界をつくる風雅な世界であることであり、第二に、宣長は、その現実世界に断定的な一つの解釈を当てはめることを批判したという指摘である。「儒教的ドグマ」で複雑多様で豊潤な世界を解釈するべきではないのだ。さらに倫理学者の熊野純彦は、こうした初期宣長の際限なき好奇心について、「巷間のうわさ話までふくめて、ひとが言いかわし、語りならうすべてのものごとへのあくなき関心がそこにあり、それは後年の『古事記傳』のすみずみにまで持ちこされてゆく」と指摘している。[22]

つまり平安時代の風雅の世界への憧憬と同時並行的に、儒教への懐疑と『古事記』への注目という、のちの学問姿勢も萌芽していたのである。

「聖人の道」など無関係

もう一人の友人とのやり取りを再現しておこう。宣長の儒学への違和感が、和歌への憧憬とともにするどく表れたのが、清水吉太郎宛の書簡である。

そのなかで、清水が宣長の和歌愛好を批判したことにたいし、自分もまたひそかに、清水の儒学好きをおかしいと思っていると反論する。なぜなら、「是れ何となれば則ち儒也者《なる》は聖人の道也。聖人の道は、國を為め天下を治め民を安《おさ》んずるの道也」、つまり儒学は自分自身で楽しむものではないからだという。自分には治めるべき国もないし、安心をあたえる民もいない。聖人の道はそもそも自分とは無関係なのである。

しかし、政治にかかわらないのは宣長だけではないはずである。古くは孔子ですら、時代が合わないこともあって政治の実務にはかかわれず、挫折し、後進の指導にあたるしかなかった。そして今日、清水をふくめた儒学者たちにとっても、儒学は単なる勉学に堕し、塾をひらき生徒を教え、名誉を得ようとするにとどまる——「唯だ辨論を是れ美とするのみ、而うして未まだ嘗つて秋毫も天下に益せず焉。適《たま》たま以つて俗を惑はし和を滑《みだ》すに足る已。此の方、伊仁斎、物徂徠の如きに至るも、亦た皆な是れに外ならず矣」(全集⑰-19)。

——儒学者は実践をともなわず、ただ言論を美辞だと誇っている。だからまったく世間に無益である。ときに世間を惑わしたりしなかっただけのこと。仁斎も徂徠もみなこんな風ではないか。

伊藤仁斎（1627－1705）と荻生徂徠（1666－1728）は、それぞれ古義学と古文辞学と呼ばれる学問を提唱した儒学者であり、その総称である古学派とは、『哲学・思想事典』によれば、「江戸時代の儒学の一派。後世の朱子らによる経書解釈とその基盤にある性理学を批判しながら、古代経書の本来の意義を明らかにすることを主張した江戸時代の儒者たち」であるとされる。

古学は、朱子学の古典解釈を徹底的に相対化し、『論語』や『孟子』本来の字義の解明と、そのための方法論を生みだした。とりわけ徂徠の方法論は、契沖や賀茂真淵、そして宣長ら国学者の日本古典解釈にも決定的な影響をあたえたのである。ここでも宣長の手紙に頻出する「聖人の道は、天下を安んずるの道也」もまた、荻生徂徠が強調してやまないものだった。以後、宣長が本格的に学問の道に入ると、徂徠学の影響は、賛同するにせよ批判するにせよ、非常におおきなものになってゆく。

だとすれば、荻生徂徠とはいったいどのような人物であり、思想の持主なのか。またその影響をどのように評価すべきなのだろうか。以下、しばらく宣長と徂徠のかかわりについて見ておきたい。

徂徠学派が見た日本

八代将軍・徳川吉宗の治世が終わり、寛延・宝暦・明和・安永・天明・寛政――つまり宝暦・明和事件の前後――とつづく時代は、幕藩体制瓦解の兆候が表れていたにもかかわらず、文化は異例な繁栄を寿いでいた。狂歌や川柳に徳川治世の皮肉をこめ、洒落本に不安を慰め、多色刷りの浮世絵収集に時のたつのを忘れる。鈴木春信や喜多川歌麿がブロマイドづくりのプロとして活躍したのは、この時期のことである。貨幣経済が浸透していくこの時代、京の街を彩る都市部の繁栄、活きと活躍する文化人たちの姿は、大都会江戸にもまた存在したのである。宝暦・明和事件の不安と大都市の繁栄が奇妙に混在し、まさに爛熟した世相だった。

ところが、渡辺浩と田原嗣郎の研究によれば、吉宗執政の時点で、荻生徂徠はふかい危機感に沈んでいた。徂徠にとって、政治体制はその誕生した瞬間から腐敗し、死に向かって突き進むことを宿命としている。その際、大陸古代に出現した聖人によってつくられた政治制度、すなわち「聖人の道」は、体制の瓦解をふせぎ、安定した長期政権を可能にするヒントの宝庫であった。その具体例が夏・殷・周であり、徂徠が徹底して研究した理想の治世である。

日本でもかつての藤原不比等の時代に、唐の律令制度を取り入れた結果、三百年ものあいだ政治体制を維持することができた。この「先王の道」という基準をもちいないまま、大坂夏の陣から百年を経過した江戸幕府は、徂徠の眼から見れば、腐臭を放ち始めた危うい政治体制に他ならなかったのである。

徂徠の政策論『政談』によれば、徂徠は「先王の道」すなわち封建制度を肯定し、「礼」による統治をめざしていた。いっぽうで秦以降の大陸では封建制ではなく郡県制が採用されており、「法」による支配がおこなわれた。日本史の教科書で勉強した私たちには、各藩が割拠する封建制が江戸時代までの政治制度であり、幕府の崩壊とともに明治新政府が郡県制、すなわち強力な中央集権体制を採用したと習ったことだろう。だが徂徠のいう封建制と郡県制は、大陸の制度を参考に、もう少し複雑な構造をしている。

そもそも封建制においては、士君子と呼ばれる政治家たちは土着していたから、地元との関係も安定し、比較的落ち着いた共同体がつくられていた。しかし郡県制では様相は一変し、中央から派遣された役人が統治する中央集権体制の冷たい共同体になってしまう。地方に突然、都会風をふかした人間が現れれば、昔も今も変わりなく、それだけで警戒感を抱くし、さらに役人ともなれば高圧的にも見える。人間関係は冷淡になり、地方の統治は安定性を欠いてしまう。

ところが、以上の法則を日本の歴史にあてはめてみると、うまくいかないことがわかったのである。大陸とわが国では逆の事態が起きていることに徂徠は気づく。つまり郡県制を採用していた公家政権による統治は、本来冷たく不安定なはずなのに、実際は三百年の長期安定政権を維持できた。たいする武家政権は、封建制を採用したにもかかわらず、鎌倉幕府は百年程度しか持たず、室町幕府も百年あまり経つと政権の体をなさなくなった。大陸では一般的な、封建制は安定し郡県制は不安定であるという史観をあてはめても日本の歴史はうまく説明できないのである。ではどう理解したらよいのであろうか。

徂徠によれば、より日本の現実にそった考察の結果、日本はそもそも広大な領土をもつ大陸国家とは異なり、土着の伝統が強いこと、したがって郡県制とは名ばかりで、事実上、封建制とおなじ統治がおこなわれてきたのだと考えた。大陸はあまりにも広すぎるがゆえに、強力な統治機構と中央集権になりがちである。だが日本は狭小だから、律令制度をはじめとする大陸の統治機構の輸入にもかかわらず、実際はゆるやかな封建的統治でなんとかなってきたのだ。

しかし、江戸時代にはいると事態は一変する。貨幣経済が登場したからである。

幕府は封建制による統治を行ってきたが、貨幣経済が浸透し、武士たちも領内を激しく流動するようになった。さらには都市部の城下町に住む「旅宿の境界《きょうがい》」となった者も数多くいた。こうした社会では、長い時間をかけた人間関係が失なわれてゆくから、土地に根づいた統治を行うことは難しくなる。いきおい中央から派遣された役人による間接統治、つまり郡県制に近い社会にならざるを得ない。「廉恥」すなわち個人の自発的道徳心に基づく温かい統治ではなく、「法」による冷徹な統治しかできなくなってしまったのである。(23)

蘐園諸彦會讌圖　玉川大学教育博物館所蔵

郡県制を採用したこと自体が問題ではない。もともと土着的・封建的な国づくりをしていたにもかかわらず、急激に貨幣経済が浸透したことが問題を引きおこしたのだ。江戸中期、農本主義から重商主義への劇的な変化こそ、人びとの生き方を変える本質的原因だと徂徠は気づいていたのである。政治体制ではなく経済システムの変化が冷たい人間関係を生みだし、流動性が高く不安定な「関係」となった原因だったといえよう。

先に大石慎三郎や前田勉を参考に、この時代が農本主義から重商主義への転換点にあることを指摘しておいたが、徂徠は時代の変化を敏感にとらえ、統治思想の立場から厳格な法治による「冷たい社会」になることを危惧していたことになる。

徂徠は「先王の道」を参照し比較することで、当時の時代状況を診察したわけだ。聖人の道は普遍的価値をもつ統治体制であり、遣隋使や遣唐使は西側の価値観輸入に日本が明け暮れた時代のことをさす。ところが、江戸の鎖国は西側との接触を断ち、ある種の国風文化に入った時代である。そこでは独自の貨幣経済が浸透し、「先王の道」ではまったく説明のつかない日本に独自の人間関係の混乱がはじまっていた。思想の鎖国は現状を見る目を曇らせる。危機の到来に多くの日本人は気づいていない——徂徠は危機感を強めていたのである。

朱子学への懐疑

ところが、である。つづく宝暦・明和の時代、徂徠の危機意識をよそに、天下は安定しつづけた。本来、いかなる政治体制であれ、一切の施策をしない場合、貨幣経済の浸透によって人びとは奢侈に流れあるいは腐敗し、堕落していくはずである。儒学の一派である朱子学は古典を読み込むことで個人道徳の必要性を説いた。その朱子学とはまったく異なる古典の読み方をつうじて、徂徠は政治とは何かを体系的に論じ、統治の方法を模索し『政談』や『太平策』を書いて時代に提言しつづけた。朱子学と徂徠学は一見、対立しているように見えるものの、人間と社会を堕落するもの、瓦解するものとみている点では危機感を共有していたといってよい。

ところが、徂徠の弟子の中には、日本の当代こそ大陸古代の「三代の治」に匹敵すると賛美する声があがりはじめた（山県周南《やまがたしゅうなん》『為学初問』）。貨幣経済がもたらす潤沢な物資に溢れたわが世を寿ぐべきではないか。欲望と消費に満足し、わざわざ政治体制を揺るがすような革命など考えるものなどもういない。

つまり目の前の社会はそのまま手をつける必要のない理想状態なのであり、わざわざ聖人が作為した「道」による施策や、政策提言をする余地のない社会なのである。もはや西側から学ぶべきものは何もない。普遍的価値は外側からやってくるのではなく、みずからが価値基準なのだ。

山県周南や服部南郭《はっとりなんかく》、松崎観海《まつざきかんかい》ら当時の徂徠学派のこのような考え方について、渡辺浩は次のようにまとめている――「ところで、『聖人の道』がほとんど用いられないままに今がそれほど『泰平』であるならば、『聖人の道』は結局学者と同様に無用なのではないか。あの海外より渡来の政治モデル、経済モデルなど、少なくともこの国には始めから不要だったのではないか。日本は日本なりに伝統に根ざしてやっていれば、それで全てうまくいくのではないか(24)」。

つまり、宝暦・明和事件があったにもかかわらず、時代の軋みは徂徠学派にも、そしてこの時点の宣長にも届くことはなかった。

宣長の現状認識

話がだいぶ長くなったが、徂徠学派が生みだす天下泰平のイメージは、次の二つのことを教えてくれるだろう。第一に、貨幣経済による繁栄を前に、政治への無関心が広がっていったこと。第二に、日本は大陸古代の政治思想を学ばずとも、独自の統治スタイルをもっていると考えることである。

実際、京都遊学中の宣長は、この思想圏内にいたといってよい。たとえば同門の清水吉太郎宛の書簡では、和歌の重要性を訴える際に、『論語』先進篇の有名な箇所が引かれている。のちに儒教や徂徠学とするどく対立する宣長も、このころは儒教古典を引きながら個人の意見を述べ、時代を語る、きわめて常識的な知識人の一人であった。

宣長が引用したのは、次のようなエピソードである――子路《しろ》と曾晳《そうせき》と冉有《ぜんゆう》と公西華《こうせいか》の四名が、孔子のおそばに控えていた。先生が「わたしがお前たちより少し年上だからといって、遠慮をしないでほしい。普段、お前たちはいつも『わたしの真価をしってもらえず、統治に関われない』といっているが、もし誰かがお前たちの価値をしって登用してくれたなら、どうするかな」と質問した。子路がいきなり「兵車千台をだす程度の国が大国の間に挟まり、さらに戦争や飢饉が重なるばあい、もし私が統治すれば三年も経つころには、国民を勇気があり道をわきまえるようにしましょう」と答えると、先生は笑われた。

冉有は「六、七十里四方、もしくは五、六十里四方程度の小国を私が統治すれば、三年も経てば人民を豊かにすることができます。礼楽については、他の君子に頼みます」と答えた。また公西華は、「私はむしろ学びたい。宗廟での務めや諸侯の会合のとき、助けになりたいと思います」と答えた。

だが曾晳一人だけは、弾いていた瑟《しつ》を置いて立ちあがり、次のように答えたのである。「三人のような立派なのとは違いますが、春の終わりごろ、着物もすっかり整えて、五六人の青年と六七人の少年をともない、沂川でゆあみをし、雨乞に舞う大地のあたりで涼んで、歌いながら帰って参りましょう」。孔子先生はああと感嘆し、私は曾皙に賛成するよといわれたのである――。

孔子が軍配をあげた曾皙と他三人の違いははっきりしている。三人がいずれも統治を志し、政治に関心を示したのにたいし、曾皙のみは私的な楽しみを優先している点だ。この逸話に若き日の宣長は敏感に反応した。儒教の聖典『論語』の中にすら、公的なものより私的なものを重んじる孔子の姿が描かれているではないか。

宣長はこの事例を逆手にとり、「僕茲《こ》こに取る有りて、至つて和歌を好む。独り是れが為のみならず。僕の和歌を好むは、性也。又た癖也」とまで開き直るのである。宣長にとって和歌は天地万物、すなわち世界全体を肯定する営みであり、「風雅」と呼ばれると同時に和歌にはもう一つの特徴があって、それは私的な営みを肯定することでもあるのだ。(25)

また第二に指摘した日本独自の統治スタイルへの信頼も、宣長の中に胚胎している。儒学を重んじる清水にとって、礼儀がなければ人間は禽獣とおなじである。しかし宣長は、あなたはわざわざ聖人の書を読んで道を解明してからでないと、禽獣を免れることができないのか、迂遠ではないかと詰め寄る。そして、「知らず異國人は其れ然る歟。吾が神州は則ち然らず。上古の時、君と民と皆な其の自然の神道を奉じて之れに依り、身は修めずして修まり、天下は治めずして治まる矣」(全集⑰―23)と宣言する。異国の人なら人間らしくなるために努力も必要なのだろう。でも神州の日本はちがう。神道を奉じてきたわが国では、身も国家もおのずから治まるものなのだ――。

この時点で宣長は、圧倒的に和歌に関心を寄せている。もし政治を語るとしても儒学を経由することはあり得ず、「神道」によって治まると考えている。しかも道徳と政治はおなじものだと見なされていて、修身と天下は神州を理由にうまく調和しているというのだ。「神州」という言葉をつかいつつ日本と大陸を明確に区別する思考が、この段階ですでに萌芽している。(26)

紫宸殿と古代憧憬

ところで、宣長の将来の本業である医学の基礎は、儒学の勉強からはじまる。儒者の堀景山のもとに寄宿していた宣長は基礎を学び終えると本格的な医学修行のために、武川幸順《たけかわこうじゅん》宅へと転居する。南山先生と号し、のちに後桃園天皇となる英仁親王の御殿医を務めていたこの医者から、宣長は医術以上の何かを受け取ったのかもしれない。先に大石慎三郎が「分水嶺の時代」と名づけ、繁栄と不安をこの時代の特徴としていたが、宣長の眼はもっぱら京の繁栄にむけられ、平安京時代を夢想していた。「医術以上の何か」とは平安以来の古都に鎮座する、朝廷から放たれる薫香のようなものである。

宝暦六年の正月十一日と十三日、宣長は立てつづけに禁裏御所を拝観している。「後七日御修法」と呼ばれる、正月八日から十四日までの七日間、玉体安穏と鎮護国家を祈念して、東寺の長者によっておこなわれる密教の修法を見学するためである。

紫宸殿の室内中央部には、金剛界・胎蔵界の二つの壇がそえられ、壁面には仏画が掛けられていた。長者が壇上で息災増益を祈念しつつ護摩を厳修し、金剛界・胎蔵界にはそれぞれ導師が座していた。宣長は儀式がおこなわれる室内を見学し、装飾に圧倒され、いにしえの宮廷世界へと誘われていった。そのときの感動を、宣長は『在京日記』に次のように記す。

禁裏へまいりて、御修法の壇場をおかみ奉りける、いともかしこき紫宸殿にのほり奉りて、おかみ奉ること、いとおそろしき迄そおほゆ、御修法の間は、殿内みな壇場にかさられて、東寺よりつとめ奉る、賢聖の障子なとも、あさやかにはみへ侍らす、はつれはつれかけ物の間より見えたり、左右桜橘のうはりたるわたり、むかし覚へてえもいはすたふとし　（全集⑯-51）

掛物のあいだから、ちらりと垣間見える室内に、平安時代の雅びを夢想し、宣長は心奪われている。清涼殿はまるで絵に描いたようであり、きらびやかな内侍所は鮮やかである。桃園天皇に昨年冬に入内した富子のことも宣長の頭をよぎる。そこから門をでて北側に回ってみると、富子がいらっしゃる宮をみることができる。すべては麗しく、磨きあげられている。しばし休んでいると、公卿殿上人の格好をした人たちの姿も珍しく現れ、かつての往時を偲ばせる[27]――。平安遷都当時の風情に宣長は立ち尽くし、時のたつのを忘れている。

ちなみにこの時点では、宣長の古代憧憬は、飛鳥奈良時代ではなく平安京以後である。遣唐使の派遣が終了し国風文化が花開いた時代こそ、宣長が身を浸すことを願った時代である。古事記の時代ではなく源氏物語の時代が、まずもって若き日の宣長をとらえたのである。

宣長の平安憧憬は、この場かぎりのものではなく、彼の体質と学問のあり方そのものにまで直結している。

たとえば先立つ延享三年（1746）、十七歳の秋から京都遊学前年の宝暦元年の冬まで、五年あまりにわたって書き継がれた『都考抜書』には、歴代の京の都、とりわけ平安京にかんするあらゆる抜書きで溢れている。第一章で触れたように、きっかけは恐らく延享二年二月、いまだ十六歳だった宣長が、北野天満宮を中心とする京都旅行をしたことにまで遡る。京都旅行は平安の風情を少年の心に刻印した。そして、そのいわく言い難い思いを形にするために、宣長は翌年から折に触れて『都考抜書』を書きつづけたのである。

紫宸殿や清涼殿、内侍所の細部まで描写した文章はもちろん、『古今和歌集』や『平家物語』から京にまつわる部分を引用した。さらには『神名秘書』『神宮雑例集』『小朝熊社神鏡沙汰文』などの神書、貝原益軒『和漢名数』『大和廻』『京城勝覧』など、地誌類にまで目を通し、雅びの時代にまつわる事項を書き留めた。

たとえば、五条天神についての記述では、十七歳の宣長は、すでに天神の由緒と医学との関係をするどく見抜いている。次の引用文中の「白朮」とは、本章の冒頭に登場した「おけら」のことにほかならない――「天神宮節分詣【五條天神也】節分ニ○諸人当社ニ詣テ白朮ヲ求来、邪気ヲノゾク神薬トシ、酒ニ入テコレヲ飲ム、或ハ竈下ニ薫ズ、ムベナルカナ此神ハ少彦名命ニテ、本朝医術ノ祖神也、元正御酒〔ヲ〕ニ入テ、天子〔コレヲ〕キコシメス白散ハ、此神ノ製法也ト云リ、今白朮ヲ鬻《ひさぐ》事、此由意也[28]」。京都遊学から五年目のこの冬、医者をめざしている宣長が、節分の寒空のなかを「本朝医術ノ祖神」である五条天神に詣でたのは当然なのであった。

和歌のある日常

人はその若き日に、生涯の師となるべき人物に出逢うことがある。柔らかな感性は、その人格に反応し自己形成の糧を得る。のちに師匠を超える出世を遂げたとしても、尊敬の念は変わらない。自分が還る場所、常に仰ぎ見る存在、それが思春期の師との出逢いというものなのである。平安時代の雅びの世界に思いを募らせていた宣長が、堀景山と出逢ったのは歴史上の奇跡である。

景山は、契沖の学問を高く評価し世に広めることを願い、『百人一首改観抄』刊行の労をとった人物である。その『改観抄』を宣長は借りてみることで、はじめて契沖の説をしった。以後、『古今余材抄』や伊勢物語の注釈書『勢語《せいご》臆断《おくだん》』など契沖の著作を次々にむさぼり読み、筆写した。歌学とはこうあるべきなのだという模範を、宣長は獲得することができたのである(以上、全集①－85)。

先に述べたように、「西側」の思想体系である朱子学は、徂徠学によって乗り越えられていく。徂徠学は儒学の革新にとどまらず、国学運動のきっかけをつくった。その流れは堀景山を経由して契沖を経て、今、宣長に引き継がれようとしている。こうした時代の変化に身を置きながら、宣長は歌学と源氏物語研究において革新的な研究をやってのけようとしていた。

和歌のある日常——それは、宣長にとってはごく自然なことだった。五十余年のあいだに一万首もの和歌を詠み、歌集には多くの歌が遺されている。現代人にとっては歌人でもない限り、想像しにくいことだろう。だが、宣長をしるためには今日の多くの人にとって疎遠となった、和歌の歴史に接近しなければならない。以下ではなるべくかみ砕きながら、宣長を感動させたものの正体を描いてみよう。

清輔朝臣と鴨長明

宝暦五年三月二十八日、宣長は景山先生と数名の友人とともに、船で宇治川に遊んでいる。朝のうち、鴨川の高瀬をでるときはあいにくの曇り空で、雨まで降ってきそうな様子だったが、街を抜けるころには晴れ間も見えてきた。『本居宣長の歌学』の著書がある高橋俊和によれば、この日、宣長は新古今和歌集を参考に、宇治川の歌を詠んでいる。(29)

宇治川をのほる程は空いとうららかなり
宇治川や　いく世の水の　みなかみも　かすみを分て　けふぞ尋ねむ

（全集⑮－222）

この作品が出来上がるまでの背景には、襞のように折り重なったわが国古典の影響がある。川をめぐる日本人の思いが、しずかに降り積もっている。それを具体的にみていこう。

たとえば、『小倉百人一首』の撰者・藤原定家が近仕し、(30)文王とも呼ばれた高倉天皇の御代のことである。関白藤原基房（1145－1230）は、宇治において「河水久澄」を題詠に、周囲のものに和歌を所望された。その場にいたもののうち、清輔朝臣は、「年へたる　宇治の橋守　言問はむ　幾代になりぬ　水のみなかみ」と応じたのだった。年老いた宇治橋の橋守に、私は尋ねよう。

この宇治川が上流から流れ出してから、いったいどれくらいの時が経ったのだろうか——。帯のようにしなやかに、流動たえざる宇治川の流れに、時間というものの存在を清輔朝臣は驚きをもって発見している。橋守に川の起源をたずね、宇治川から喚起される歴史の悠久さを、この歌では讃えているのである。

またもう一つ、この時代の著名な文章から川と時間とのつながりがわかるものを引くと、「ゆく河の流れは絶えずして、しかも、もとの水にあらず。よどみに浮かぶうたかたは、かつ消え、かつ結びて、久しくとどまりたる例なし。世の中にある、人と栖《すみか》と、またかくのごとし」があるだろう。もちろんこれは鴨長明『方丈記』である。

後鳥羽院に見いだされた鴨長明は、遁世する三年前の建仁元年（１２０１）八月十五夜、和歌所でおこなわれた歌合せで、藤原定家との勝負に四戦全勝する。それもあって、長明は新古今和歌集の編纂に参加し、順調な出世を遂げつつあった。しかし、それにもかかわらず、禰宜職継承に失敗したことをきっかけに世をはかなみ、遁世してしまう。和歌の才能にめぐまれながら、公的な肩書の成功からは見放されたことが、長明の心に陰影と屈折をあたえていた。文学で成功した彼も、政治の世界では失脚したのである。

一年後、長明の和歌十首をふくむ新古今和歌集が撰進され、催された饗宴はどこまでも華やかであった。その場に不在の長明が書き残した言葉が、先の『方丈記』冒頭なのである。川の流れのなかに、時間との深いつながりを凝視できたのは、心の傷が疼いたからにちがいない。

こうした言葉の蓄積を意識して、宣長は作品をつくったのである。清輔朝臣と鴨長明だけではない。宇治川は「氏」を暗示するから、この作品には藤原摂関家歴代の繁栄と長久を寿ぐことも意識されていたし、さらに遡れば、古今和歌集の雑上、詠み人知らずの「ちはやぶる　宇治の橋守　なれをしぞ　あはれとは思ふ　年の経ぬれば」の本歌取りでもあるのだ。

宇治川に浮かぶ七百年

つまり宣長は意識的に、自らを勅撰和歌集の系譜に位置づけようとしている。宣長が参照したもう一つの作品が、新古今和歌集の雑歌下にある。詠み人知らずの歌「いにしへの　なれし雲居をしのぶとや　霞を分けて　君尋ねけむ」の背景をしれば、その意図が、よりあきらかとなる。

この和歌は後冷泉天皇（１０２５－１０６８）の妃で後一条天皇の皇女・二条院にまつわる作品である。現在の京都大学に程近い吉田神楽岡町にある菩提樹院は鬱蒼とした森につつまれ、後一条天皇の御陵が、しずかなたたずまいをみせている。

二条院が、その菩提樹院に来てから翌年の春のことだ。大納言経信《つねのぶ》がやってきて、互いに往時を偲んで思い出話に時を忘れるほどであった。翌日、心のざわめきを抑えかねた二条院は、女房に申しつけて経信のもとへ先の歌を贈ったのである――あなたは昔お仕えし慣れ親しんだ後一条天皇の御代、その宮中生活を偲ぼうと思われて、霞のなかをこの菩提樹院まで訪問してくださったのですね、と。

宣長が「かすみを分て　けふぞ尋ねむ」と詠んだ宝暦五年は一七五五年だから、およそ七百年の歳月が宇治川のうえを流れている。言葉で往時を再現することによって、宝暦の宣長は、王朝貴族たちの宇治川逍遥の傍らに身を寄せようとしたのである。

王朝貴族たちは宇治川を逍遥する際、ある定型に基づいて、みずからの心情を吐露している。具体的には、漢籍の『文選《もんぜん》』や『白氏文集《はくしもんじゅう》』などから故事に絡んだ華麗な語句を見つけだし、思いを託し歌に詠んだのである。眼前にある京都郊外の風景は、こうして漢籍の景勝の地に比せられ、「無何の境」「無何有《むかう》の郷《さと》」に遊ぶイメージの世界へと重ねられていった。「無何有の郷」とは、『荘子』逍遥遊篇第一などに見える表現のことで、人為を施さない無為自然の理想の楽土をさしている。こうした大陸の文人意識とも呼べる悠々自適の世界が、宇治川の景色に重ね合わされたのである。そして宣長もまた、新古今和歌集に収められた和歌に触発され、悠久の時空を遡っている。

宇治川の風景は、いわゆる今日の科学の対象である「自然」ではないのであって、過去の日本人の解釈に彩られた、定型をもった「風土」(和辻哲郎)なのである。宇治川の詠み方や宇治川から触発される感情は、ある程度決まっているのであって、型どおりに宣長は風土を眺め、そして型どおりに歌を詠み添える。

しばし現実の喧騒を離れ、水の流れに仮託された悠久の時間に思いをいたすこと、つまり歴史を喚起し、歴史に参加することが、宇治においてなすべきふるまいなのである。宣長にとって、和歌を詠むことは勅撰和歌集の伝統につらなることを意味したのだ。

堀景山とともに宇治川を逍遥し、伝統につながりながら和歌を詠んだ宣長に、孔子や徂徠のアイロニーは存在しない。政治への参加を望み、挫折したという感覚がないのである。小津家の瓦解の危機を「本居」への改姓と「武士」の発見によって乗り切った宣長は、精神の安定を得ていた。瓦解しかけていた「家」は医者になることで存続可能となり、父としての役割を果たすことができるようになった。

宣長の京都遊学は充実していた。屈折とは無縁の青春にふさわしい高揚があった。仏文科の学生が、パリの街並みにかつての文人たちを想うように、京の街には平安の残響がいくらでもあった。宣長は思いきり風雅の世界の匂いを胸に吸い込みながら、医学の修行を積んでいる。だがそれにしても、宣長が絢爛たる織物のような和歌の世界に、自らを耽溺させたのはなぜなのだろうか。なぜ宣長は和歌を選択し、国学の系譜に連なっていったのか。

そこには、ある女性との恋愛があった。

第三章　恋愛と倫理のあいだ――『あしわけをぶね』の世界

大野晋の推理

宣長は恋をしていた。

みずからの出自をめぐり武士の系譜を発見し、調査と推理を重ねていたころ、宣長は結婚問題に直面していた。それは純粋でわかりやすい恋愛とは、必ずしもいえなかった。もつれにもつれたといってもよい。男女の「関係」についても、若き日の宣長は苦い研鑽を積んでいた。

大野晋（１９１９－２００８）といえば、大ベストセラー『日本語練習帳』（岩波新書）などでしられる国語学者である。その大野が昭和五十二年（１９７７）九月に、岡山市でおこなった岩波文化講演会「語学と文学の間―本居宣長の場合―」は、宣長と恋についてきわめて興味深い仮説を述べている。大野によれば、学者というものは青年期に負った心の傷や課題というものを、一生涯かけて解こうとする生き物である。若き日に遭遇した事件、出逢った人が深く人生に根を張っている。その個人的体験を、普遍的なかたちで表現しようとするのが学者だというのである。

宣長もまた、そうした学者のひとりである。古事記の注釈を三十五年にわたり書きつづけた宣長は、奈良時代の母音の特殊性への関心も深めた国語学者でもあった。また高校の古典の授業でまなぶ「係り結びの法則」を、『詞《ことば》の玉緒《たまのお》』という著作で精密に分類してみせたのも宣長の功績だし、現代仮名遣い以前にあった字音仮名遣いの基礎的構造をあきらかにしたのも、宣長なのである。

しかし宣長を最も著名にしたのは文学研究、とりわけ「もののあはれ」論であろう。和歌と源氏物語から恋にゆれ動く男女の機微をとりだし理論化した。どうして宣長はあそこまで深く、源氏物語を読むことができたのか。大野は自分なりの解答を求めて、研究を開始する。それはほとんど、推理小説的な面白さをもった私見となっている。

宣長は、三十四歳の宝暦十三年五月二十五日に、のちに「松坂の一夜」と呼ばれることになる、賀茂真淵との対面をはたしている。ところが、感激的対面であるはずのこの日の日記は「廿五日　曇天　○嶺松院会也《れいしょういんかい》　○岡部衛士（賀茂真淵）當所一宿、始対面」と、ごく簡単に事実を記載するのみであった。以後、真淵が死去するまでの六年間、宣長は万葉集にかんする質問をふくめ複数の書簡をやり取りし、また師への尊敬の念を『玉勝間』に書き残しており、みずからの学問は、真淵の跡を追ってきただけであるといっている。だがそれは『古事記伝』を書きあげた晩年のことなのであって、対面したその日に注目すれば、宣長はほとんど何も書いていない。とてもそっけないのである。

それはなぜなのか。なぜ宣長は真淵との生涯一度の対面を、くわしく書き留めなかったのだろうか。

大野の推測によれば、このとき真淵と宣長のあいだには、二つの話題があった。第一が古事記にかんする話であり、第二が源氏物語をめぐる問題だった。第一の議論について、すでに六十七歳に

松坂の一夜　本居宣長記念館所蔵

なっていた真淵は、自分は万葉集の研究で一生を終えるだろうから、若い宣長にはぜひとも古事記を研究してもらいたいと励ました。宣長はその真淵の期待を受け入れ、以後、古事記研究へとあきらかに舵を切っていく。

一方で第二の論点、すなわち源氏物語の本質とは何かをめぐっては、真淵が五年前に著した『源氏物語新釈』にたいして、宣長は自らの「もののあはれ」論をぶつけ、両者には埋めきれない溝ができていた。結果、宣長はある複雑な思いにとらわれたのではないか――大野はこのように推測するのである。

事実、その二週間後の六月七日、宣長は、最初の源氏物語論『紫文要領』を脱稿し、そのあとがきで並々ならぬ自信をみなぎらせつつ、「長年、私が心に思っていて、何度もくり返し精読し考え出した説であって、まったく師匠から伝わったようなものではない。また諸注釈書の説ともまったく異なる説である。読む人は決して怪しまないでほしい」とはげしい筆致で書いている。この師匠とはまちがいなく真淵を意識したものであり、宣長は自説を誇るために、つまり真淵を批判するためにあとがきを書いたと大野はいうのだ。

『紫文要領』については、第七章で本格的に取り上げる。実際、『紫文要領』で全面展開される源氏物語への愛着と、女性的なるものへの称揚は、真淵の「ますらをぶり」の思想と鋭く対立することになるだろう。

真淵によれば、古代の女性たちには、伊邪那美《いざなみ》の大御神が男神と並びたち、天地を創造したように、必要があれば軍を率いる雄々しさがあった。また天照大御神にいたっては、みずから弓をとって「ますらをなすをたけびをなして、あしき大神を和し給」うこともあった。このように古代の女性はあらゆることで男性を模倣したので、万葉集所収の女性歌も男性の作品とおなじ品格ある作風であった。ところが、時代が下り古今和歌集を参照するようになると、本来の「高く直きやまと魂を忘」れてしまい、歌の質が下がったというのである。

さらに大野は次のようにつづける。真淵にとって、源氏物語は女性的文体であり否定の対象となる、「かれは女文也、物語文也、古き雅文にはかなはず」なものにすぎないと真淵は明確にいっているからだ(31)。この考えに宣長は「もののあはれ」論で、真っ向から反旗をひるがえしたわけだ。理想的な日本人とは何か——男性的・女性的というキーワードが、二人を激しい対立の場面に引きずりだし、この対立が日記の記述を淡白なものにしたのではないか。

だとすれば、『紫文要領』を貫く「もののあはれ」論は、どのようにして発見されたのか。

大野が注目したのが、『紫文要領』に先立つ宣長の第一作『あしわけをぶね』であった。京都遊学中に書かれた可能性が高い、二十代後半の未定稿作品である。

『あしわけをぶね』冒頭の定義

宝暦七年（1757）十月、あしかけ六年の遊学生活を終えて、宣長は故郷松坂へと帰郷する。青春は終わりを告げ、「家」の主として医者で渡世する決意であった。ただそのいっぽうで、遊学時代の学問的研鑽が、未熟ながらもかたちをとり始めていた。和歌愛好者たちの集う嶺松院会に入会し、月二回の歌会への出席を欠かさなかった宣長は、また源氏物語にはじまる各種古典講釈にも意欲的に取り組んでいる。

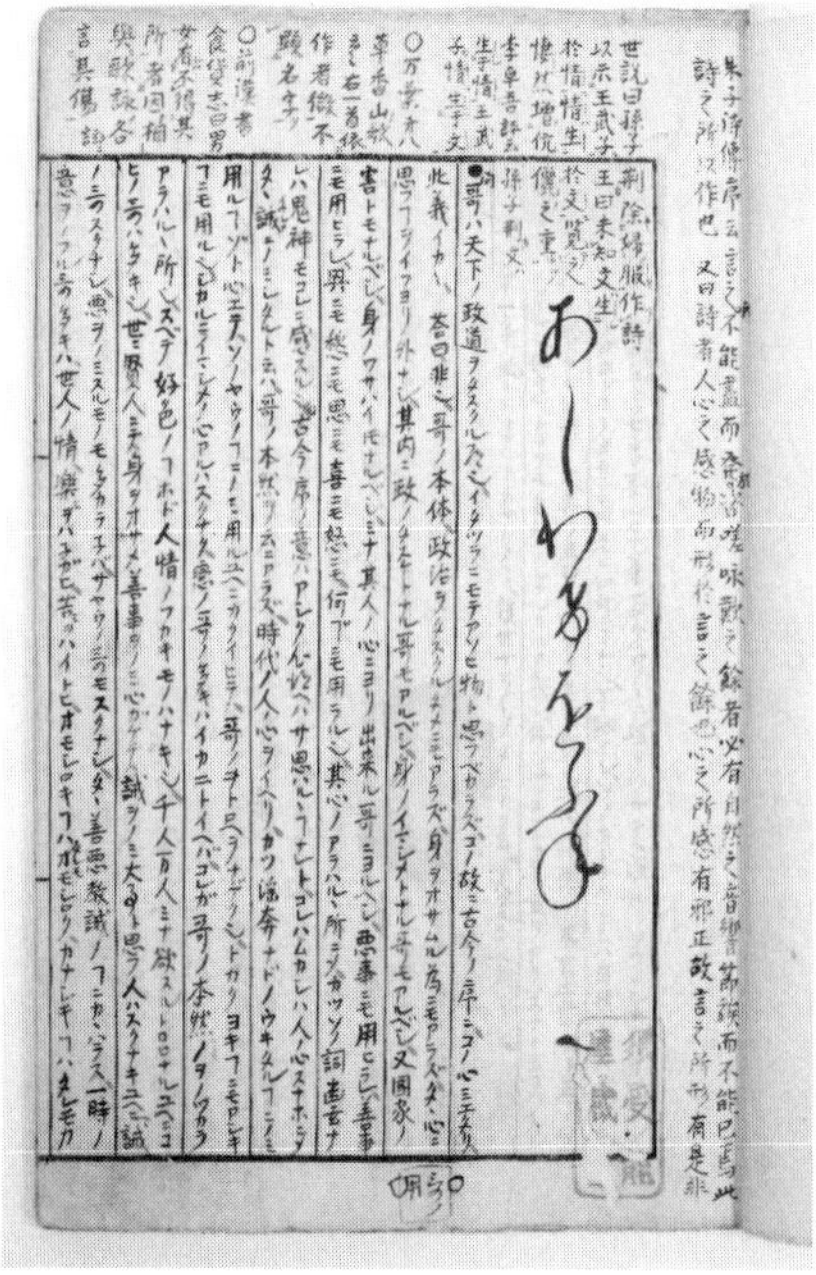
あしわけをふね

『排蘆小船』　本居宣長記念館所蔵

そして宝暦八年、古事記や日本書紀を駆使して「あはれ」という言葉の意味を解明した短文『安《あ》波《わ》禮《れ》辨《べん》』が完成する。ほぼ同時期に未定稿ながらもかたちを成したのが、歌論『あしわけをぶね』だったのである。[32]「あしわけをぶね」とひらがなで書くと意味が取りづらいが、これは万葉集巻十一にある、「湊入之　葦別小船　障多見

吾念公尓　不相頃者鴨」（みなといりの　あしわけをぶね　さはりおおみ　わがおもふきみに　あはぬころかも）の歌に由来する。「排蘆小船」すなわち障害物の間をぬって進む小さな船の航跡に、契沖に後押しされながら進むみずからの学問を重ねている。

その謙虚さとは対照的に、野心に富んだ歌論であるといってよい。古今和歌集の解釈を独占してきた「古今伝授」をはげしく攻撃し、儒教や仏教の政治論や人生観を退けたからだ。さらには、武士道的な生き方まで相手取り、全面対決を挑む。

まずは冒頭の一文を精読してみたい。大野をふくめ多くの研究者たちを驚かせてきた画期的な歌の定義は、次のようなものである。

> 歌の本体、政治をたすくるためにもあらず、身をおさむる為にもあらず、ただ心に思ふ事をいふより外なし、其内に政のたすけとなる歌もあるべし、身のいましめとなる歌もあるべし、又国家の害ともなるべし、身のわざはいともなるべし、みな其人の心により出来る歌によるべし（中略）しかるに、いましめの心あるはすくなく、恋の歌の多きはいかにといへば、これが歌の本然のをのづからあらはるる所也、すべて好色の事ほど人情のふかきものはなき也、千人万人みな欲するところなるゆへにこひの歌は多き也
>
> （全集②－3[33]）

――歌の本質とは、政治の役に立つためでも、修身のためでもない。ただ心に思うことをいうだけのことだ。その中に、政治に役立つ歌もあるだろうし、修身のための歌もあるだろう。また国家

の害になり、身の災いになる歌もあるだろう。それらすべては、その人の心からでてきた歌によるものなのだ（中略）にもかかわらず、教戒のためではなく、恋の歌が多いのはなぜかといえば、歌の本質が、恋に自然と表現されているからである。何事も好色のことほど、人情が深いものはないのである。多くの人が欲するから、恋の歌が多いのだ。

朱子学の詩論と感受性

和歌の本質を探究するなかで、宣長は「恋」あるいは「好色」を発見している。

この冒頭部分には、「頭注」と呼ばれる語釈・解説がついていて、そこには「朱子詩伝の序に云はく」として詩に関する朱子の解釈が引用されている。もう少し詳しくいえば、朱子が中国最古の詩集『詩経』につけた新注「詩集伝」の冒頭には、儒教経典『礼記』の音楽論「楽記」が引用されており、朱子はそれを参照し、自説を展開している。「楽記」においては、音楽の起源を人の心にもとめ、人の心が動くのは外側の対象がそうさせる、つまり「物に感じて動く」からであり、それが声になるのだと説く。

なかでも有名なのは、天理人欲説と呼ばれるもので、「人生まれて静かなるは、天の性也、物に感じて動くは、性の欲也」という独特の音楽の定義である。この文章を朱子は斬新に解釈し、「詩集伝」を書いたのである。人が対象に感じて心が動くのは、「性」の欲である。欲がある以上、人は思いをもつ。言葉にして表現してもしきれない場合、詠嘆することになり音に節をつけて歌うことになる。これが詩のはじまりなのである――。

宣長の歌論が、朱子の詩論から影響を受けていることはほぼ確実であろう。だから宣長の歌論を、『詩経』や朱子学との関連で説明する研究者は数多い。

ただ大事なのは、影響関係を指摘することだけではない。単なる記号や情報として扱われているかぎり、言葉は客観的事実を書き留める道具にすぎない。恋であれ死であれ、私たちはそれを頭で理解し、理路整然と説明することもできるかもしれないが、だがそれを「わが事」として感じ、こころの最も柔らかな部分で体感することは、実はとても難しい。なぜ、その文章に動かされ引用したのか、自分の心を言葉に彫琢する際に必要としたのか。つまり文章とは、それを読んだ側の感受性に触れなければ、人間を動かすことができない。だとすれば、宣長にとっての朱子の詩論もまた、記号や情報の一つではないはずである。歌論を組み立てるための道具以上の刺激を受けたはずである。

大野晋はそうした思いから、宣長は詩論を「わが事」として読んだと考えたのである。大野は学問的常識が儒教と仏教にあった当時、なぜ宣長は政治を排し、歌の独自性を主張したのかと自問した。より直截に、なぜ好色が人の心をこれほどまでに動かし、宣長を魅了したのか。そして『あしわけをぶね』執筆前後の日記を丹念に読みこんだ結果、これはどうも書物を読んで得た知識ではない、という確信をいだくことになる。

宣長は、激しい恋をしていたのではないか。

以下では大野の推測に、私の意見もくわえながら、この時期、宣長が体感したものを再現してみよう。

宣長の恋

京都遊学から三年後の宝暦十年四月八日、最初の妻・美可との結納をかわした宣長は、九月十四日に婚礼をおこなっている。宣長はこの前後を「婚姻書紀」として詳細に書き残していて、「卯ノ刻　新婦入家、木濃喜作一人同道、尤道ハ常服ニ而参リ、此方ニ而白小袖ニ改メ申候」にたいし、宣長の側からは母・お勝含めた四名が出席、両家でも総勢六名の、まことにささやかな婚礼の様子を伝えている。しかしそれ以降、結婚生活にかんする記述はほぼないまま、突如、三カ月後の「日録」には、「十八日、美可帰里、離縁　廿四日、夜返美可荷物」（全集⑯－153）と記載されているのである。

そして宝暦十一年十一月に宣長は、七月から岡藤左衛門に媒酌人となってもらい、草深玄弘の娘である民に婚姻を申し入れ、無事に翌年再婚することになったのである。重要なのは、この草深民という娘が、京都遊学中、宣長とともに医学修行をおこなっていた友人・草深玄周の妹であり、民が宝暦七年の春、ちょうど宣長が京都遊学を終えて松坂に帰郷した前後に、材木商・藤枝九重郎のもとへ嫁いだこと、その後、夫が病死したため実家に帰っていたという事実である。

この三つの事実を発見した大野は、まず民と宣長との関係を調べ、二人の初対面の時期を、以下のように推測している。『在京日記』によれば、京都遊学五年目の宝暦六年四月に、宣長は父の法事に出席するべく松坂に戻る小旅行をしている。その際、堀景山のもとで一緒に勉強していた草深の津にある実家に立ち寄り、一晩を過ごすことになる。宣長は日記に、活き活きとした筆致で、当日夜の様子を書き残している。恐らくこの日、宣長ははじめて民の存在をしるのである。

佐々木屋という宿に落ち着いてひと風呂浴びてから、草深のもとを訪問した。久しぶりに会ったので、京都の話で盛りあがり夜が更けていった。今夜は泊まっていけとしきりに勧められたので、好意に甘えて泊まることにした。同門の友人・松田東三郎もやってきて、酒を呑んで午前三時過ぎまで大いに語り合う。翌日は寝坊をして午前十時過ぎに起きだし、食事の後また佐々木屋へ帰る途中で、松田の家に寄り、そのまま松田も一緒に宿へと戻った。道草を重ねた宣長がようやく松坂へむけて出発したのは、昼前のことである。父の法事を無事に済ませた宣長は帰路もふたたび津をとおり、草深のもとに立ち寄っている。

ところが、それから一年後に京都遊学を終えて帰郷する際には、宣長は津を通ることなく、大和路をつかって迂回しているのである。法事から完全帰郷までの一年余りのあいだに何が起きたのか。

民が宝暦七年の春、藤枝のところに嫁いだ事実に、大野は注目する。そしてさらに、今度は最初の夫・九重郎の死亡時期を調べるために、民俗学的調査を思い立つのである。大野は苦労の末、ようやく津にある彰見寺の過去帳を調べあげた結果、その死亡日時が、宝暦十年四月二十六日であることを突き止めた。

法事の際の草深家訪問と、民の夫との死別の日時、この二つの事実から何がわかるのか。

それは、宣長が友人の妹・草深民と恋に落ちていたという可能性である。そして民の夫が死亡するわずか一週間前の四月八日に、宣長は別の女性と結納をすませてしまっていたという事実なのだ。

宣長は、初恋の相手・民が材木商という「あきなひのすじ」に嫁いだことに複雑な思いを抱いたにちがいない。さらに大野に導かれて想像をたくましくすれば、当時の婚姻が家同士の話し合いで決まる以上、宝暦七年春以前、すなわち宝暦六年の段階で、すでに藤枝家と草深家のあいだで縁談が進んでいたとしても不思議ではない。だとすれば、宣長は縁談がまとまりかけていた民に、恋心を抱いたことになる。あるいはほかならぬ民自身も、宣長への道ならぬ恋に心を焦がしていたのかもしれないのである。

そして事件は起こる。宣長自身が美可との結婚を決意し、結納をすませた直後、民は夫と死別していたのである。もし大野の推測が正しければ、この事件が宣長の心を揺さぶらなかったといえば嘘になろう。しかし宣長は混乱したまま、結納から五カ月後の九月、美可との結婚に踏みきる。この間に民が藤枝家から実家に戻っていた可能性はきわめて高い。結婚の翌月、松坂帰郷後に所属していた嶺松院歌会の席で詠んだ二首の和歌に、宣長の動揺ははっきりと表れている。引用した後に、解説を施そう(34)。

くらへ見ん　いつれか色の　ふかみ草　花にそめぬる　人の心と

あかす見る　心の色は　くさの名の　廿日すくとも　花にあせめや

まず一首目の「ふかみ草」とは、二十日草とも呼ばれる牡丹の異名のことである。高橋俊和は、この「ふかみ草」が「ふかくさたみ」、すなわち草深民という名前に類似していること、また『千載和歌集』所収の恋の歌、「人しれず　おもふこころは　深み草　花さきてこそ　色にいでけれ」あるいは新古今和歌集の、「形見とて　みればなげきの　深み草　なになかなかの　にほひなるらむ」の本歌取りによる作品ではないかと推定している。事実、『あしわけをぶね』で宣長が、「さて千載集に至りて、中興とみえて、大に風体よし」、「新古今は、此道の至極せる処にて、此上なし」と、二つの和歌集に賛辞を惜しまなかったことを考えれば、この推測は十分に考慮するに値する。

つまり一首目の歌意は、牡丹の紅と私の心、いずれの色の方が深く濃密なのかを比べてみたいと言い募っていると解釈できるのである。つづく第二首は、牡丹の別名は二十日草だが、たとえ時間が経っても「ふかみ草」への思いは少しも色あせることなく、ずっとつづくと詠んだと解釈できる。他の女と結婚してから、二十日あまりが経った。だが民への思いはますます色を深めこそすれ、褪せることはないのである。

それからほどなく、宣長が美可と離縁したことを考え合わせると、民を諦めきれない恋心が、宣長をつよく嚙んでいた可能性は否定できない。この歌からは、朱子学の影響云々では説明できない、生々しい宣長の肉声が聞こえる。朱子の『詩経』の注釈に、なぜ青年宣長の心がしなやかに反応したのか。その答えは民との激しい恋にあったのではないか。

つまり青年時代の恋愛体験こそ、宣長の歌論や源氏物語論を支える基礎になっていた。だからこそ新鮮な筆致を可能としたのである。大野はいう――「恋のためには、相手以外の女の生涯は壊し捨てても、なお男は機会に恵まれれば自分の恋を遂げようとするものだということを自分自身によって宣長は知った[35]」。

世界の「人情」をありのままに

一連の結婚問題は、歌学と源氏物語研究に温かく脈打つ血潮をあたえたはずである。

かつて宝暦七年三月の上柳宛書簡のなかで、遊びの誘いを儒学の勉強を理由に断った友人を、「足下は道学先生なる哉」と揶揄した宣長が、「風雅」という言葉をつかい、老子や荘子、諸子百家、山川草木禽獣虫魚風雲雨雪日月星辰にいたるまで、要するに宇宙と天地万物あらゆるものを賞賛してやまなかったことを思い出してほしい。

なぜ宣長の眼に、このとき世界全体は肯定的にみえたのか。前年四月の草深家への訪問と、民への恋を想定することは、控えめにいっても許されよう。歌を詠むことが天地万物への肯定感を呼び覚ますこと、源氏物語が光源氏による恋の駆け引きと苦悩の物語であることが、宣長の「存在」に一層の色彩を添えたにちがいないのである。

宣長は「あきなひのすじ」、すなわち貨幣経済が浸透し始めた時代の人間関係と、儒教が指し示す政治的人間関係いずれをも否定し、第三の恋愛による男女関係の繊細な機微に注目し、対置した。国内経済と「西側」から到来した倫理観にたいし、宣長は歌学と源氏物語を精読することで、応答しようとしたのである。

こうして、家の存続のために医学修行に励むかたわら、宣長は青年らしく恋の世界に耽溺していた。その渦中で書かれたのが、最初の歌論書『あしわけをぶね』だったのである。歌学と源氏物語に代表される古典文学には、人情をしるためのヒントが満載されている。「色欲」の究極のありようを描く、宣長の言葉を見てみよう。恋愛体験が、きわどい男女の間柄にまで宣長の眼をむけさせていることがわかる。当時としては、きわめて大胆な提案は源氏物語への評価とも結びついている。

ことに人の妻を犯すなど云事は、竹馬の童もあしき事とはしる事也、しかるにこの色欲は、すまじき事とはあくまで心得ながらも、やむにしのびぬふかき情欲のあるものなれば、ことにさやうのわざには、ふかく思ひ入る事ある也（中略）いよいよ人情の深切なる事、感情ふかき歌のよつて起る所也、源氏狭衣のあはれなる所以也、しかれば歌の道、幷に伊勢源氏等の物語、みな世界の人情をありのままに書出て、そのゆうびなる事を賞すべき也　（全集②－30・31）

――とりわけ他人の妻と関係をもつことは、幼い子供でも悪いことだと知っている。だが色欲は、やってはいけないことだとわかっていながら、やむにやまれぬ深い情欲があるので、特に不倫にはのめりこんでしまうことがあるのだ（中略）人情が深く切実になればなるほど、感情のこもった歌がわきあがってくる。源氏物語や狭衣物語があわれなのは、こうした理由による。ならば歌の道と伊勢や源氏などの物語は、すべてこの世の人情をありのままに描き出して、優美なことを誉めるべきなのである。

宣長は、人妻と関係をもつことが悪なのは、子供にもわかることだという。後の「もののあはれ」論との関連から、興味深いのは、「しのびぬふかき情欲」「人情の深切」などの言葉で、宣長が、心の破調に関心を寄せていることである。

きわどい男女関係は、平穏な日常をゆさぶる。肉親の死などの悲しみは、生きていることが当然という常識を打ち破る。こうした破調が心に亀裂を生みだすのだが、その亀裂は言語化以前の混沌状態なのであり、甘美であるときもあれば、悶々とした罪悪感のばあいもある。だがいずれにせよ、その過剰さに、人は耐えることができない。だからその亀裂から、「ああ」という嘆きがはじまる。この日常言語を絶した体験に直面すること、避けられない感情から、歌を詠む営みははじまるのだ。和歌はこうした混沌すら「世界の人情をありのまま」に描こうとするのであり、源氏物語もまた文体を駆使して優美な世界を現出させる。今日では当然とも思えるこの源氏物語解釈は、当時、士農工商のあらゆる階級的区別を取り払い、「人情」一般を平等に取り扱っている点だけをとっても、過激な発言だった。階級を越えて、人間を丸ごととらえようという興味が宣長にこの文章を書かせている。

『あしわけをぶね』の読み方

問答体形式で書かれた第一作『あしわけをぶね』冒頭は、政治と歌にまつわる問いからはじまる。「問　歌は天下の政道をたすくる道也、いたつらにもてあそび物と思ふべからず、この故に古今の序に、この心みえたり、此義いかゝ」。ここで「古今の序」と呼ばれているのは、古今和歌集の仮名序をさしている。

あらゆる歌論の源泉となった、紀貫之による記念碑的序文には、古代の代々の天皇が、春の花さく朝、秋の月がでる夜毎に、近侍している人びとを召して、何かにつけて歌を献呈させた様子が描かれている。そのうえで、「あるは、花をそふとてたよりなきところにまどひ、あるは、月を思ふとてしるべなき闇にたどれる心こころを見給ひ、賢し愚かなりと知ろしめしけむ」という統治形式をとっていた(36)。花に仮託して不明瞭な政治的見解を述べる者がいる。あるいは月を想うと詠みつつ、迷える心の内を明かしている者がいる。帝は和歌の言葉のその奥に、彼らの賢愚を透かし見、識別しているのだ。帝は統治をおこなうにあたり、臣下たちの人物評価に和歌を用いていた。ここから和歌は政治を扶《たす》けるための道ではないのかという冒頭の質問がでてくるのは当然である。

質問にたいする宣長の答えは「非也」。

そして、先に述べた(96頁)「歌の定義」が述べられる。ここでその本意を時代の潮流もふまえて解釈すると、以下のようになるだろう。

和歌と政治とは直接なんの関係もない。しばしば和歌は、天下国家を統治するために、家庭を円満にするために、個人では道徳心を養うために詠むのであって、単なる趣味ではないといわれている。また神仏への信仰心を述べることが、和歌の意義だという人もいる。こうした理論的な説明はもっともに思えるし、一般的にも信じられているだろう。つまりあなた方は、儒教と仏教の教義の視点から世界を理解し秩序づけている。和歌もまた例外ではなく、儒教や仏教の世界観に奉仕するものとして、役割をあたえられてきた。だがちがうのだ、と宣長はいっているのだ。

和歌は政治とも道徳とも無関係に、ただありのままの思いを詠むと主張する。政治的善悪、道徳的良し悪しとは異なる基準で、和歌は評価されるべきである。だから国家の害になることもあるだろう。好色の心があれば、好色の歌を詠めばいいし、仁義の思いをもつならば、それをそのまま詠むことが「正しい」。それが結果的に政治や道徳、信仰に役立つことがあるかもしれぬ。だが歌を詠む際の動機とは、直接なんのかかわりもない。「和歌の本体に、善悪大小はなき也」——これが宣長歌論の出発点となる。

このとき、若き日の宣長が、世間で通用している常識、善悪の価値基準をいったんは完全に拒否していたことはまちがいない。当時、世間に流通していたのは儒学や仏教の世界観であり、武士道であり、和歌では「古今伝授」と呼ばれる方法論であった。先の質問者もまた古今和歌集の仮名序を、こうした基準から読んだのである。これらの常識は、しかし心の破調が直面させる混沌を表現しきれない。つまりなぜ、私たちが歌を詠むのかを、説明することができない。

その際、キーワードになるのが、「実情」と「風雅」という言葉なのである。

近世文学が専門の日野龍夫は、『あしわけをぶね』の特徴について、「この書には、文学の政治・道徳からの独立の揚言、人情の自然、特に色欲・女々しさの肯定、心情・表現における風雅の強調、秘伝思想の否定、不可知論、文学における詞の役割の重視、中国的思考の否定、『新古今集』尊重等々、後に宣長学という鬱然たる体系の骨格となるはずの主張がほとんどすべて出そろっている」(37)と簡潔にして的確な要約をしているが、だとすれば宣長のこの歌論を、どの点に注目して読んでいくべきか。

宣長が医者であることをヒントにしよう。まず、医者とは何よりも患者の診察を重んじる。やぶ医者かどうかは、診察の正確さによって定まるからだ。その際、医者はこれまでの学問と診察経験すべてを注ぎ込んで、病原を突き止め、施術しようとするだろう。内科や外科、小児科といったみずからの専門に基づいて、患部を見定め、処方箋を書き、薬を的確に処方するであろう。この比喩を『あしわけをぶね』にあてはめたばあい、宣長は歌学を専門とする医者ということになる。彼の眼に映ったのは、「伝受など云事詠歌の助けとなる事少しもなし」。にもかかわらず、この病巣が歌壇を席捲、支配している状況であった。

病名は「古今伝授」。かなりの長患いであることが判明する。そして診察する際にもちいた専門知が、契沖の学問体系であった――「ここに難波の契沖師は、はじめて一大明眼を開きて、此道の陰晦をなげき、古書によつて、近世の妄説をやぶり、はじめて本来の面目をみつけえたり」（全集②－78）。契沖学をメスに、宣長は古今伝授を解剖し、病原をあぶりだし、患部を摘出し施術を試みようとする。そして最終的に、患者への処方箋として、「実情」を投薬したのである。

以下、本章と次章で『あしわけをぶね』の主題を三つにわけてみていくことにしよう。第一に、「古今伝授」とは何か、第二に、契沖学とは何か。そして第三に、「実情」論である。

古今伝授とは何か

まず第一の主題、「古今伝授」である。和歌をすべての日本人がするべき営みだと主張した宣長にとって、自分が理想とする作歌をする際、巨大な壁として屹立していたのが古今伝授であった。以下、しばらくこの問題を掘り下げてみたい。

『あしわけをぶね』で宣長は、和歌の変遷を丁寧に描いている。基本的な和歌の歴史をたどると、まず古事記や日本書紀に載っている最もふるい時代の和歌は、きわめて素朴なもので自然と善悪が定まっていた。よい歌を詠めば鬼神も感動し、他者からも評価されていた。奈良時代になるとやや変化し、万葉集の時代になると歌の善悪を論じるようになり、言葉に技巧性が生まれてくる。「歌道」として体系化されてくるのである。

次に和歌が隆盛するのは平安前期、紀貫之らによる古今和歌集の登場をまつ。朝廷の勅撰和歌集のはじまりである。

宣長はここで、はっきりと万葉集は歌学のためには良書だが、和歌を詠むためには古今和歌集を参照すべきだといっている。契沖や賀茂真淵らが万葉集を最重視したのにたいし、宣長は、古今和

契沖肖像　尼崎市立歴史博物館所蔵

歌集の方を重視するのだ。これに後撰集と拾遺集をくわえたものを、和歌の世界では「三代集」と呼ぶ。その後も勅撰和歌集はつづくが、三代集とは異なり、宣長はまったく評価していない。後拾遺集・金葉集・詞花集は「詞」つまり言葉の良し悪しを論じずに心情ばかりを重視し、新規性ばかりをあらそうから駄目である。「いはゆる実のみにして花なきもの也」。

ところが、西行や藤原俊成が登場する鎌倉初期、新古今和歌集の時代にはいると、和歌はふたたび隆盛し、最高潮に達する。新古今和歌集は、後鳥羽上皇の命により俊成の子・藤原定家ほか六人の撰者により成ったものである。

勅撰和歌集とは、当代最高峰の日本語一覧であるとともに、その時代の気分を不可避的に表現する。藤原氏による摂関政治の栄華が、とうに過ぎ去っていた新古今和歌集の時代は、血腥い武家が登場し社会秩序は混沌としていた。その渦中で朝廷文化に奉仕する者たちの心には、ある種のデカダンス、頽廃のにおいが立ち込めていた。その世界に宣長は深く魅了されたのである(38)。

こうした勅撰和歌集が、大きな意味をもったのは、和歌と政治が深く結びつくようになったからである。俊成は御子左家《みこひだりけ》と呼ばれ、勢力を拡大していく。その後、俊成・定家とつづいた伝統は、為家に受け継がれる頃には歌道の家柄としては衰退してゆく。為家は為氏・為教のほかに、後妻・阿仏尼とのあいだに三男・為相をなした。この三兄弟の登場こそが、私たちが注目する「古今伝授」のはじまりということになる。

三兄弟は父・為家が建治元年（1275）に亡くなると、遺産相続をめぐる争いを引き起こす。後妻の阿仏尼は、自身の子・為相に遺産の一部が相続されるように鎌倉幕府に働きかけ、為氏と確執を引き起こす。その顛末が『十六夜日記』という文学を生みだした。対立を深めた三兄弟は、それぞれ二条家・京極家・冷泉家に分裂し、歌道の主流派を争うことになる。とりわけ二条家と京極家の対立は、皇室における大覚寺統と持明院統との対立に深くかかわっていて、各々、自らの家が天皇から勅撰和歌集の命を受けるよう画策をくり広げた。

伝統墨守を掲げた二条家のばあい、作歌は従来のくり返しにとどまり、しだいに儀礼的・形式的なものへと堕落してしまう。いっぽうの京極家のほうでは、京極為兼が万葉集を理想の歌集であると宣言し、二条家との違いを強調するようになる。室町時代にはいると、二条派は京極家への対抗心から、ますます古今和歌集の存在意義を強調する。その結果、古今伝授という秘儀が生まれた（以上、桑田忠親『細川幽斎』）。古今伝授は、派閥争いの渦中で生みだされたのであって、和歌の政治的利用なのである。

宣長によれば、新古今和歌集を絶頂として、和歌の道はひたすら衰えていった(39)。室町中期に活躍した武将であり二条派の歌人、古典学者でもあった東常縁《とうつねより》（1401?－1484?）からはじまったこの独特の秘儀は、古今和歌集の解釈にかんする秘伝を口承で伝えていった。以後、宗祇（1421－1502）、細川幽斎（1534－1610）などを経て、江戸期にはいっても二条派で受け継がれていく(40)。まずは古今伝授の政治性を、具体的な場面をもちいてみておくことにしよう。

古今伝授の政治的意味

冷泉家九代の冷泉為満（1559－1619）は、大坂冬の陣が起こる慶長十九年（1614）三月、駿府に赴き、徳川家康にたいして古今和歌集の奥旨を伝授した。その前日、儒者の林羅山が、古今伝授の秘伝として有名な「三鳥の口決」について家康から質問を受けていた。すると羅山はすらすらと返答し、その回答内容が為満とほぼおなじであったというのである。

この家康（政治家）、羅山（儒者）、為満（歌学者）という異色の組み合わせが、大坂冬の陣直前におこなわれた事実に注目しておいた方がよい。林羅山は朱子学者でありながら、冬の陣の際には軍装して従軍までしているのである。学者といえば理論構築に忙しく、戦場とは無縁だと考えるのは後世からの偏見で、羅山は家康に乞われ、みずからの政策実現の一貫として命運のかかる戦に従軍していたのである（揖斐高『江戸幕府と儒学者』）[41]。政治の世界に儒者がいることはまだわかる。だが歌を生業とする冷泉為満が、なぜ戦争の準備をいそぐ家康の近くにすり寄ったのか。

細川幽斎から伝授をうけた松永貞徳の『戴恩記《たいおんき》』に謎を解く鍵がある。あるとき家康が為満にたいし、古今伝授のなかでも柿本人麻呂にまつわる「人丸の伝」について、あなたは何か知っているかと質問したところ、為満は、「人丸のことは神秘であって詳細はわかりません」と申し上げた。ところが、その場に居合わせた羅山は、「万葉集を調べると、四人の人丸という人物がでてきます。その中で唯一歌がうまいのは柿本人麻呂だけです。明々白々ではありませんか」とこともなげにいった。それを聞いた為満は思わず「閉口ありき」という小さな事件があったのである。

ここには、古今伝授にたいする羅山と為満のまったく異なる態度があきらかにされている。為満が「閉口」した理由は、羅山の博識に舌を巻いたからではない。なぜなら、為満ら和歌の道を受け継ぐ者にとって、柿本人麻呂は和歌の神であり、詠歌の際に臨場する神的存在として扱われねばならない(42)。神秘的なことについては簡単に口にしてはならない。にもかかわらず、羅山は軽々と論理的説明をいってのけた。

この点に関連して、「人麿影供《えいぐ》」という行事を参考にしてみよう。元永元年（1118）六月十六日、藤原顕季の六条の邸宅で催された行事には、柿本人麻呂の図像の前に飯や菓子、魚鳥などがふんだんに供され、饗応の席がもたれた。そのさなかに、「水風晩来」の題で列席の者たちが和歌を披露し、あとは残った者同士での歓談がつづくのである。この儀式はのちに、人麻呂を信仰する家は火災を免れ、また懐妊を祈ると望みどおりになるなど、信仰対象へと祀り上げられていくきっかけとなった。さらに江戸期にはいり、吉田兼倶から細川幽斎に引き継がれた「神道伝授」になると、

細川幽斎像

「歌聖」人麻呂と神道は、より密接なつながりをもつようになる。(43)

つまり冷泉為満にとって、歌を詠むことは人麻呂との霊的交流をとげる営みだったのである。神意にかなう詞を紡ぐことで、天と地、すなわち自然と人間は合一し調和し、世界は美しく彩られる。詞は羅山のように、人間の理性を披瀝する道具ではない。神の依り代であり、言霊なのである。古今伝授は為満によって、神秘性を帯びて信仰の域にまで達することになる。こうした霊性に無頓着で、知識量だけを誇示してみせた羅山にたいし、為満は古今伝授の神秘性を理解できない自慢屋として、あきれて「閉口」したわけである。

三鳥の伝と政治権力

古今伝授が神秘性を帯びたとすれば、ますます政治とは縁遠くみえる。だが史実は逆で、冷泉為満を戦争直前まで、家康は近侍させたのである。それはなぜなのか。

その事情をしるためには、古今伝授で著名な「三鳥の伝」についてみなければならない。「三鳥の伝」とは、古今和歌集の次の三首の歌をめぐる秘伝のことである。宣長は『あしわけをぶね』六十一条でこの問題をとりあげ、精密な分析をほどこしたうえで、徹底的に非難する。まずは議論の焦点となっている三首の歌をみてみよう。

百千鳥　さへづる春は　ものごとに　あらたまれども　我ぞふりゆく
遠近の　たづきも知らぬ　山中に　おぼつかなくも　呼子鳥かな

我門に　いなおほせ鳥　なくなへに　今朝吹く風に　雁はきにけり

ゆっくりとみていくことにしよう。まずこの百千鳥、呼子鳥、いなおほせ鳥について、古今伝授切紙ではそれぞれ解釈をくだしているが、総じて次のようにいっている。百千鳥とは、鶯をふくむ春にさえずる鳥たちの総称である。その姿はまるで天下統治を扶ける命令を聞いた官僚たちが、それぞれの業務をおこなうようなものである。したがって百千鳥とは、「臣下」を暗示している。

また呼子鳥とは、箱鳥とも呼ばれ、ツツと鳴いて人を呼ぶ声に似ている。その声はまるで適当な時期を人に告げ教えるので、政務を執る人のたとえでもある。天皇の心を体現し、適宜命令する心をもつ「関白」のたとえといえるだろう。

そして最後に「いなおほせ鳥」。この鳥は秋の象徴であり、衰退の季節に、零落した和歌の道を復興させる帝の心を表わしている。だから歌集の秋の部に入るとともに、「今上天皇」を暗示させるのである――つまり三鳥の背後に、天皇をめぐる政治権力構造を読み取っているのだ(44)。

こうした特徴をもつ古今伝授を最終的に完成させたのは、細川幽斎だった。幽斎は幼少期に将軍足利義輝に仕えた後、信長の配下で各地を転戦、本能寺の変での挫折以降は剃髪し、豊臣秀吉の寵愛を受けた傑物である。だが最終的に関ヶ原の戦いでは徳川方について戦功を挙げ、京都三条で生涯を終えることになる。波乱に富み、政治の荒波を泳ぎ切った武人人生であるといえるだろう。

しかし転地転戦を重ねる幽斎の心には、文人の血が流れていた。出家後は連歌や歌学におのれを捧げ、『伊勢物語闕疑抄《けつぎしょう》』や『詠歌大概抄』などの注釈書を遺した。古今伝授の復興は、幽斎によって担われたのである。その鋭すぎる才能は、東西の古典を縦横に駆使して三首の解釈を試みるものだった。切れ味は他者を圧倒し、当代で群を抜いてしまっている。[45] 冷泉為満を思想的に支え、和歌の徹底した理論化を施していたのは幽斎だったわけだ。

つまり、幽斎とは、国内外の思想を総動員して古今和歌集の理論的解釈に挑んだ美学者だった。[46] 彼の美学的思考は、和歌を天皇の政治的正統性にお墨付きをあたえる武器へと変えた。また天皇と公家、武家の勢力関係を三鳥に象徴させることで、日本国内の統治関係、いいかえれば政治システムを、日本古典で表現してみせたのだ。かつて、漢詩にたいして低い立場に甘んじてきた和歌に理論的根拠を提供し、統治に欠かせないものにした幽斎の努力の結果、家康と羅山の傍らに、冷泉為満が座ることになったわけだ。

政治家の参謀は、「西側」由来の思想で理論武装した林羅山だけではない。和歌の世界、日本古典を代表した冷泉為満もまた、家康に理論的武器を提供できた。羅山と為満はまちがいなくライバル関係にあったのであり、それぞれの知的財産の総力をかけて家康の前に座った。文化は政治のごく近くで、その栄華を競い合っていたのである。

三人の「古今伝授」批判

これは一見、文化が政治の領域にまで権力を広げたようにも見える。だが実際の事態は逆ではないのだろうか。武士の登場と儒教の政治思想が、徳川家康という象徴を得て、今や繁栄の絶頂に差しかかっている。彼らに並び立ち、詞を提供するということは、和歌が過去の日本語を忘却するということである。武士登場以前の詞だけではない、万葉集以前の太古の日本語さえも忘れてしまうということだ。だとすれば、和歌の言語空間は、せいぜい数百年にまで縮小してしまっている。千年以上にわたり、日本人の喜怒哀楽の全領域を自由に往来し、表現できていたはずの詞は、政治空間に閉じ込められたのだ。これは文字どおり閉域ではないのか。

こうした解釈を拒否し、政治からの解放を主張したのが国学者たちだった。契沖『古今余材抄』と賀茂真淵『続萬葉論』を比較参照してみると、そのことがよくわかる。まず契沖は、百千鳥を鶯とする従来の解釈を否定する。たとえば、顕昭による古今和歌集の注釈に、藤原定家が補注をほどこした『顕註密勘《けんちゅうみっかん》』ですら、百千鳥を鶯であるとするが、これは間違った伝統である。原因の一つとして契沖があげるのが、歌学における『白氏文集』の影響である。唐の詩人・白居易（772－846）によるこの詩文集は、玄宗皇帝と楊貴妃の愛欲と政治的没落の物語を描いた「長恨歌」が特に有名であり、源氏物語冒頭の帝と桐壺更衣の死の物語に影響をあたえたことはよくしられている。

その詩文集のなかで、契沖が注目したのが「牡丹芳」という作品であり、そこには「花開花落二十日　一城之人皆如狂」という一節がある。牡丹が開花し、散るまでの二十日あまり、長安城内の人びとはまるで狂ったようだという意味の一節である。ここから契沖は、わが国では牡丹のことを「はつか草」と呼ぶようになったこと、これとまったくおなじ理由で、『白氏文集』の影響下に、百千鳥は鶯であると断定されてしまったというのだ。「西側」の文化ではとりわけ鶯を珍重するが、その影響を受けた結果の解釈だとみなしたのである。

だがわが国では本来、百千鳥とはどのように使われてきたのか。それをしる手がかりを、契沖は万葉集に求めたのだった。万葉集には、白居易の影響を受ける前の日本語が保存されている。そこでの使用方法を比較検討することで、古今和歌集の歌の本来の意味もみえてくるというわけだ。万葉集巻十六には、「我宿の　えのみ　もりはむ　百千鳥　ちとりはくれと　きみはきまさぬ」という歌がある。これは今日、「私の家の門に立つ榎の実、それをついばむ鳥たちはたくさん集まってくるが、あなたはいらっしゃって下さらない」と現代語訳されるものであるが、契沖はこの複数形こそ日本語本来の意味だとして、百千鳥は「もろもろの鳥ときこゆ」と結論づけた。真淵のばあいも万葉集を駆使しておなじ結論にいたるのだが、その過程において、異なった角度からの解釈もくわえている。とりわけ面白いのは、元来、日本では鶯にたいしては「鳴」「聲」という言葉をもちいるという指摘で、鶯に「さへづる」という言い方は日本の古歌には存在しない。いっぽうで、唐詩では「百囀流鶯」などと使われていることから、早春の季節に鳴く日本の「うぐひす」に「鶯」の漢字が当てられるようになり、その結果、鳴声も「さへづる」などといわれるようになってしまったというわけだ(47)。

つまり契沖と真淵はともに、まずは百千鳥＝鶯説を否定する。もし、百千鳥を鶯と単数形に訳したばあい、春のすべてのものが新しくなる雰囲気、越冬ののちに、うららかな春の日差しに鳥たちが一斉に囀る躍動感を訳しだすことができない。鶯の鳴き声だけだと、自分の老いを感じるという後半との対比がない。百千鳥を複数の鳥たちと訳せば、前半の春の賑々しい描写がうきあがり、この春のなかで、自分だけが年を重ね老いていくのだという後半部分の孤独と内省も生まれる。前半の明るさと後半の寂寥感が対比され、作品に立体感と豊かさが生まれるのである。ところが、これが古今伝授になると、多くの鳥たちと解釈するものの、その背景に政治的意図を読み込み、「臣下」の象徴であると解釈してしまう。季節と内省の微妙な美しさは、まったく顧みられないのである。[48]

こうした二人の解釈を学び、宣長はおおきな影響を受けた。『あしわけをぶね』六十一条で、宣長は、「傳授と云に正説は一つもなし、みなよこしまなる避説、牽強附會の事にて、一つもとるにたらず」と断言する。「三鳥の伝」の第二首にある「呼子鳥」に特に注目し、これは万葉集以来詠まれてきた、きわめて一般的な鳥なのだから、それを秘して伝授するという考えはあり得ないと指摘した。そして恐らく、真言密教の口伝や儒教の道統相伝などに刺激されて、歌道でも古今伝授をひねりだしたに違いないと推測するのである。

だがそもそも、藤原定家自身が、「和歌に師匠なし」といっていたではないか。歌道だけは、自分の心からでてくるものと格闘するのが正しいのであって、古い歌をなんども詠みかえし、心に沁み込ませるしか方法はないはずではなかったか。

契沖という先駆者の発見

宣長は、古典時代にはなんの根拠ももたない古今伝授が、解釈にもたらした病理を「妄説」や「異説」ときびしく非難している。それは古今伝授の政治性を見逃さなかったということである。このとき宣長は、夥しい解釈が競合する文化史の混乱状態を憂えていたといってよい。事実、二条家の古今伝授にたいし、さらに批判を投げかける者たちがそれぞれの流派を形成していくのである。

為家以後、和歌は二条家・京極家・冷泉家に分裂し、たがいに反撥を強めたし、さらに為家の孫にあたる藤原為兼の時代には京極家が全盛期をむかえ『玉葉集』勅撰にかかわっている。また『風雅集』も、為兼の影響下にできたものであった。しかし二条家への明確な反抗心をもってつくられたこれら二集を、宣長は認めなかった。「正風」という言葉をつかって、玉葉集と風雅集を異端視し、京極家の立場を全否定したのである。

勅撰和歌集は、流派の勢力拡張の道具に化している。文化の営みが政治的駆け引きに利用され、詞が権力に跪《ひざまず》いている。その典型こそ、古今伝授ではないか。朱子学を駆使した幽斎らの試みは、結局のところ、人間関係を権力関係で見ているのであり、支配と被支配の敵対的なものとみなし、そこでみずからの立ち位置を得るための理論武装をめざしている。相手の解釈を、より強い理論武装による解釈で呑み込もうとするのだ。

詞それ自体に独自の世界は否定され、派閥伸長のための道具と化し、互いを否定しあっている。際限のない解釈の闘争が和歌の世界を覆いつくしていた。それは歌学だけではない、笛や太鼓、能楽までもが、家同士による競争原理の渦中に投げ込まれていた。だが、これを本当に、日本文化の主流だとみなしてよいのだろうか。むしろ文化は閉ざされているのではないか。

二十三歳で医者になるべく京都に遊学した宣長は、新玉津島神社の神官・森河章尹に入門し歌をつくりはじめたが、その森河は冷泉為村、すなわち冷泉家に属していた。柿本人麻呂の霊性との合一をもとめ、天皇家と歌神とのつながりを強調する一方で、徳川将軍家にも近づこうとする冷泉家の政治志向に、宣長は違和感を覚えたらしく、一年もたたないうちに顔をださなくなっている。

その後、歌よみの指導を受けたのは有賀長川であった。森河とは異なり二条派の歌人であった有賀に、宣長はふかく傾倒していく。『玉葉集』『風雅集』の登場で、いったんは衰頽したように見えた二条派は、その後、頓阿法師が中興の祖となることで復活した、と宣長は肯定的に評価する。(49)二条派の古今伝授をはげしく批判する宣長も、それ以外の部分では、古今和歌集をはじめとする三代集や新古今和歌集を重視する二条派に親和性を感じていたのである。

このように、若き日の宣長自身も二条派への評価をめぐり、多少の混乱があった。みずからの混乱を整理整頓するために書いたのが『あしわけをぶね』であった。だからこそ、その冒頭は、「問歌は天下の政道をたすくる道也、いたつらにもてあそび物と思ふべからず、この故に古今の序に、この心みえたり、此義いかか」という問いを強く否定し、「歌の本体、政治をたすくるためにもあらず、身をおさむる為にもあらず、ただ心に思ふ事をいふより外なし」と主張することからはじめたのである。

宣長は、政治から文学の独立を主張したのではない、文学が政治化していること、文化的な営みが勢力争いに堕し、政治権力を利用してまで派閥拡張にのめり込んできた歴史を否定してみせたのである。幽斎のような古今伝授、それを公家だけの秘伝とする権威づけ、こうした営みは本当に和歌の世界を、つまりは日本の文化的領域を守ることになるのだろうか。あるいはそもそも、文化を守るとはどのような営みのことをいうのか。儒仏という外来の価値観に依拠した幽斎のようなかたちでしか、文化は守れないのか。恐らく宣長が直面したのは、こうした問いであった。

ところで、私は先に、『あしわけをぶね』を次のように読むと宣言しておいた。宣長は医者のように日本文化史全体を貫く病理を、古今伝授を解剖することであきらかにしようとした。その際のメスは、契沖の学問であるだろう。病理を摘出し、その特徴をあきらかにした宣長は、最終的には「実情」という薬を処方することで、患者を快方に導くだろう。

実際、宣長は複数の箇所で古今伝授批判と契沖を取りあげ、比較して論じている。

古の名歌どもに、表裏の説などと云事をつけて、その裏の説と云は、仏法の理を以てこれを附会し、世間有為転変無常のことはりなどに引あてて、これをその歌の至極の意趣とする事など、わけもなき事也（中略）伝授などと近代云は多くはかやうの事也、信ずるにたらず、大方此道も、東下野守宗祇幽斎などの、さまざまの異説を云出し、深妙なるやうにせんとして、いろいろむつかしく云ひなせしより、此道陵夷せり（全集②－13）

近代難波の契沖師此道の学問に通じ、すべて古書を引証し、中古以来の妄説をやぶり、数百年来の非を正し、万葉よりはじめ多くの註解をなして、衆人の惑ひをとけり（中略）大かた契沖は中興の歌学者とみえたり（全集②－14）

それぞれを訳しておこう――古い名歌に、文字通りの意味以外にもう一つ裏側に意味があるなどといって、仏教の哲理を牽強付会したり、有為転変や無常の理などを読み込んだうえで歌の評価を下すのは全くどうしようもないことである。近年の古今伝授などはこうした部類のことをする。東常縁や宗祇、細川幽斎などがいろいろな異説を唱え、深く解釈しようとして難解を極めた結果、かえって和歌は衰退したのである。

——また近年、難波の契沖という人物が歌学に精通し、古書を引証することで、古今伝授などの根拠なき妄説を批判し、万葉集の注釈をするなど、数百年来の誤りを正してくれた。契沖こそ歌学の中興の祖だといえるだろう。

契沖が実証主義を発見しただけならば、宣長もそこまで驚くことなどなかったはずである。宣長を驚かせたのは、契沖が取り出してみせた日本文化の解釈史にあった。自分の解釈こそ正しいのだ、普遍的価値なのだと叫ぶ人間が夥しい流派を形成している。一方で、皆で共有できる正しさなど存在しない、ただ個人の感情を信じ全面解放せよ、それこそが雄々しい和歌なのだという流派も存在した。いずれも価値観を共有することを最初から断念した相対主義と政治的駆け引きにのめり込んでいる。つまり、文化的な営みの中に、政治的駆け引きが入り込んでいる。

そのような政治的な文脈とは一線を画した契沖の古典学は、宣長の眼に断然、光ってみえたのである。次章では、その契沖の学問と、『あしわけをぶね』のもう一つの主題、「実情」論をみてみることにしよう。

第四章　男性的なもの、女性的なもの――契沖、国学の源流

契沖学の成り立ち

京都での遊学時代に、宣長は堀景山をつうじて、契沖の学問をしった。後に『うひ山ぶみ』で、宣長は契沖と国学との関連について、「古学とは、すべて後世の説にかかはらず、何事も、古書によりて、その本を考へ、上代の事を、つまびらかに明らむる学問也、此学問、ちかき世に始まれり、契沖ほふし、歌書に限りてはあれど、此道すぢを開きそめたり、此人をぞ、此まなびのはじめの祖ともいひつべき」(全集①‐15)と簡潔に、その存在を讃えている。

宣長は契沖を、和歌の分野に限ってではあるが、国学を切り拓いた先人だと述べている。つまり国学の源流は歌論からはじまっている。「日本とは何か」をめぐる学問は、中世歌学に反抗する運動から誕生したのであり、契沖と宣長の出会いも和歌をめぐるものであった。

具体的には、京都遊学早々に契沖の『百人一首改観抄』に出会ったことが、覚醒のきっかけとなった[50]。それまでにも、和歌を詠み、研究ノートを作成していた宣長ではあったが、あくまでも素人の域をでていなかった。決定的な影響をあたえたのが、契沖との出会いによる古典研究の方法論だった。宣長にとって契沖は、古今伝授という病巣を取り出すメスの使い手だった。手術方法を教授

してくれる名医であると考えたのである。

では契沖とはいったい何者なのか。経歴をみることからはじめよう。

契沖が、『萬葉代匠記《まんようだいしょうき》』や『和字正濫鈔《わじしょうらんしょう》』といった日本の古典研究および歴史的仮名遣いの研究でしられるようになるまでには、いくつかの人生の経緯がある。寛永十七年（1640）、尼崎で八人兄弟の第三子として生まれた契沖は、十一歳のときに出家し、二年後には高野山で修行にはいる。二十四歳のときには阿闍梨位を得て二十七歳で放浪の旅にでるまでのあいだ曼陀羅院という寺の住職となった。国学の歴史で重要なのは、このとき歌人の下河辺長流の知遇をえたことである。長流は万葉集や和歌にたいへんにくわしく、水戸藩の水戸光圀から万葉集の注釈書を書くように勧められていたほどの学力の持主であった。

その後の契沖が、和漢の書に通暁するようになったのは、いわば篤志の存在があったからである。辻森吉行や伏屋長左衛門重賢といった市井の人びとからの援助を受けて、契沖は養寿庵という住まいまで整えてもらい、彼らの蔵書の閲覧をゆるされ、自由に学問をすることができた。とくに重賢は広大な邸宅をもち、高野山を行き来する人を宿泊させ、談林派の著名な俳諧師・宗因をも招き入れるとともに、自身も俳諧をつくり、郷土史にも興味をもつ数寄者であった。いつの時代にも、こうした学問と芸術をこよなく愛し、金銭の支出を惜しまない者はいるものだ。契沖も彼らのおかげで、読書と思索に耽ることができたのである。

十年ほどのち、不惑をむかえるにあたって、契沖は母親を養う必要から大坂・妙法寺の住職となる。この十年あまりの住職時代に、長流のあとを受けて光圀から委嘱された万葉集の注釈を開始することになる。『萬葉代匠記』初版本は元禄元年ごろに、改稿はそれから二年間をかけておこなわれ、元禄三年に精撰本が完成する。この元禄三年には妙法寺を引き払い圓珠庵に隠棲し、これ以降、契沖の学問は円熟期をむかえることになる。元禄五年までのあいだに『古今余材抄』『勢語臆断』『百人一首改観抄』などを次々に脱稿し、また門人らのすすめによって万葉集の講義をおこなうなど学術交流をふかめた。亡くなる二年前の元禄十二年『新勅撰集評注』にいたるまで、以後、一貫して古典注釈三昧の日々を送ることになった。

契沖の注釈の範囲は、万葉集から、記紀歌謡、古今和歌集、伊勢物語、源氏物語、百人一首にまでおよぶ膨大かつ緻密なものである。その経歴から予想されるとおり、高野山修行時代に仏典に親しんでいたが、決して仏教だけに偏ることなく、ほかの漢籍和書にかんする豊富な知識を駆使して語句の注釈をする点に、契沖学の特色がある。

その一例について、国文学者の久松潜一は、「古今餘材抄では萬葉集の歌をはじめ三十六人集などの歌や源氏物語その他の物語を豊富に引用することになる。これは勢語臆断に於ても同様である。勢語臆断から例を挙げると『そのさとにいとなまめいたる女はらから住けり。このをとこかいまみてけり』という詞句の解釈に『なまめく』では遊仙窟を引き、『はらから』では日本書紀や源氏物語を引き、『かいまみ』では日本書紀、竹取物語、大和物語を引用している」と、その方法論を解説している。(51) これには説明が必要だろう。

「人間的立場」という評価

久松にとって、契沖が画期的だったのは、「訳す」という行為がもつ意味を発見したことにある。たとえば今引用した伊勢物語の「なまめく」や「はらから」「かいまみ」といった語句を、契沖時代の常識的語句で解釈し訳すことは、重大な誤解を引き起こす。代わりに契沖がまず行ったのは、各語句が書かれた時代以前の文献から、おなじ用語を取りだし比較することで、語句が書かれた当時の意味を生き生きと再現する作業であった。当時の言葉を現代に再生することで、正確な訳を目指したのだ。

この語句の精密な解釈について、久松は、「契沖は早くから文学批評に一の基準を立てて居り、すぐれた美意識を有していた。それは倫理や宗教にとらわれず広く人間的立場から文学を解して居る」と総括することになる[52]。

ここで久松が指摘しているのは、倫理や宗教、すなわち中世の解釈を独占していた儒教と仏教がもたらす道徳的規準からの解放である。「人間的立場」という抽象的な言葉でいいたいのは、勧善懲悪、固定された道徳的規準で人間の善悪を断定することからの解放であろう。人間は善悪のみによって裁断されてはならず、他の基準、「美意識」による評価をしてもいいということだ。

久松の「文学」という言葉には、近代の文学観が色濃く影を落としている。つまり文学は自我の解放であり、倫理的規範から逸脱する個人的内面を描くことが近代文学だという立場である。

『勢語臆断』の挑戦

同様の評価は政治思想史にもある。たとえば、『国学政治思想の研究』でしられる松本三之介によれば、契沖学の特色は「主情的自然的な人間像」にある。主情的とは恐らく自分の感情のゆれ動きを重くみるということであり、自然的とは赤裸々な、ありのままの非合理な人間のふるまいを肯定した表現なのだと思う。いっぽうで中世までの歌学は、多くの因習に縛られ、「道義的解釈」を強いられてきたのであった。「詩歌は心のよりくるままにいかにもいふ事なり」という契沖の主張は、今日であれば、ごく当然のことを述べたように聞こえるが、道徳的評価を価値基準として和歌や物語を解釈するのが一般的な当時、人間の個性や感受性を第一の価値とする契沖は、まさしく異端児、伝統破壊の改革者として登場してきたのである。松本がいう「道義的解釈」とは、先にみた事例でいうと、細川幽斎の古今伝授もそのひとつだといえるだろう。朱子学的解釈は和歌を道徳的観点から評価する点に特色があるからだ。

契沖は、百人一首の解釈はもちろん、伊勢物語や古今和歌集、源氏物語においても、勧善懲悪ではなく善悪混交する一個人の立場から、歌を評価すべきであると説いた。それは確かに中世的人間像からの解放であり、人間礼賛の時代の幕明けと言えるのかもしれない。だがそれを主情的とか勧善懲悪の否定だと指摘したところで、実は何も言ったことにはならない。主情的であることで、私たちは古典から何を取り戻したのか。又そもそも勧善懲悪とは具体的にどのような生き方のことをさし、人間関係を生みだしているのか。では契沖は、実際、どのような方法で古典解釈をしたのか。久松や松本が漠然と要約した契沖の方法論について、より深い理解へ到達するために、契沖と細川幽斎とのするどい対立の場面に注目してみよう。

たとえば伊勢物語の第四十九段には、在原業平（男）と妹をめぐる繊細な心の機微を詠んだ歌がある。「むかしをとこ　いもうとの　いとおかしけなりけるを見をりて」すなわち、昔、男が妹のとても愛らしいさまを見て、「うら若み　寝よげに見ゆる　若草を　人の結ばむ　ことをしぞ思ふ」と詠んだ。あまりにも若々しく、添い寝をしたく見える若草のように美しいあなたを、他人が妻にすることを惜しく思う、と詠んで聞かせたのである。

これにたいし妹は、なんと珍しいお言葉でしょう、兄妹なので隔てのない間柄と思っていたのに、と恥じらいつつ応じたのである。

この近親相姦をも思わせる内容にたいし、どのような評価をくだすべきか。先の細川幽斎は『伊勢物語闕疑抄』において、「常には業平の妹をけさうして読といへども、しからず。いもとを不便に思ひて、憐愍《れんびん》にていへる也」という解釈をくだしていた。普通、業平が妹のことを性的対象として詠んだ歌だと思われているが、それは間違っている。逆に妹を不憫に思い、憐れんで詠んだと解釈すべきだと幽斎は主張したのである。背景にはもちろん、近親相姦をタブー視し、男女関係を律令を含めた中央集権体制下で整備された規格に基づいて評価しようとする意志がうかがえる。幽斎はみずからが学んだ「西側」の学問を参照し、そのメスをふるって伊勢物語を腑分けする。広範な大陸由来の思想を武器に、テクストを斬新に読み解いてみせたのだ。

これに挑戦したのが、契沖であった。以上の解釈にたいする、『勢語臆断』での契沖の解釈は次のようなものであった。

おかしけなりけるは日本紀に欣感《きんかん》をおかしみすとよめり。ほむる詞なり。すこしけさうして此哥をよまれたるなり。下になりひらの事を、ひとつ子にさへありければとあれば別の腹の妹にや。日本紀の允恭《いんぎょう》紀に（中略）木梨軽太子と軽大娘皇女と、密通の事顕はれける故に、軽皇女は伊与国へ流され給へり。これは共に忍坂大中姫の御腹なりける故なり。異腹の妹なとは后にたたせたまへる事も其例おほけれは、昔はくるしからぬ故ありけれはこそしかりけめ。此事内典外典によりていへば、おぼつかなからぬにしもあらねど、本朝は神道を本とす。然るに神代より有ける事なれば、みだりに議すへからす。後に嫌はしき事となれるをもて、昔を難すへからす。

（全集⑨－１０１）

この文章には、国学の源流的思考ともいうべきものが、すべて出そろっている。まずは慎重に解説することから始めよう。「おかしけなりける」という言葉は、日本書紀を参照すると、「欣感」すなわち誉め言葉である。妹に愛らしいと恋心を抱いて肯定して歌を詠んだのだ。ここで注目すべきは、在原業平は一人っ子だと書いてあるので、この妹は異母腹の妹だということである。たしかに、日本書紀の允恭天皇の段には、木梨軽太子と軽大娘皇女が密通した結果、伊与国に流罪となった記事がある。だが、流罪に処せられたのは、彼らが同腹から生まれてきた兄妹だったからなのである。

他方で、古典籍には異母腹の妹が后になっている例は数多く、この時代には異母腹の間での婚姻は問題がなかったことがわかる。こうした風習は、仏教や儒教経典ではおかしいと評価されるが、わが国古代は神道を根本としている。よって何ら問題がないにもかかわらず、幽斎は妹を性的対象としたこと自体を否定した。異母兄妹の性交渉を悪だと断定し、疑わないのである。

契沖が反発したのは、幽斎を蔽い尽くしている儒教的価値であり、自己の正義感を絶対視し、それを古典に押しつける暴力である。神代の事柄や人間の関係について先入観に基づいて、悪と断定してはならないのである。後世からみて悪だと思われるという理由で、昔を批判してはならない。古典には今日からは想像できないような、まったく異なる人間関係が活き活きとあったのだ[53]。

人間関係の相違

ここには古典解釈をめぐる、中世との違いが露わになっている。中世歌論に対抗した契沖は、恐らく本人も気づかぬうちに、決定的な作業をしてしまっている。

第一に、和歌の語句解釈に実証的手法を持ち込んだことである。細川幽斎は近親相姦を思わせる和歌にたいし、道徳的判断を投影した結果、妹への同情の歌だと曲解した。たいする契沖は断定を慎み、まずは日本書紀の「おかしみ」の用例と比較して反証することからはじめる。

その結果、第二の論点がでてくる。契沖の解釈は、古代日本人の息づかいそのままに異母兄妹の恋のやりとりを再現し、それが神道ではまったく道徳的に問題がないことを証明した。いいかえれば、儒教や仏教とはまったく異なる倫理観、人間関係があったことを発見したのだ。結論を先取りすれば、それは「恋」がわが国の人間関係の基本だという事実である。

仏教や儒教の常識にしたがうとは、その価値基準を空間的にも時間的にも普遍的だと見なすことである。空間的には、「西側」の大陸を超えて日本をふくむ全世界的に、その価値観が妥当すると考えるということだし、時間的には、わが国古代にまでその価値観は適用できると見なすことだ。

この普遍主義を、契沖は許すことができなかった。大陸で通用する価値観が、わが国でも通用するとは限らない。また現時点で善とされている価値観が、古代でも善とは限らない。

つまり契沖が戦ったのは、勧善懲悪の道徳観というよりも、仏教と儒教の世界観や価値観、善悪の基準が全世界を蔽い尽くすべきだという暴力的な態度に対してであった。中世以来のこの国の古典解釈と人間理解は、この普遍主義を無条件で受け入れたまま、疑うことをしらなかった。幽斎ら古今伝授の信奉者たちは、自分たちの価値判断が世界全体に通用すること、時代を問わず適用できることを疑いもしなかったのである。契沖の実証主義とは、単なる科学的正確性や文献主義の発見ではない。従来の世界観が相対的なものにすぎないこと、つまり普遍主義の暴力に対する告発なのである。

しかもその相対主義は、ニヒリズムとは無縁である。なぜなら単に儒教と仏教の価値観を放棄するだけではなく、契沖には「本朝は神道を本とす」という新たな価値観があったからだ。それは古代の婚姻関係の発見がそうであるように、きわめて民俗学的な思考の発見である。普遍主義以前の時間と空間にあった人びとの生き方、男女が想いを和歌で交し合う「色好み」に基づく人間関係を復元していたのである。

だとすれば、宣長が契沖学にのめり込んでいったのは当然であるといわねばならない。久松潜一や松本三之介といった研究者が、人間的立場、主情的といった言葉でいいたいのは、国学が近代文学を発見したということにすぎない。だが、より重要なことは契沖ら国学者が伊勢物語以外の日本古典を精読する作業をつうじて、恋の重要性に気づいたことではないのか。太古の日本人独特の男女をめぐる駆け引きがあって、この民俗学的な発見こそ、契沖学がもつ魅力なのではないか。だから『あしわけをぶね』が、男女の性的関係を無視することはありえないのであって、「実情」や「風雅」といった概念も、恋を軸に展開していくことになるだろう。宣長の歌論が重要なのは、近代文学のように個人の実存を発見したからではない。男女の恋をめぐる息づかいに、太古の日本人の関係性の究極のありようを発見したからである。

「人情」とは、なにか

契沖を解剖のメスにしつつ、古典を診察した結果、宣長がだした処方箋とはなにか。それが三つめの論点である「人情とはなにか」という問題にほかならない。それは古今伝授にたいする治療薬のようなものである。「人情」を投薬すれば、古今伝授という傷は癒える。「人情」という言葉に注目して、宣長の議論を追いかけてみよう。

全六十六条からなる『あしわけをぶね』の三十条をみてみよう。ある先生が宣長に次のように問うた――歌はわが国の習慣ではあるが、言葉遣いも女性や子供のようで、心も弱々しく「大丈夫」がすべきものとは思われない。特に恋の部を立ててその方面の歌ばかりが多いのは淫靡だし、恋歌でなくても花鳥風月など下らぬことばかりで、「正実」さがまったくない。無益なものにすぎないではないか。

これが朱子学的世界観に、和歌を位置づける思考態度の典型例であることはいうまでもない。

さらに三十八条では、「詩　歌ははかなし」と「人情はかなき事」という項目を立てて次のようにいっている。和歌を児女子の情態を述べるにすぎず、無益だと考える人がいる。近年こうした人が多い理由は、他国の四角四面な書物を読んで、議論する傾向を好む傾向にあるからである。これは男性的傾向ともいえるもので、近年常識となっている「武士気を尚とぶ気象」によって、和歌を評価する姿勢だ。

世間の眼を気にして、武士は本心を隠すものだ。悲しく思うことがあっても、他人の視線を気にして、心を制御し、形をつくろう。感情を隠してしまう。これは儒教的な態度にもつうじている。たとえば、武士が主君のため国のために戦場で潔く戦死すれば、その武士は義士と讃えられるであろう。

しかし、宣長のいう「人情」とは、こうしたものではない。「ありていの人情」つまり人間本来の心の動きは、はるかに弱々しく拙いものである。武士のばあいでも、故郷に残してきた妻子を愛しいと思い出さないはずはない。どんな益荒男であっても、悲しく思うにちがいない。「されば人の情のありていは、すべてはかなくしどけなくをろかなるもの也としるべし、歌は情をのぶるものなれば、又情にしたがふて、しどけなくつたなくはかなかるべきことはり也、これ人情は古今和漢かはる事なき也、しかるにその情を吐き出す咏吟の、男らしくきつとして正しきは、本情にあらずとしるべし」（全集②-37）。

また僧侶の場合もおなじである。遍照僧正が典型であるように、僧侶のなかにも恋の歌を詠むものがいる。色欲は仏教では戒めの対象であるにもかかわらず、歌を詠むのはなぜなのか。この質問にたいし、宣長は、心の邪正美悪は、仏教の世界で論じられる基準にすぎないという。世間の人は、出家だと聞けば、少しでも好色にかかわると憎み、大悪だと批判する。たしかに僧侶としては最も批判されるべきことだし、出家した以上、「克己」すなわち自己に打ち勝ち、慎むべきは当然のことである。しかし恋を禁止されているからこそ、一層、僧侶は恋の思いが鬱屈し、せめて思いを晴らそうと歌を詠むのではないか。現実で挫折しているからこそ、それを詞に託すのではないか。

社会的通念と異なる関係性

ここで『あしわけをぶね』で宣長がくり返す「人情」の重視と、そこに「風雅」が宿るのだという指摘は、徂徠学派などにもみられる主張である。たとえば服部南郭は、共に涙を流し、あはれを言い合う様子は、朱子学からみれば手ぬるい女子供の所業に思えるだろうが、ここにこそ人情があると主張する（『南郭先生燈下書』）。この表面上の類似を越えて宣長に独自なのは、武士道と「人情」の差を、男女の差として発見し、強調している点にある。契沖が発見した古代日本人のしなやかな男女関係は、宣長において「人情」論に発展し、女性的な生き方への共感に収れんするのである。

以下、本書では、宣長が否定しているものを「男性的なもの」、肯定しているものを「女性的なもの」と名づけよう。

男性的なもの、すなわち先に取りあげた僧侶と武士道とは何を意味するのか。またのちに、これとの関連で、宣長が最大の標的にする「漢意（からごころ）」はなぜ批判されねばならなかったのか。

この時点でいえるのは、男性的なものの特徴が、生身の人間を美化しすぎる点にある。僧侶が品行方正であり、武士がつねに私情を押し隠し、義のために死ぬとすれば、この世界はきわめて美しくなるではないか。逸脱や異論を許さない人間関係、美的でない行為は即、悪のレッテルを貼るような視線、すなわち善悪二元論の人間関係が支配的な社会になっているのではないか。

儒学にたいし、宣長が「議論厳格」といい、一方で和歌の風雅の特徴を、すべての立ち居振る舞いを温雅にすべきだといったことに注目せねばならない。「議論厳格」とは、社会全体を自分が合理的に解釈できているという傲慢にほかならない。社会を厳密に分析し論じる雰囲気が浸透すればするほど、社会は一つの論理で説明することができ、整然として美しくなる。しかしいっぽうで人間関係は窮屈になり、画一化していく。宣長は、武士道を例にしながら、「人の見聞をおもんばかり、心を制し、形をつくろ」う社会になるといっているが、これはある種の監視社会を指摘したものだ。

相良亨が指摘しているように(54)、宣長は武士道を必ずしも全否定していない。しかし宣長が着目しているのは、男性的な人間関係であり、それを唯一絶対の善だとみなすことである。世界全体を解釈し、善悪の凹凸をつける際の唯一の基準を、男性的なものにみるのは間違っている。人間関係を画一化・美化しようとする精神にたいし、「人情」という処方箋で抗ってみせたのである。

細川幽斎が古今伝授をかかげて、和歌を政治に従属させたとき、無意識におこっていたのは、文化もまた社会の画一化・美化に加担させることであった。古今伝授は男性的なものの典型であり、日本人の生き方、日本人同士の「関係」のあり方を硬直化してしまうのである。

だからこそ宣長は、和歌の「人情」論、その女性的なものを強調してやまなかった。男性的なものが政治に関心をもつ一方で、最も低く評価するのが好色である。だが男女の恋の駆け引きには、人間関係を男性的に見るのとはまったく異なるエロス的視点がある。社会の画一化と美化への抵抗の拠点は、恋という関係性にあるのではないか。「ありていの人情」という言葉に注目しながら、次の引用をみてほしい。

さて人情と云ものは、はかなく児女子のやうなるかたなるもの也、すべて男らしく正しくきつとしたる事は、みな人情のうちにはなきもの也、正しくきつとしたる事は、みな世間の風にならひ、或は書物に化せられ、人のつきあひ世のまじはりなどにつきて、をのづから出来、又は心を制してこしらへたるつけ物也、もとのありていの人情と云ものは、至極まつすぐにはかなくつたなくしどけなきもの也

（全集②－35・36）

――ところで人情というものは、はかなく子供や女性のように未熟なものである。なんでも男性的で正しく、厳格なことは人情にはまったくないものである。正しく厳格なのは、すべて世間の基準に従ったり、あるいは書物からの影響を受けている。それは人間同士の交際から自然発生したものか、あるいは心を制御した人工的なものにすぎない。もともとのありのままの人情というものは、きわめて真っすぐではかなく、気楽なものである。

男性的なものが支配する限り、自由な表現活動が奪われるだろう。結果、社会は美化するが、画一化した価値観に支配されるだろう。それは閉ざされた空間内の人間関係に他ならず、それに抗う

のが和歌なのである。和歌には「ありていの人情」すなわち、社会の禁忌から逸脱する感情表現が可能となる。また社会通念とは異なる関係性を、恋は教えてくれるのだ。

宣長が、他人の妻との不純な関係さえ否定せず、よい歌を詠む糧になると考えていたことは、先に引用したとおりである。このきわどい論理は、和歌が社会の硬直化に抗うことなのであって、ことばが政治に奉仕することへの抵抗を意味しているはずなのだ。

「実情」と詞の技巧

では和歌は、どのように詠まれるべきなのか。契沖学の先にある宣長の歌論は、とても繊細に人間心理を観察し描いていく。思考の歩みはとても丁寧で、ゆったりとしたものだ。そこで登場したのが、「実情」という概念である。

「人情」のなかに、さらに微細に目を凝らすと、日本人の心はとても複雑な動きをする。それを宣長は「実情」と名づけるのだが、その定義は、一見、とても入り組んでいる。

日本人が歌を詠む場面にもう一度、注目してみよう。単に感動した心の揺れ動きを文字にすれば歌になるわけではない。歌にはよい作品とそうでないものがある。「実情」とは、歌のよしあしにかかわる概念である。

よい歌を詠もうと思う心があるから、詞を選ぶし意匠を凝らすのであって、結果的に本来の感情を失うこともあるだろう。ほどよく拍子も面白い歌を詠もうとするうちに、自分の本心と違う詞を選ぶばあいがでてくる。でもその違うこともまた「実情」ではないのか——「歌のよしあしをいはぬ時は、論ずる事もなくまなぶ事もいらぬ也、よき歌をよまむと思ふ心より、詞をえらび意をまふけてかざるゆへに、実をうしなふ事ある也（中略）況や歌はほどよくへうしおもしろくよくよまむとするゆへ、我実の心とたがふ事はあるべき也、そのたがふ所もすはなち実情也」（全集②－5）。

この定義は、研究者の間できわめて有名なものだ。なぜなら宣長の「実情」が独特な陰影と屈折を帯びているからである。

宣長の実情概念の屈折について、倫理学者の清水正之は、「引き裂かれた自己」というセンセーショナルな定義をしている。以下、清水の議論をまとめておこう。古典古代の人びとが素朴だった時代がおわり、軽薄と堕落が常態となった江戸社会で、他者と自分との間に共感を抱くことはきわめて難しい。そういう困難な時代にあって、和歌を詠むことで自己と他者をつなぐには、自分の感情を偽ってでも詞に技巧をめぐらす必要がある。「悲しかりけり悲しかりけり」と自己の感情を解放しただけでは、他者からの共感は得られない。宣長は自己と他者との間に、絶対的な深淵が黒々と口をあけていること、その亀裂の存在に気づき架橋するためには女性や子供の原理に依るしかないと考えていた。それを詞によって表現したのが、和歌だというのである。

以上の清水を参照すれば、自己と他者のあいだはもちろん、個人もまたいかに複雑な機微をもっているかがわかるだろう。内面は引き裂かれていて、自己と他者のあいだにも亀裂が入っている。和歌が女性的なものをもって、その凹凸をことばにしてゆくわけだ。

にもかかわらず、多くのばあい、私たちは世界を儒学的に、つまり理論的に把握しようとしている。それを宣長は、世界を男性的な価値で秩序づけていると批判した。国家や主君のために死ぬことを善とみなし上位におき、その逆を下位に置く。瘦せ我慢を賛美し、見得を切り、そういう序列に基づいて世界を組み立て眺める。逸脱するものは無視するか、悪の烙印を押して弾きだす。理想の政治的人間像は真面目になりこそすれ、他者の受け入れがたい部分を摘発し、批判し、人間関係はどんどん硬直化し瘦せ細っていく。他者の厳格な一面のみしか受け入れることができないからだ。

だが、それから零れ落ちる関係が、眼の前にはいくらでも転がっている。妻子を思い泣き崩れ、制御しきれない心を抱えた人びとが、現実には溢れているからである。和歌は、こうした人間のいわく言いがたい感情の起伏を詞に技巧を凝らして表現する。女性や子供たちが抱くような、感情の破調に詞で加工を施して、みずからの思いを晴らすのである。(55)

自他を架橋する詞

つまり、宣長の「実情」は、主情的でもなければ自然的ですらない。あらゆる感情の解放ではないのである。もし宣長の「実情」が、近代日本文学の自我のようなもの、心情の赤裸々な解放だとしたら、宣長は、明治末期の文学者とおなじような、深刻な精神の危機を経験したにちがいない。

たとえば、明治期とは、武士道や儒学の価値秩序が解体された時代である。それは深刻な善悪の混乱をもたらした。序章で引用した福澤諭吉が、『学問のすすめ』において、「安心立命の地位を失ひ、之が為遂には発狂する者あるに至れり」といっていたことを思い出してほしい。従来の規範や秩序など、すべて疑わしい。そうしたルールに縛られずに、自己主張がしたい。この感覚が芽生えて明治末期に若者のあいだで大流行したのが、喜怒哀楽の無制限の解放を主張する自然主義文学であった。

　だが、その結末は悲惨なものであった。彼らは自己主張をしているようで、その実、他者との「関係」を失っていたからである。感情表現は肥大化しつづけ、とどまるところをしらない。自己承認欲求には終わりがない。ところが実際には他人はそう簡単に自分のことなどわかってくれないものだ。自然主義文学の最大の誤謬は、自分の心情の赤裸々な吐露を、他者はわかってくれるという傲慢だった。実際の自他関係はそういうものではないだろう。恋愛小説に巧拙があるように、詞の技術によってはじめて、他人は動かされる。自然主義文学は、詞に独自の役割を見逃した文学活動だったのである。

　ところがこれとは逆に、宣長は徹底的に、詞にこだわったのである。「実情」とは、他人との感情の交流にかかわる技術なのである。詞は詞に独自の秩序にしたがって、歌は詠まれるべきだといっている。「そのゆへは、和歌は言辞の道也」。「歌のよしあしは多くは詞にありて、情にあらず」。感情に詞が優先するのだ。

　一般的に、宣長の功績は、文学に独自の領分を発見し、感情の自由かつ奔放な表現世界をきりひらいたことだと説明される。のちに「もののあはれ」論として有名になる歌論は、文学の政治からの最初の独立宣言だともいわれる。だからわが国に近代文学が生まれたとき、宣長は近代主義者として評価された。近代とは、個人の感情の解放を重んじる時代の到来であり、宣長は先駆者だというわけだ。

　だが恐らく、宣長はより複雑な人間関係に精通している。和歌のよしあしを論じることで、自分と他者の間には深い溝があること、それを架橋する詞に独自の役割を発見していたのである。

和歌と国学の関係

『あしわけをぶね』執筆中の宣長が、この時点で契沖の思想的格闘を完璧に理解していたとは思わない。宣長が契沖に出会った際の衝撃は、次の文章にあるように、いまだ素朴なものにとどまっていたからだ――「さて京に在しほどに、百人一首の改観抄を、人にかりて見て、はじめて契沖といひし人の説をしり、そのよにすぐれたるほどをもしりて、此人のあらはしたる物、余材抄勢語臆断などをはじめ、其外もつぎつぎに、もとめ出て見けるほどに、すべて歌まなびのすぢの、よきあしきけぢめをも、やうやうにわきまへさとりつ」（全集①－85）。

若き日の宣長は、世界すべてを肯定することを望んだ。書簡のなかで「私有自楽」という表現をつかって、悠々と自在に学問する自分を肯定した。そして契沖の古典学に革命的なメッセージを聞き取った。

古今伝授に象徴される中世の誤った伝統を破壊せよ。その先に、古代の姿がありありと現れることだろう。さらに契沖は、宣長に「道の学び」があることを教えた。契沖独自の和歌の解釈法は、古典を読む際にもつかえる。「道の学び」とは、要するに『古事記伝』執筆につながる古典解釈をつうじて、古代日本人の生き方を学ぼうとすることである。

和歌をただしく解釈するための方法論の確立、それを古典に応用することで得られる古代日本人の生き方の解明。国語学と倫理学あるいは民俗学。契沖をつうじて、宣長はこうした学問に出会い、国学の神髄に触れたのだ。契沖と本居宣長、そして賀茂真淵。ここに真淵の師匠である荷田春満、宣長の没後の門人を自称する平田篤胤をくわえれば、ここに「国学」の系譜があらわれる。「一般に国学の代表者として、『国学の四大人』の呼び方で荷田春満・賀茂真淵・本居宣長・平田篤胤の名が挙げられる（中略）しかしこの系譜のはじめに契沖を置けば、これらの人物はそれぞれの時期の国学思想を代表しており、彼らを通して国学思想の展開を見ることができる」（『日本思想史辞典』「国学」）。

最晩年に著した『うひ山ぶみ』の次の言葉ほど、和歌と国学との関係をわかりやすく語っているものはない。「歌をよまでは、古への世のくはしき意、風雅のおもむきはしりがたし、（中略）いにしへ人の、風雅のおもむきをしるは、歌まなびのためは、いふに及ばず、古の道を明らめしる学問にも、いみじくたすけとなるわざなりかし」（全集①－6・7）。

――歌を詠まなくては、古代の世の中のくわしい意味や、雅びとは何かがわからない。太古の人びとの雅びな様子をしることは、歌を学ぶためはもちろん、古道を解明する学問のためにも、とても助けになる行為なのだ。

古今伝授の特徴を暴き出し、その病理の根源を突き止めるための刃物が契沖の学問であり、宣長が最終的に処方したのが「実情」だった。つまり国学は歌を詠むことと切り離せないし、歌はいにしえの日本人の生き方をしるために必須なのである。

古今伝授という宿痾、それを明らかにした契沖学と「実情」論を経て、いよいよ「もののあはれ」論に入ることにしよう。

第五章　「もののあはれ」論の登場――『石上私淑言』の世界

古典主義者、賀茂真淵

「もののあはれ」とは何か。

近代の学者たちは夥しい研究を積み上げてきた。大正十一年九月に「『もののあはれ』について」という論考を発表した倫理学者の和辻哲郎だけではない。戦前では佐佐木信綱や村岡典嗣、蓮田善明と保田與重郎、戦後では小林秀雄や丸山眞男など著名な思想家たちの名前がすぐに思い浮かぶ。日野龍夫や秋山虔などの国文学者はもちろんのこと、相良亨と子安宣邦は、和辻の学統を受け継ぐ倫理学者として宣長を読んできた。

「もののあはれ」を論じる際に、まずもって宝暦十三年（1763）に注目する点では、だれも異論はない。すでにふれてきたように、宣長はこの年の五月、賀茂真淵と生涯に一度だけの面会をはたしている。「松坂の一夜」と呼ばれる師弟のはじまりである。宣長が学者として頭角をあらわし、著名な「もののあはれ」論を完成させるとともに、『古事記伝』執筆にむかうためには、賀茂真淵との出会いが必要だった。契沖に加えて、決定的な影響を受けたのが真淵だったのだ。

賀茂真淵とは、上代和歌の枕詞研究の書『冠辞考《かんじこう》』をはじめ、万葉集研究でしられた国学者であり、今日でも高校の文学史で「ますらをぶり」の主唱者として名前をきく人物である。宣長はのちに著作『玉勝間』巻一で真淵を回想し、専ら古代の心情と詞を探求する学問は真淵からはじまったのであって、それ以前の和歌は古今和歌集を重視し、万葉集は低い評価しか与えられていなかったという。真淵の登場はこの歴史に大転換をもたらした。古代の詞を使いこなし、万葉風の歌を詠み書きするようになったからである。また古事記や日本書紀の読み方も劇的に変わった。それ以前は長く「漢意《からごころ》」に曇らされた眼で古典を読んでいたが、真淵はこの伝統を破壊し、古代の言語を解明し、古代そのままの意味を再現したのである。このことは第八章「『日本』の発見」でくわしく述べる。

真淵は正しい意味における、古典主義者であった。古典主義は世界の調和と秩序を重んじる。真淵によれば、この世界の秩序原理は、すべてこの国の言語に宿っており、五言七言のリズムで歌を詠むのは、天地の調べに同調することである。詞の数が足りないとき、詞を補い天地の調べに合致させるために生まれたのが、枕詞なのである。さらに枕詞の具体的な働きは、それが修飾する語の「象《かたち》をたとへ」「ゆゑをいひ」「性《さが》をあげ」「もとたたへ」「たぐひをなん引ける」という五種類に分類することができるという（全集⑧－4）。枕詞という現象を包括的に考察した真淵の論は、きわめて画期的なものであり、宣長をつよく魅了した。

その感激は、おそらく「古言をしらでは、古意はしられず、古意をしらでは、古の道は知がたかるべし、といふこころばへを、つねづねいひて、教へられたる」という一文に集約されている（『うひ山ぶみ』（ラ）、全集①－17）。

まずは詞ありき。詞をしることで、古代の人たちが何を考えていたのか、生活の息づかいが見えてくる。結果、古代日本人の生き方、すなわち「道」、今日でいえば倫理が理解できるようになる。天地の調べを再現するということは、世界全体の壮大な統一的秩序を現前させることであり、万葉集の詞には、この世の成り立ちの秘密が隠されているのだ。実際これ以降、宣長は万葉集全巻についての質疑を、真淵と交わしていく。

賀茂真淵像　本居宣長記念館所蔵

真淵にとって、古代の人びとの心はひたすらに素直であり、少ない詞で表現できた。つまり心と詞は天地のリズムと調和していたのであって、しかし堕落した後世のばあい、歌は自分の心を素材とせず、詞だけを追い求めてしまうと考える（『歌意考』）。対する宣長は古今和歌集を尊重し、心と詞の関係について、より複雑な思いを抱いていた。それは第三章で論じたように、『あしわけをぶね』において、歌とは何かをめぐり全面展開された。

この日の夜、すでに六十七歳になっていた真淵は、自分は万葉集の研究で一生を終えるだろう、だからぜひとも古事記研究をしてもらいたい、と若い宣長を励ました。直接『古事記伝』につながる勉強は、こうしてはじめられた。三十五年の歳月をかけ、宣長六十九歳のときに完成する『古事記伝』は、真淵との出会いの翌年から開始されたのである。

「うた」の世界へ

ちょうどこのころ、宣長は歌論・物語論の収穫の時期を迎えていて、翌六月には、源氏物語論である『紫文要領』を脱稿し、それから程なくして未定稿の歌論『石上私淑言』が出来上がりつつあった。この二冊こそが「もののあはれ」論を全面的に展開した書物として、宣長研究者を惹きつけてやまないのである。

まずは『あしわけをぶね』を引き継ぐ歌論『石上私淑言』を、巻一から精読してみよう。

国学はすべて歌からはじまる。この書物で、六十五箇所で用いられている「もののあはれ」も、まずもって「うた」と関係する概念である。宣長によれば、「うた」とはことばが程よく整い、「文《あや》」があるものすべてを指している。したがって、三十一文字の歌ばかりでなく、神楽や連歌、俳諧や浄瑠璃にいたるまで「うた」であるというのだ。

さらに詠み手は人間ばかりでなく、生き物たちもまた有情の存在なのであって、自然に声をだして詠み、「文」さえあればそれは「うた」といえると宣長はいう。ただし、その一方で、雄大な自然など万物すべてにはみな声があって、「うた」なのだという考えを宣長は認めない。

宣長にとって、「うた」とは「文」であり、技巧性や節が必要だった。だから「うた」は単なる感情の吐露ではない。助詞の使用法や歌の定型にこだわるのは、宣長当時の主流であった歌学に特徴的な指摘である。

では、「うた」とは、いったいどのようにして生まれて来るのか。その答えこそ、「歌は物のあはれをしるよりいでくるものなり」という定義に他ならない。「もののあはれ」を「しる」という心の動きがあって、はじめて「うた」がこの世に出現してくる。研究者はこの定義を「もの」と「あはれ」と「しる」に分けたうえで、緻密な解釈を積み重ねてきたのである。

ただここで、従来の研究書の多くが見落としがちなのは、宣長が古今和歌集を強烈に意識して「もののあはれ」論を展開しているということである。

万葉集と古今和歌集の違いとは、そもそも何か。近代に入ってからは、圧倒的に万葉集の方が人気が高いのだが、その理由と経緯はどういったものなのか。宣長の代名詞ともいうべき「もののあはれ」論を理解するために、以下では少し回り道をして、基礎となる知識をおさらいしておこう。

正岡子規と古今和歌集

明治三十一年、正岡子規は「歌よみに与ふる書」第二回を書く。彼の万葉集肯定と、いっぽうでの古今和歌集の否定はとても有名で、「貫之は下手な歌よみにて古今集はくだらぬ集に有之候」をしっている人も多いであろう。

これは歌の世界における「近代」宣言であった。

子規以後、その衣鉢を継ぐアララギ派から斎藤茂吉が登場すると、「ありのままに写す」万葉集を何よりも重んじる方向は決定的となる。茂吉の『万葉秀歌（上・下巻）』（昭和十三年刊）は、戦前の時点で五十万部を超えるベストセラーとなった。

真淵はいうだろう、歌は人のこころの真実をまっすぐに詠んだものであり、古くは歌人と素人の区別すらなかったのである――「歌はただひとつ心をいひ出るものにしありければ、いにしへは、こととよむてふ人も、よまぬてふ人さへあらざりき」（『歌意考』）。真淵の万葉集礼賛は、正岡子規によって明治に復活したと考えてよい。

だが、宣長が推したのは古今和歌集のほうだった。「まことに歌は古今三代集に過る事はなき也（中略）萬葉をまねてよまむとするは大なるひが事也」。本当に歌は古今和歌集を含む三代集をしのぐものはない。万葉集をまねて詠もうとするのは大間違いである、と。

宣長は、古今和歌集を歌を詠むための基準だという。万葉集はあくまでも古語を学ぶための手段にすぎず、詠歌の役にはたたない。その主張は、師である賀茂真淵に反旗を翻すことを意味し、子規や茂吉が考える「近代」にも対立するものだった。

真淵にたいし、宣長は徹底的に「ことば（辞・詞）」の技巧性、虚構の美を対置してゆく。宣長の和歌にたいする思いは、次の一文に典型的に表れている。

もと歌の本体も、辞のよくととのほりたるを歌と云ものなれば、ことに詞をえるべき也、詞にかかはらぬと云は、歌しらぬ者の言ふこと也、ましてよき歌をよまむとおもふに、ことばをえらばずしてなんぞや、歌のよしあしは多くは詞にありて、情にあらず、そのゆへは、情はあさけれどもよき歌多し、詞あしくてよき歌はかつてなき也（全集②－33・34）

——もともと、歌の本質もまた詞が整った作品を歌というべきである。だからとりわけ詞を選択するのだ。詞など関係ないというのは、歌をしらない者がいうのである。ましてや、よい歌を詠もうと思うのに、詞を選ばないことなどあり得ない。歌の良い悪いは多くのばあい、詞の問題であって、情ではない。なぜなら情は浅くてもよい歌は多いが、詞が悪くてよい歌はいままでになかったからだ。心の揺れ動き、その混沌と破調は、詞によってかたちをあたえられ、鎮まる。その痕跡が歌なのだが、詞は何であってもよいわけではないし、個性的である必要もない。日本語の蓄積によって、私の「情」は形式をもつのだ。

その具体例こそ、古今和歌集なのである。その先に最良の歌集として新古今和歌集が君臨する。だが新古今和歌集を直接真似ようとすると失敗してしまう。作歌にあたり、まずは古今和歌集・後撰和歌集・拾遺和歌集の三代集を学ぶことの重要性を、宣長は強調する。では、そもそも古今和歌集とは、どのような特徴をもつ歌集なのだろうか。契沖と賀茂真淵、宣長の古今和歌集研究にくわえ、最新の研究者の解釈も交えつつ、見てみることにしたい。

古今和歌集成立の背景

「やまと歌は、人の心を種として、よろづの言《こと》の葉とぞなれりける」という有名な書きだしからはじまる古今和歌集の「仮名序」には、歌集成立までの略史が書かれている。最古の注釈書である藤原親重『古今集序注』が一一六七年ごろに書かれて以降、古今和歌集は聖典となり、夥しい注釈が積み重ねられていった。第三章でくわしく取りあげた「古今伝授」は、中世歌壇の解釈市場を独占し、近世の細川幽斎で頂点をむかえる。

しかし頂点は衰退の兆しをはらむのが宿命であり、人麻呂の神格化にたいし契沖が「おほつかなき事」と『古今余材抄』に書いて以降、国学者の手によって、神格化の否定と実証的な古今和歌集研究がはじまるのである。宣長自身も、明和七年、四十一歳のとき第一回目の講読会を開講していらい、四回にわたり古今和歌集を講義した。晩年の寛政九年には、訳文をほどこした『古今集遠鏡』を世に問うている。

万葉集の歌人・大伴家持が延暦四年（785）に没して後、九世紀末までの約百年が古今和歌集成立にむかう時期にあたっている。それは苦難とともにはじまったといってよい。なぜなら万葉集以後、時代は圧倒的なパワーをもつ唐の文化を普遍的な価値として輸入し、公的な場面は漢詩文一色に染めあげられていたからである。

たとえば、遣唐留学生として「西側」の地をふんだ阿倍仲麻呂のばあい、科挙試験に合格し、唐朝で玄宗皇帝の篤い信頼を獲得し、高級官僚にまで昇りつめた。三十五年以上も唐朝に奉職したのち、ようやくのこと、皇帝から帰国を許され、明州という海辺の街で餞別の宴会が行われた。その際に詠んだとされる歌が、巻第九「羇旅歌《きりょか》」冒頭にある——「天の原　ふりさけ見れば　春日なる三笠の山に　いでし月かも」。三笠山とは、奈良春日にある御蓋山のことで、麓には春日神社がひかえている。遣唐使渡航前の者は、ここに詣で無事を祈るのが習わしであり、仲麻呂は今、自分が留学の地で観ている月と、母国の月がおなじものであると感慨にふけっているわけである。結局、仲麻呂は帰国船が難破するなどして帰国がかなわないまま唐土で没した。しかしこの歌は百人一首に収録され、日本文化の系譜に足跡を遺したのである。

またこれにつづく羇旅歌第二首は、小野篁《おののたかむら》の作品である。篁は『凌雲集』の撰者・岑守《みねもり》の子供であり、漢詩文の才能にも秀でていた。彼もまた聡明であることから遣唐使派遣の命がくだるが、乗船を拒否して隠岐に流されてしまう。その際に詠んだのが、「わたの原　八十島かけて　漕ぎ出でぬと　人にはつげよ　海人の釣り舟」という作品であり、彼は同時に漢詩でも「謫行吟《たっこうぎん》」という七言詩をつくり、思いを吐露したと伝えられている。

以上からわかるのは、古今和歌集収録の和歌のうち、初期の作品には、大国唐との緊張感をはらんだ時代の様子が刻印されているということである。

グローバル化と漢詩文集

『凌雲集』『文華秀麗集』『経国集』の三つの勅撰漢詩集は、弘仁五年（814）から天長四年（827）までに成立したものであり、その「グローバル化」を牽引した中心的存在が嵯峨天皇であった。嵯峨天皇は、緊縮財政のため廃止されていた各種の行事を復活させ、文人を堂々と内裏に召して、正月には詩を奏上させた。桜の季節には花宴を催し、雅と贅のかぎりを尽くそうと努めている。彼の「西側」趣味はつよく、朝廷の儀式・服装・位記などに唐風を採用することを求めた。大化の改新以前の昔から、警固を任されていた大内裏十二門などの名前も、これまでの大伴門・佐伯門などの氏族の名前から唐風に変更された。

天皇の「西側」嗜好を刺激したのは、文章道の家柄として繁栄していた菅原清公であった。律令体制が整うと、大学で教授される中心教科は、大陸の政治・道徳を学ぶ明経道にくわえて、『文選』や『史記』などの歴史や古典学習、すなわち文章道の発展をうながした。清公は遣唐使として派遣され、最新の知識を身に帯びた知識人であり、彼をことのほか天皇は重用したのである。「西側」の知的ファッションとして、漢詩集は成立したものである。『文華秀麗集』撰者である藤原冬嗣が、左大臣にまで昇りつめたように、漢詩の才に秀でた者は、公的にも高い地位を占めるようになった。この時代もまた、明治期の西洋文明とおなじく、唐由来の価値観が「西側」から到来し、色眼鏡として「現実」を眺める際の基準を提供していた。

こうした時代背景もあってのことであろう、古今和歌集仮名序の作者・紀貫之は、やや自嘲気味に、現在の世の中は華美になり、人の心が軽薄に流れた結果、和歌も浮ついた好色のものばかりになり、忘れられてしまったと嘆いている。和歌のはじまりはこんなはずではなかったのに、今や、公的な場所からすっかり姿を消してしまった。そもそも、「やまとうた」という言葉それ自体が、唐詩に対抗する名称であり、序文冒頭も中国最古の詩集『詩経』の大序を参考にしたものであった。また和歌の種類を六種類にわけて説明する箇所も、「詩有六義」、すなわち風・賦・比・興・雅・頌を下敷きにしたものであった。こうした点が国学者を刺激したのであろう、賀茂真淵はもちろん、宣長ですら仮名序への評価はきわめて低い（たとえば「続萬葉論」序、『玉勝間』巻十二「歌に六義といふ事」）。

宣長は『石上私淑言』巻三の冒頭で、わが国はもともと文字が存在しなかったため、いったん文章を書くようになると、本来の心と言葉を捨てて「唐国」を真似るようになったという。大陸の詩の影響を和歌も受け、しかも勅撰集であることから、政治を補佐する効用があると主張することになったのだ。しかしそれは和歌本来の役割とは何の関係もないはずである。ただありのままに詠むのが歌なのであり、心のなかで生まれる思いを、表現するだけのことだ。歌は「もののあはれ」を軸に生まれでるのだが、それでは根拠が弱くみえてしまい、朝廷の政治には使えないと思われてきたのだろう――。

普遍的価値観への挑戦

だが宣長らの批判をよそに、「この歌、天地ひらけ初まりける時より出できにけり」と書いた紀貫之自身は、和歌こそが漢詩文に代わり世界を秩序づける価値基準であり、仮名文字こそ「ことば」だという、つよい自負があった。古今和歌集を編纂することで、公的な地位を漢詩文から奪い返し、和歌によって現実を秩序づけ表現する。寛平六年（８９４）の遣唐使の廃止ほど、「西側」の普遍的価値の衰退と混乱を象徴した事件はない。唐の崩壊（９０７）は、古今和歌集勅命（９０５）のわずか二年後の出来事であり、大陸中心のグローバル・スタンダードはすでに限界を露わにしていた。

漢詩文の色眼鏡では、もはや目の前の世界を説明することはできないのであって、このとき日本人は、みずからの「ことば」によって、もう一度、混乱した「現実」に価値基準をあたえることを強いられたのである。

現実を腑分けし、善悪の秩序をつくり、日本人の恋愛観に肉薄し、あるべき四季のリズムを再構成することを意図した歌集、それが古今和歌集という最初の「勅撰和歌集」が作られた意味なのである。日本人を育む自然と風土、そこに住まう身体性に寄り添った「ことば」、仮名文字で現実をつかみなおすことを、紀貫之らは使命としていたにちがいない。

九世紀なかば、文徳天皇の時代になると、徐々に和歌は復活の兆しをみせる。「六歌仙時代」と呼ばれる時代のことである。僧正遍照・在原業平・文屋康秀・喜撰法師・小野小町・大友黒主の六人が活躍する時代であり、とりわけ在原業平の歌は『伊勢物語』の骨格となり、物語の主人公「男」は業平本人だという説もあるくらいである。この時代は、同時に、藤原氏が天皇の外戚として力をふるう摂関政治の幕開けでもあった。古今和歌集に収められた藤原良房の歌は、藤原氏の栄華と自信をしめすものとしてあまりにも有名であろう。

染殿后の御前に、花がめに桜の花を挿させたまへるを見てよめる
年ふれば　よはひは老いぬ　しかはあれど　花をし見れば　もの思ひもなし

こうして、漢詩隆盛時代から六歌仙時代をへて、最後に古今集撰者たちの時代をむかえるわけである。

だが、実は紀貫之にくわえ紀友則・凡河内躬恒・壬生忠岑の四人の撰者は、藤原氏の圧倒的な勢力のもとで官位に恵まれない人たちであった。貫之のばあい、醍醐天皇の外戚として栄えた右大

臣・藤原定方と、そのいとこ中納言兼輔に取り入ることで、主従関係を結んだ。兼輔こそ紫式部の曾祖父であり、和歌の才能にも秀でた風流人であった。彼の家は、貫之や凡河内躬恒などの文化人が集うサロンであり、雅びの色彩に溢れんばかりの時間が流れていた。

しかし醍醐天皇に近侍する者の多くは、次々とこの世から消えていった。貫之は政治権力とのつながりを失い官職を得るための足掛かりをつかめず、ふたたび藤原氏に接近せざるを得なかった。藤原氏の栄華にすがり、彼らのために屏風歌をつくることで、和歌を守ろうとしたのである。

藤原氏が築いた摂関政治は、唐を模倣した律令官僚制時代の制度なのであって、身分の固定化を進めていくものであった。人材抜擢を重んじ、流動性の高かった一時代前に、武門の一族として頭角を現した紀氏や大伴氏は衰退の一途をたどるしかなかった。遣唐使の派遣を取りやめるよう進言し、国風の傾向を企図した菅原道真も、昌泰《しょうたい》四年（９０１）、すでに太宰府へ左遷されていた。こうした時代背景のなかで、醍醐天皇は延喜五年（９０５）四月十八日、ある思いをもって古今和歌集編纂を命じたのである。

このときの貫之らの心境は、次のようなものだったにちがいない。実際の官位は次々に藤原氏関係者によって奪われ、いまや紀氏復活の芽は絶たれている。貞観八年（８６６）の応天門の変による大伴氏の失脚と藤原良房の台頭は、その象徴であった。権力欲が剝きだしになり、藤原氏は天皇家の血を吸っていよいよ栄華を極めている。それでもなお、公的な世界で自分の存在を主張するにはどうすればよいのか。

藤原氏の権勢は、ほんとうに「現実」に触れているとは思えなかった。官僚制は固定化して腐臭を放ち、実社会は乱れに乱れたままではないか。唐の制度を無条件に導入しつづけた結果、日本国内は混乱に陥っている。最後の班田収授を断行し、荘園整理をおこなったにもかかわらず、政治の実質はあがっていない。地方の疲弊を記した「意見封事十二箇条」を三善清行が奏上したのは、醍醐天皇の延喜十四年（914）のことである。もはや大陸由来の漢詩文は、日本人の心と世界観を「ことば」にできていないのではないか。ならば、「西側」の政治制度が、わが国の「現実」をコントロールできないのも、当然ではないか。

「ことば」の役割

東アジアの国際秩序と日本国内の秩序いずれもが、崩れようとしていた。従来参照軸としてきた「西側」の常識が、通用しない状況が出現していたのである。この深淵をみた貫之らにできることは何か。それは「ことば」によって、秩序を取り戻すことである。腐敗の渦中にあって、今一度、自分たちは世界をどのように理解しているのかを確認し、後世に遺す。そうすることで、せめて、後世の者たちが「深淵」に陥ることを、少しでも防ぐべきではないだろうか。

たとえ時代が変わり、喜びや悲しみが過ぎ去っていこうとも、ここに記した歌はその存在をやめない。途絶えることも消滅もすることなく永続し、文字さえ残っていれば、歌に理解があり真実をしる者は、大空の月を眺めるように昔を仰ぎ、われわれの時代を慕うにちがいないのだ――「たとひ、時移り、事去り、たのしび、かなしび、ゆきかふとも、この歌の文字あるをや。青柳の糸絶えず、松の葉の散り失せずして、正木の葛長く伝はり、鳥の跡久しくとどまれらば、歌のさまをも知り、ことの心を得たらむ人は、おほぞらの月を見るがごとくに、いにしへを仰ぎていまを恋ひざらめかも[56]」。

こうして古今和歌集には、次のような特徴が現れることになる。たとえば『折々のうた』でしられる詩人の大岡信は、貫之をふくむ撰者時代の和歌には、「自我の存在様態にある種の二元的分裂」があるという注目すべき指摘をしている。古来和歌には、「正述心緒」と「寄物陳思」という二種類の詠歌方法があるとされてきたが、この分類は、そもそも万葉集巻十一・十二にみられるもので、恋歌をどう評価するかをめぐってつくりだされた分類である。前者は四季折々の自然の風物を介在させることなく、直接思いを表現するという意味である。一方で後者は、逆に間接的表現――つまり「寄物」――によって今、眼の前には不在のものを表現した作品のことをさす。古今和歌集は、圧倒的に後者の作風が多く、「物」を対象化したうえで、思いを仮託して歌うという屈折した方法をとるのである。

この大岡信が注目した古今和歌集の特徴を、宣長はきわめて正確に把握し、「もののあはれ」との関連性を論じている。宣長によれば、悲しい出来事にあったとき、単に悲しい、悲しいといっているだけでは心の破調が安定を得ることはない。詞を長くしたり、文をつけることで、悲しみにかたちをあたえようとする。これが「うた」のはじまりなのである。それでも気持ちを晴らすことが無理ならばあい、耳にふれる風の音や虫の音に仮託して思いを述べたり、眼にはいる花の匂いや雪の色になぞらえて歌を詠むこともあるだろう。

古今序に。心に思ふ事を。みる物きく物につけていひ出すとあるは是也。ありのままをいひては。いひつくされずあらはしがたき物のあはれも。さやうに見る物きくものにつけていへば。こよなく深き情もあらはれやすき物也（全集②－110・111）

――古今和歌集の序文に、「心に思うことを、見るもの、聞くものに仮託して表現する」とあるのが、これである。ありのままを言葉にしても、いいつくすことができない。表現しきれない「もののあはれ」も、そのように見るもの、聞くものに付託して表現すれば、きわめて深い心情も表しやすいものである。

「もの」に触発されて、亡失したものを思い出す。その思いをかたちにするために「ことば」はある。つまり不在の感覚を強烈に自覚しているということであって、古今和歌集には、深い挫折ゆえの自己批評性がそなわっているのだ。宣長は、古今和歌集の特徴である「寄物陳思」を正確に把握したうえで、それを「もののあはれ」と関連するといっている。

さらに大岡は、宣長が「ありのままをいひては。いひつくされず」と指摘したことについて、古今和歌集は分析的・批評的・構成的な作品が多いことを指摘したのだった。感情をありのままに、つまり直線的に表現することでは解消しきれない何かが残ってしまい、心の破調が沈静化し、やすらうことはできないのである。

この限界について、ふたつの具体例をもちいて見てみることにしよう。

月影の　見ゆるにつけて　水底を　天つ空とや　思ひまどはむ

春の夜の　闇はあやなし　梅の花　色こそ見えね　香やはかくるる

前者が紀貫之、後者が凡河内躬恒の作品である。大岡は『貫之集』に収められた前者の和歌について、月を直接見ずに水底という「鏡」を通して描くことに注目する。この光景は、実際の風景を前にして人間が「ことば」によってはじめて発見したものだから、そこには自然の直接性ではなく批評性が挿し込まれている。万葉集のばあいであれば、和歌が天地の造化を受け取り、そのことばは神の霊的な力を宿すと考える。そのうえで、地上に霊力を降ろすという信仰心により作品はうまれる（以上、大岡信『紀貫之』）。

つまり万葉集のばあい、神と人は、和歌のことばによってつながっている。人は神が創造した天地の一部として自然に調和しており、人が発することばには神が宿っている。ことばすら、神の創造物なのであって、宣長にそっていえば「ありのまま」に詠むことが、即、歌になるような状態である。

一方の古今和歌集のばあいは、神々はすでに地上にはいない。人は世界を自分の意思でつかみ取るために「ことば」を発明し、自覚的に利用する。意識的・批評的であるとは、神なき時代の人間の意思的作為のことにほかならない。それは二首目の躬恒の歌を見ることで、さらにはっきりする。

ここではまず、春の闇が擬人化されていることが重要だ。鈴木宏子の研究によれば、この歌の前半は、擬人化された闇が、無理を承知で梅の魅力を独占しようとする意志を表現している。しかし実際は匂いまで隠すことはできない。こうした眼に見えない香りまで分析対象としている作品は、「ことば」の意匠を究極まで凝らした作品なのであって、古今和歌集の特徴をよく表しているのである（鈴木宏子『「古今和歌集」の創造力』）。

屈折した言辞を用いるのは、古今和歌集の撰者たち自身が「二元的分裂」を抱えていたからにほかならない。彼らは武門として公的世界に奉仕していたはずが、政界から失脚させられ、政治の世界から文藝の世界へと自己表現の場を変えざるを得なかった。「現実」における不如意が、彼らを「ことば」へと向かわせたのだ。神が不在となり、衰退の兆しが見え始めた時代を生きる。神が支配していた調和した世界が終わり、混乱した世の中を「ことば」によって再構成する——これが古今和歌集を編纂した者たちの宿命なのである。

歌集が生みだす「型」

古今和歌集は定型に沿ってことばを紡ぐ「古典主義」的な作品である。だが、その「型」を重視する作風が、きわめて高い緊張感に支えられていることに注意せねばならない。漢詩文の秩序が崩れ、東アジアの国際秩序が瓦解するさなかに編纂は命じられたからである。つまり「西側」の価値観が国内外で崩れ、しかもこの危機の時代を、政治的中枢で舵取りできる立場にも立てなかったのが、紀貫之たちだったのだ。「二元的分裂」とはこの点にかかわるのであって、古今和歌集の「古典主義」が、深い亀裂のうえでからくも成り立つ均衡であることがわかるだろう。「月」や「梅の花」といった伝統的な素材を自覚的につかうこと、一首ごとの配列を意識し、季節のうつろいや、恋の始まりから終焉までを、順序を追って整然と配列していることには恐らく次のような意味がある。

時代全体が「深淵」に直面しすべての前提が崩れるとき、時間には色もかたちもなく、過去と未来の区別もなくなる。空間はばらつきはじめる。そこに撰者たちは仮名文字で改めて着色を、秩序をあたえていかねばならない。過去・現在・未来の区別をつけ、みずからをそこに位置づけることで、日本という時空間とそこに生きる日本人の「型」を立ちあげねばならなかったのである。

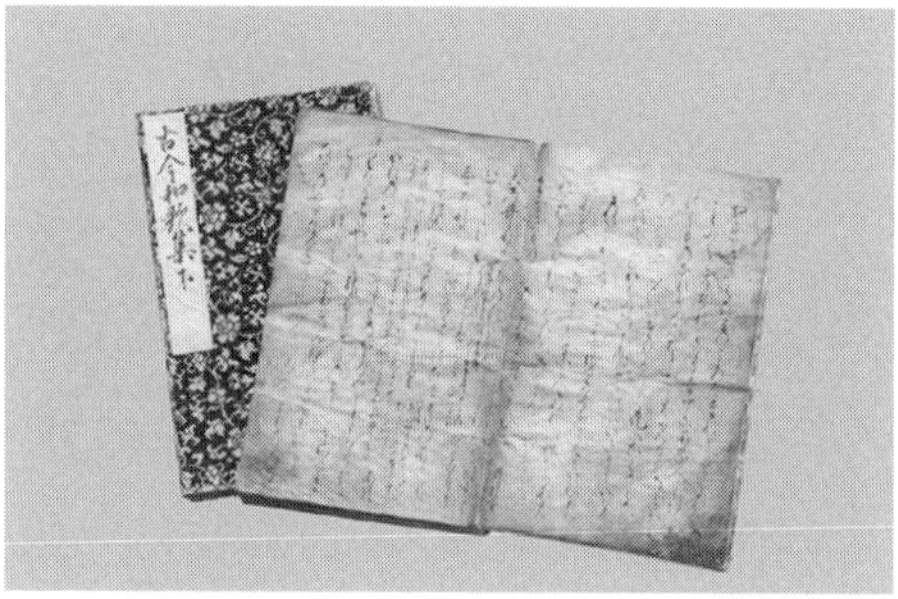

「古今和歌集」仮名序　専修大学図書館所蔵

山吹、蛍、菊、霰を春夏秋冬の代表とすることで、日本人は四つの時間の区切りを手に入れ、「ことば」によって風景と時間に遠近をあたえた。公的な立場からすれば、彼らは失脚者であり、藤原氏の軍門にくだり、依頼をうけて屏風歌の作成をしただけである。だが藤原政権は腐敗をきわめ、新時代に秩序をあたえられなかった。ならば貫之は「ことば」の世界で、この世界を安定させねばならないではないか。実際、彼の作品は、徹底的に正統性を体現した、個性とは無縁の歌であるといわれる。それは己ひとりを救済するだけでなく、唐の文化によって息の根を止められかけた和歌の再生を目論むことでもあった。

これ以上の古今和歌集の特徴については注を参照ねがうとして[57]、ここで注目したいのは、古今和歌集誕生から実に八百年ののちに本居宣長があらわれ、和歌の存在意義を、「もののあはれをしる」ことにあると指摘した点にある。

宣長がどのようにして「もののあはれ」の重要性に気づいたのか。彼自身が『安波禮辨』のなかで、そのきっかけを述べている。

ある人が、私にむかって質問をしてきた。藤原俊成の歌に、「恋せずは　人は心も無らまし　物のあはれも　是よりぞしる」とあるが、この「あはれ」とはいったいどういう意味があるのだろうか、というのである。もののあはれを知ることが、人に心があることの証左であり、知らなければ心がないというのなら、人情の有無はもののあはれを知るか知らないかとなるだろう。ならば、この「あはれ」の意味を深めなければどうしようもないだろう、このように質問をしてきたのである。

問い質された宣長は、自分でもわかったつもりでいたが、ふと答えに窮してしまった。簡単に答えられそうもないので、古書や古歌などの使用法を調べてみると、改めて、歌道は「あはれ」の一言に尽くされると確信したのだった。宣長は、和歌と「もののあはれ」との関係を次のように述べている。

さて彼れ是れ古き書ともを考へ見て、なをふかく按ずれば、大方歌道はあはれの一言より外に余義なし、神代より今に至り、末世無窮に及ぶまで、よみ出る所の和歌みな、あはれの一言に帰す、されば此道の極意をたづぬるに、又あはれの一言より外なし、伊勢源氏その外あらゆる

物語までも、又その本意をたづぬれば、あはれの一言にてこれを弊ふべし（全集④－585）

——あれこれと古書について考えて、さらに深く考察すると、だいたい歌道は「あはれ」の一言に尽くされている。神代から現在にいたり、さらに遠い将来まで、詠む和歌はすべて「あはれ」の一言に帰する。だからこの道の極意を探るとやはり「あはれ」に他ならない。伊勢や源氏などのあらゆる物語もまた、その本質を探ると「あはれ」の一言でいいつくすことができるはずだ——。

歌学だけではない。伊勢物語や源氏物語もまた、「あはれ」に注目し考察すべきであると宣長はいう。「あはれ」という概念は神代から存在したと考え、それを日本文化史を貫く発見だと思っていた。こうして『あしわけをぶね』の「実情」論から出発した宣長歌論は、「もののあはれ」論へとむかって漕ぎだすのである。

「もののあはれをしる」とは何か

『石上私淑言』の「もののあはれ」論は、以上見てきた古今和歌集の仮名序に、徹底的にこだわることで立論を進めていくものである。

「やまと歌は、人の心を種として、よろづの言《こと》の葉とぞなれりける。世の中にある人、ことわざ繁きものなれば、心に思ふことを、見るもの聞くものにつけて、言ひ出だせるなり」という冒頭のなかから、まずは「心」に注目すべきだと説く。あらゆる生き物には情があるのであって、物事にふれると必ず感情を揺さぶられる。その結果、歌が生まれてくるのである。なかでも人間は体験が豊富で、心はつねに動く生き物であり、喜怒哀楽の感情を抱えて生きること、これが人間の定義であって、人間はそれを「うた」に詠む生き物なのである。研ぎ澄まされた感性が、物事にふれて言葉を生みだす過程を、宣長は次のように描いている。

しる故にうごくとは。たとへば。うれしかるべき事にあひて。うれしく思ふは。そのうれしかるべき事の心をわきまへしる故にうれしき也。又かなしかるべき事にあひて。かなしく思ふは。そのかなしかるべきことの心をわきまへしる故にかなしき也。されば事にふれてそのうれしくかなしき事の心をわきまへしるを。物のあはれをしるといふ也。その事の心をしらぬときは。うれしき事もなくかなしき事もなければ。心に思ふ事なし。思ふ事なくては。歌はいでこぬ也

（全集②－99・100）

月花のみにあらず。すべて世中にありとある事にふれて。其おもむき心ばへをわきまへしりて。うれしかるべき事はうれしく。おかしかるべき事はおかしく。かなしかるべき事はかなしく。こひしかるべきことはこひしく。それぞれに。情の感《うご》くが物のあはれをしるなり

（全集②－106）

『あしわけをぶね』の「実情」論が、自分の心の動きに注目したうえで、その奔放な感情の吐露を認めなかったことを思いだそう。「実情」論があくまでも個人の内面で生じる感情の動きに関心が

あり、それが歴史の推移においてどう変化し、結果、感情にいつわってでも「ことば（詞）」に技巧を凝らすことを肯定することに拘っていた。

それに対して、ここで宣長が強調するのは、「事の心をわきまへしる」という態度である。喜ぶべき事態ではうれしいと感情が動き、悲しむべき事件に出会えば悲しむ。「事の心」とは、物事の本質くらいの意味であって、私たちを取り囲む自然や、周囲の出来事の本質をつかんで正しく把握するということが、「もののあはれをしる」ことなのである。あまりにも「あはれ」が深い時、とどめようとしてもとどめ難く、心のうちに閉じ込めておけない感情に支配される。これをどうしようもない。その時、私たちは詞にすることで、溢れた思いにかたちを与えようとし始めるのだ。自然と詞を長く引いて、歌うように詠むのである。

とりわけ注目すべきなのが、「しる」という認識論的な言葉であり、宣長は内面の感情の揺れ動きだけを重視していない。あるいは心の激しい揺れ動きが、混沌とした破調をもたらし、それを嘆息する「ああ」という言葉を超えて、自覚的に技巧を凝らすことで、歌の詞が生まれる。それによって、言語化以前の絶対的経験が、喜怒哀楽のうち、いったい何を経験したものだったのかを「しる」、つまり認識するのである。歌の詞は、自己認識を可能とする。「もののあはれ」論は、感情論ではなく、むしろ、周囲の喜怒哀楽や善悪是非などを正しく認識にもたらす作業なのである。

宣長がくり返し「事の心」を強調しているのは、破調を経験し、混乱した心が、歌を詠むことを通じて、無・意味の深淵から脱出できるからである。自分自身の心が、従来の言葉や常識を超えた経験をすると、世界から意味が脱落する。だから歌を詠み、詞によって心にかたちを与えるとは、この無・意味の危機を脱し、常識を回復することなのである。

ここで「正しく」と書いたことから分かるように、宣長は、善悪の基準や根拠を自分の内側ではなく、外側にあると考えている。眼の前の世界は、善悪や好悪などの凹凸や遠近をもった秩序ある世界なのであって、その基準に自分の心がふれて正確に写し取ること、これが正しい感情の動き、すなわち「しる」という認識を導きだす。「もののあはれをしる」ことなのである。

たとえば、先にも引用した相良亨は、この点を正確に指摘していた。相良によれば、当初は詠み手の内面を重視し、何らかの思いを表出することに力点が置かれていた歌が、のちに対象世界そのものに意味があるようになったとし、次のようにまとめている――「事にふれて情がうごく、具体的にいえば、『うれしかるべき事』にふれて『うれしく』思うのである。これは、『うれしかるべき事』の『心』を『わきまへしる』が故に、情がうごきうれしく思うのである（中略）つまり、『物のあはれ』は『事の心』『物の心』なのである」[58]。

ここで「物の心」「事の心」と呼ばれているものが、歴史が蓄積してきた日本人の感情の型であるということに気づかねばならない。古今和歌集にはじまり源氏物語にいたるまで、そこに描かれた自然描写や男女の恋は、近代の自然科学のようなアプローチでは読み解けない。それをどう見るのが適切なのかは古典に蓄積された感情の基準をものさしにして、はじめて「正しく」しることができる。

人が風景を見て、そこに伝統の息づかいや古代日本人の感じ方を発見し、それを「ことば」で発することが歌を詠むことなのであって、対象に蓄積された歴史と伝統への共感こそ、「もののあはれをしる」ことなのである。宣長は決して個人の内面など重視していない。過去の人びとの感性に共鳴すること、時空を超えた人間関係の海にみずからをゆだねてゆれ動く感情を位置づけようとしているのだ。あるいは年輪多き材木から、歴史を彫りだすために、「ことば」はつかわれるのである。

こうして個人の感情は、まずは「ことば」による一定のルールを課され、また同時に世界を構成する善悪や喜怒哀楽の秩序のなかで動く。動く心すべてには「型」があることを強調するとき、宣長は、歌はこの世界のあらゆる価値観や倫理観をしることができるツールであり、人間を丸ごとつかめるという確信がある。「もののあはれをしる」ことは、人間とは何かという問いに答えることに直結しているのである。

だが宣長は、この人間一般の感情を発見しつつ、ルネサンス期の人文学のような、普遍的人間観へと向かうことはなかった。なぜなら人間とその周囲を取り巻く自然や生活常識との交流から生まれる感情が、あくまでも「ことば」によって表現されるからだ。「ことば」が独自の時間と場所の記憶を背負ったものである以上、宣長にとっての「ことば」は日本語でしかありえず、和歌は普遍的人間ではなくあくまで日本人をしるためのものなのである。

そして、その感情の揺れ動きを表現したのが「あはれ」である。この時点で「あはれ」の字には「哀」の字が当てられることが多く、人はこの漢字の意味に引きずられて「あはれ」を、悲しみを表現していると思いがちであった。だがそれでは日本古来の意味を見失ってしまうのであって、古くは「阿波礼」と音にたいする当て字が使われていた。そこから導き出される「あはれ」の意味は、何事であれ深く思いつつ嘆息するということであり、悲しみに限らない広範な感情を含んでいるのである。

日本語の伝統

つづけて宣長は、「うた」が生まれ出てくる瞬間をとらえようとする。古今和歌集の第十九を参考に、紀貫之作「古歌奉りし時の目録のその長歌」を素材にあげる。これは目録とされていることからも分かるように、喜怒哀楽の一覧表のような長歌である。古今和歌集の最後に附された漢文調の真名序によれば、編纂は二度にわたって行われ、第一回目の未完の歌集を『続萬葉集』と呼ぶ。その際に出来上がったのがこの目録に他ならない。

ちはやぶる　神の御代より　くれ竹の　世々にも絶えず
あまびこの　音羽の山の　はるがすみ　おもひみだれて
五月雨の　空もとどろに　さ夜ふけて　やまほととぎす
鳴くごとに　誰も寝覚めて　からにしき　龍田のやまの
もみぢ葉を　見てのみしのぶ　神無月　しぐれしぐれて
冬の夜の　庭もはだれに　降るゆきの　なほ消えかへり
年ごとに　時につけつつ　あはれてふ　ことを言ひつつ
君をのみ　千代にといはふ　世のひとの　おもひ駿河の

富士の嶺の　燃ゆるおもひも　飽かずして　わかるる涙
ふぢ衣　織れるこころも　やちぐさの　ことの葉ごとに……

この部分を引き写している最中、宣長の心には、次のような思いがよぎっていたにちがいない。この長歌が最初の勅撰和歌集に収められている以上、日本人がみずからの「ことば」ではじめて、国土の秩序を定義し、彩り、一覧表にしたものだといってよい。春の象徴は音羽山の霞であり、龍田山の秋の紅葉とその美を競いあわねばならない。冬の訪れを告げるのは、神無月の時雨でなければならないし、長寿の祈りの象徴こそ、噴煙をあげる富士山なのである。

とりわけ、紅葉を錦にたとえているのは、今日では常識に思われるが、実は古今和歌集においてはじめて定着したものである。元来、漢詩では、二月早春の花々を錦と詠むのが習わしであった。しかしわが国では、「月夜には　それとも見えず　梅の花　香をたづねてぞ　知るべかりける」（古今和歌集四〇）と詠われるように、春の花の多くは白色であり、月の光にまぎれると見えないと認識されていて、朱色の錦とは馴染まない。そこでなのだろう、万葉集時代に大津皇子が、秋の紅葉を錦にたとえて詠んで以降、瞬く間に和歌に取り入れられ、古今和歌集ではむしろ多数派となったのである。

宇多上皇が昌泰元年（898）十月に奈良にいらっしゃる際、若草山の南にある手向山神社で菅原道真が詠んだ作品に「このたびは　幣もとりあへず　手向山　もみぢの錦　神のまにまに」がある（古今和歌集四二〇）。新潮日本古典集成は、「このたびの御幸には、幣の用意もして参りませんでした。さいわいにも紅葉が美しい折でございます。神様の御心にかなうといたしましたなら、この紅葉を幣として御受納下さい」と訳しているのだが、日本人にとって秋は御幸をおこなう季節なのであって、紅葉の眼の覚めるような朱や茜が心を浮き立たせる季節なのである。ところが大陸では秋は悲秋なのであって、物事はすべて慎ましく描かれるべきであり、彼我の文化のちがいははっきりしている。

また「燃ゆるおもひ」という一文からは、漢詩文が酒宴を詠むことが多いのにたいし、日本人は酒ではなく恋を詠むことを中心にしたことがわかる。「もみぢ」「にしき」「おもひ」の背景には、太古以来のわが国の常識が澱のように堆積しているのであって、私たちが普通、文化という一言でかたづけている事象には、より深い奥行きがあることを教えてくれるのである。長歌を声にだして詠むことで、太古の草花の色彩や恋の終わりが、鮮明に甦ってくるのである。

だとすれば、日本人の世界観は恋愛の感情を基礎に成り立っているのであって、善悪の色づけもまた、この価値観、すなわち男女の駆け引きに基づいてなされるはずだ。勅撰和歌集は天皇の命によって作成された歌集であり、四季の区分や富士山などの景色は、そのまま日本人自身によるこの世の理解、秩序の象徴なのである。爾来、わが国に宣長の時代にまで継承された公定の価値基準なのであって、歌集はその歴史が織り込まれた絢爛豪奢な着物のようなものなのだ。

古今和歌集を通じたこのような確信に導かれて、宣長は、「事の心をわきまへしる」という主張をしたものと思われる。つまり宣長の周囲には、一千年ちかくもの「ことば」の蓄積が湛えられていたのであり、その歴史がつくりだした基準に沿って、自らの喜怒哀楽の感情を表現することが

「正しい」詠歌だったのだ。

いいかえれば、宣長は一個人の感情や判断よりも、日本語が含んでいる伝統の厚みを信じていたのであって、それに寄り添いさえすれば心の鬱屈を晴らすことができると考えていた。耳に触れる風の音、すだく虫の音を詠むこと、あるいは雪景色の沈黙の世界に佇むことは、「見る物きくものにつけていへば。こよなく深き情もあらはれやすき物也」なのであって、風の音ひとつとっても、過去の日本人の複雑多岐にわたる感情が折りたたまれて「事の心（物事の本質）」を形成している。

和歌はその歴史に参加するための入り口であり、昔日の日本人と同一化することで個人的な「阿波礼」の思いは安堵するわけだ。秩序に身をゆだね個性が解消されることこそ「もののあはれをしる」ことなのである。宣長は少しも個性などというものを信じていない。

音読みと訓読みの発見

歌を詠むことは、歴史の流れのなかに個性をゆだね、解消することであった。では他人との感情の共有は、歌においてどのようになされるのか。

あはれが余りにも深い時、自分で「うた」を詠んだだけでは飽き足らず、他者からの共鳴を求めずにはいられないはずだと宣長はいう。「この故に神代の歌とても。おもふ心のありのままにはよまず。必ことばを文《あや》なして。声おかしくあはれにうたへる物也」。宣長は個人の感情を時間のなかにゆだねようとはしても、他者とのあいだではそうしない。自分と他者とのあいだには越えがたい深淵があり、それに架橋するためには、詞を工夫すること、「詞《ことば》の文《あや》」が必要だと考えているからである。自分の感情の吐露が、そのまま他者に共有されるとは、まったく考えていないのである。こうした古今和歌集によりながら展開される「もののあはれ」論は、多くの先学の知識を参照し、咀嚼することで成り立っている。

恐るべき筆まめであった宣長が、『宝暦二年以後購求謄写書籍』に購入した書籍を書き残していること、さらに京都遊学中の宝暦五年ごろから四十年以上書き続けた抜き書き集『本居宣長随筆』によって、私たちは、『石上私淑言』がどのような経緯で成立してきたのかを詳細にしることができる。今日でいえば、参考文献一覧と読書ノートを宣長は残しておいてくれたのである。

とりわけ影響を受けているのは、京都在住時に師事した堀景山であり、荻生徂徠および徂徠学派の学問である。たとえば「文」を「あや」と読んでことばに独自の技巧と美しさを見出したのは宣長独自の主張であるが、その背後には、荻生徂徠が「辞は言の文なる物なり」といって、「文」を「ぶん」と読み、中国古代の言語の特徴を明らかにしたことが影響している。

また宣長が当初、歌の姿は世代ごとに変遷するものの、その人情は古代も現代も変わりはないと説き、大陸の詩と日本の和歌もおなじだと主張した背景には、徂徠学派の太宰春台の影響があった。事実、『本居宣長随筆』第五巻には春台の著書『独語』から、「異国も我国も古も今も、人情は異る事なきゆへ、詩も歌も心の一にて（中略）唐土と大和と詞のかはるのみにて、性情を吟咏する事は少しも替る事なし」という抜き書きがある（全集⑬-201）。後にふれる、漢字の音読みと訓読みの違いの指摘もまた、荻生徂徠からの影響を受けているのだ。「もののあはれ」論は、古今和歌集を先人の古典学の方法を駆使して読み込む作業のなかから浮上してくるのである。

和辻哲郎と「もののあはれ」

ところで、近代に入って古今和歌集と「もののあはれ」論両者に注目した思想家がいた。先に触れた和辻哲郎である。和辻は宣長を否定的に評価するのだが、両者の「もののあはれ」論を比較することで、宣長の特徴をさらにはっきりさせてみたい。

正岡子規が「歌よみに与ふる書」第二回で、古今和歌集を全面否定してから二十四年後の大正十一年（1922）、和辻は論文を発表する。「『万葉集』の歌と『古今集』の歌との相違について」と、「『もののあはれ』について」がそれである。今日、和辻といえば『古寺巡礼』の著者であり、古都を逍遥する巡礼ブームの生みの親としての方が有名かもしれない。

だが本居宣長を論じる私にとって、和辻の二本の論文は『古寺巡礼』を凌駕するほどの衝撃的なものだった。いや、私にとってだけではない。和辻の古今和歌集にたいする評価と、「もののあはれ」の独自の解釈は、その後の宣長イメージに、決定的な影響をあたえたのであった。まずは論文の内容をみることから、はじめるのがよいだろう。

和辻は、古今和歌集の冒頭の歌「年のうちに　春は来にけり　一とせを　去年とやいはむ　今年とやいはむ」（正月が来る前に、もう春が来てしまった。過ぎ去った一年を去年といおうか、それとも今年といおうか）を取りあげる。もし万葉集の歌人であれば、春の自然をそのままに詠い、感情を奔放に発露しただろう。しかし、ここでは、「春」が直感的な自然の姿として描かれていない。暦と実際の季節の移ろいの相違への驚異すら描かれていない。この歌は単なる暦と自然のズレを確認しているにすぎず、いっけん、凡庸で形式主義的な歌だというのである。

だがその裏では、歌人の心は、より複雑な関係を自然とのあいだに結んでいる。春を詠んでいるはずの作品が、その奥に「人生」を詠嘆する作品になっているのだ。直感ではなく時間の移ろいと内省こそ、古今和歌集の特徴である。

もう一つ、和辻が取りあげた歌をみてみよう。歌に添えられた詞書を訳すると次のようになる――平安時代、貴賤を問わず信仰を集めた長谷寺に、紀貫之は訪問するたびに一夜を乞う女性宅があった。その後、疎遠になってしまい、久しぶりに訪れると、女性は「私の気持ちは変わらないのに、あなたはつれない」と恨み言をいってきた。そこで梅の花を折って、次のような歌を詠んだのだった――「人はいさ　心もしらず　ふるさとは　花ぞむかしの　香ににほひける」（そうはおっしゃるが、さあ本当のところはどうだろう。人の心などわからないものです。でも、この家の梅は私を疎んじないで昔どおり、美しく薫りつづけてくれているのです）。

この時、貫之と女のあいだには、心のすれ違いが生じている。貫之は人の心の変化を際立たせるために、梅の香りが不変であること、時間の移ろいにもかかわらず、変わらないものがあることを指摘している。貫之の関心は、恋の複雑さにくわえ、過去から現在へ流れる時間に注がれているのである。万葉集の歌人が目の前にある風景にだけ集中し、感動を重ねていくのに、古今和歌集は自然に時間の移ろいを感じ取り、心の揺れ動きを詠み込むのだ。今の瞬間だけを生きることの断念、これが古今和歌集の特徴を生みだしているのである。

和辻によれば、その特徴は、恋の歌において際立つ。恋を今、この瞬間の感動の告白として歌うことを古今和歌集の時代は許さない。むしろ恋の「過程」、つまりは時間の推移へと関心を集中させていくのである。その典型として和辻は、巻第十三、恋歌三に収められた在原業平の作品を挙げている。先ほどの貫之の歌同様に、詞書が添えられている。

仁明天皇の皇后が住む辺りに、関係をもった女がいて通い続けていた。内密に通わねばならない場所だったから、崩れた土塀から入っていくようにしていた。だが回数を重ねると、さすがに主人である皇后の耳にはいるようになり、見張りをつけられてしまった。行ってはみたものの、逢うことができず、帰宅後、歌を詠んで贈るしかなかった――「人しれぬ　わが通ひ路の　関守は　よひよひごとに　うちも寝ななむ」（人には知られたくない秘密の通い路の見張り番よ、宵になるごとにぐっすりと眠っていてほしい）。

いずれも、歌の前に詞書が添えられていることに注目してほしい。もはや三十一文字だけでは思いを表現しきれないのだ。貫之や業平ら古今和歌集の歌人たちは、掛詞や縁語を駆使して一文のなかに複数の意味を盛り込み、その前に解説文を附すことで、人生の複雑な機微を描こうとした。またこうした人生観を抱く者たちは、時間の移ろいを読み込むことによって、恋の無常を表現しようとした。こうして、「昔男ありけり」という過去形ではじまる物語文学の誕生を、古今和歌集は準備したのである。

和辻哲郎

ところが、以上の古今和歌集にたいする和辻の評価は、きわめて厳しいものだった。後の物語文学を準備したことは評価できるが、それ以上の何物でもないと和辻はいう。その理由を明確に語るのが、もう一つの論文「『もののあはれ』について」なのである。

永遠の根源への思慕

和辻にとって、宣長が源氏物語から「もののあはれ」を発見し、文芸に独自の価値を発見したのは卓見と評価できるものであった。源氏物語には、人が心動かされるべきあらゆる事例が書き連ねられており、物語に読者は自分の経験を重ねていく。「もののあはれをしる」ことによって、人びとは最終的につらい思いを慰め、心の晴れる思いをするのである。だとすれば、いったいどのような力が「もののあはれ」には備わっているのか。

和辻は「もののあはれ」という言葉を、「もの」と「あはれ」に腑分けし、力の根源へと迫ろうとした。宣長自身は「もの」を「ひろく言ふ時に添ふる語」だと説明し、何かをいうときに添える二次的な言葉にすぎないという。だが和辻は、「もの」という日本語は、より重要な役割を担うと考える。たとえば、「物いう」「物見」「美しきもの」「悲しきもの」などの用法を思い浮かべると、物体であれ心の状態であれ、具体化され、実態のある「もの」である。つまり美しいという限定を受ける手前で、この世のあらゆる理性や意志、物体や感情の喜怒哀楽のすべての根源としての「もの」という状態がある。根源的な「もの」が、美しい、悲しい、などの限定を受ける。感情の陰影から物体の色味にいたるまで具体化され、私たちの眼の前にありありと現れる。和辻の考える「もの」は、宣長のいうように単なる添え文字ではあり得ない。
和辻にとって「もののあはれ」とは、限定を受ける以前の「もの」の根源が、個々の「もの」に発現しつつ、再び本来の根源的な「もの」へと回帰する休みなき運動であり、この動きが感情の複雑なゆれ動きを生みだすのだ。
私たちは絶対に到達不可能な根源、世界全体を秩序づけている根源に憧れる。それが「もの」だ。和辻の「もののあはれ」の定義は、次の一文に端的に描かれている。

「もののあはれ」とは畢竟この永遠の根源への思慕でなくてはならぬ。歓びも悲しみも、すべての感情は、この思慕を内に含む事によって、初めてそれ自身になる（中略）すべての「詠嘆」を根拠づけるものは、この思慕である。あらゆる歓楽は永遠を思う。あらゆる愛は永遠を慕う。かるがゆえに愛は悲である。(59)

後半に注意して読むべきだろう。和辻は「もののあはれ」は詠嘆であるという。私たちの喜怒哀楽とは何か。それは永久不変を希求することだ。子供と遊ぶ楽しい時間を、私たちはかけがえのない時間だと思う。永遠にこの瞬間がつづけばよいと思う。だが人間の行為には、必ず終わりがある。「バイバイ」といって別れねばならない時がくる。だから歓楽にも、愛にすら悲哀の影が差しているのだ。永遠を想い、しかしそれが絶対にかなわないこと、この事実を感得した際に溢れでる嘆息を、和辻は「もののあはれ」だといっているのである。

和辻の以上の解釈を、私なりにいいなおせば、次のようになるだろう。
私たちの眼の前には、喜怒哀楽の感情から具体的な政治制度、経済システム、野菜や果物、芸術や文学作品にいたるまで、色彩や遠近をもった秩序が広がっている。私たちはそれらを何か確実な「もの」とみなし、明日もまた眼の前にあるのが当然だと思って生きている。つまり永遠に存在すると勘違いしている。

しかし実際のところ、秩序というものは一瞬のうちに瓦解するのではないだろうか。たとえば、美しい山々があり、その手前に駅があって毎日高校に通学する。こうした「日常」が一瞬にして地震や津波で失われるように、世界の秩序とはつかの間の「もの」にすぎないのではないか。私たちが生きている世界の実際が、崩壊の危機を宿したつかの間の「もの」にすぎないと気づくこと、永遠が不可能だとしりつつ、いつまでもつづくことを願い思慕すること、この痛切な思いが「もの」の「あはれをしる」ことなのではなかろうか。そして男女関係ほどはかなく、それゆえに永遠不変を願う「もの」はないのであって、和歌の中心的主題でありつづけたのではなかったか。

和辻哲郎の「もののあはれ」論は、宣長にたいする評価を決定づけてきた。和辻は古今和歌集を評価しない一方で、「もののあはれ」を日本人の全精神史の骨格に位置づけ、宣長の定義すら超える、さまざまな役割を賦与した。和辻によれば、宣長が描く「もののあはれ」は、平安時代に特有のあはれを定義したにすぎない。「もののあはれ」の意味はさらに広い。永遠の「もの」への思慕は、「女々しくはかなき」という宣長の定義だけとは限らない。和辻の定義によれば、万葉集における明朗で快活な愛情の叫び、あるいは悲哀の叫びも、「もののあはれ」の一側面だし、殺りくに

明け暮れた武士たちの心の苦闘、禅宗の影響下にうまれた「寂び」の文化もまた「もののあはれ」なのである。(60)

「于多」について

宣長に戻ろう。宣長の「もののあはれ」論は、和辻がいうように平安文学に特有の感情の強調なのだろうか。万葉集や武士道などの、日本人の精神史を探求した和辻にとって、宣長は平安時代の女流文学とそこで展開された女性的で不健康な精神の象徴にすぎなかった。「もののあはれ」論を平安文学に閉じ込めたと批判するのである。

一方、宣長は和辻とはまったく異なる手法で、「もののあはれ」の根源を突き止めようとした。和辻が「もの」にこだわったのにたいし、「うた」という言葉の語源を遡ることで、「もののあはれ」の本質に迫ろうとした。「もののあはれ」を歌論から導き出す宣長は、あくまでも、徹底して和歌にこだわるのである。

具体例で見てみよう。ここでもまた、意識されているのは漢詩との比較である。たとえば日野龍夫の宣長研究によれば、後漢の劉熙《りゅうき》による全八巻の辞典『釈名《しゃくみょう》』には、「人声曰歌。歌柯也。以声吟咏、有上下、如草木有柯葉也」という項目がある。ここで劉熙は、「歌」の語源は「柯」にあるという。柯とは木の枝のことであり、歌うときに声が高音や低音になるのは、草木の枝が風になびき上下する様子に似ている。だから歌（カ）は柯（カ）を語源の由来とするのである。この劉熙の「西側」の解釈は大きな影響をもつものだった。藤原定家の『詠歌大概』に注釈をほどこした細川幽斎『詠歌大概抄』や、契沖の『古今余材抄』においてすら、肯定的にこの定義が引用され、日本の歌学史はこの解釈の影響下におびただしい議論を展開してきたのである(61)。

しかし宣長は、この解釈を全面的に否定する。今日、私たちは「歌」の字を音読みで「カ」と言い、訓読みで「うた」と読む。だが当然のことながら、日本語には古来、「歌」という文字はなかった。日本語には「于多」と当て字された「うた」があるだけであり、古今和歌集の序に「加羅能于多」とあることからも分かるように、大陸で日本の「うた」に相当するのは「からのうた」すなわち「詩」なのである。したがって本来、「うた」の意味上の重なりからいえば、「詩」の字を訓読みで「うた」とルビすべきであろう。それが「歌」になったのは、『尚書』などに詩を長くうたうことを歌と定義したことによるのである。

私たちは今でも、「うた」について考える際、「歌」という漢字の発想と解釈でイメージを膨らませていく。しかし「歌」から出発しているかぎり、いくら解釈に解釈を積み重ねても正解にたどり着くことはできない。その帰結は相対主義の泥沼である。人の数だけ歌の定義が氾濫してしまうからである。「于多といふが主にて。歌の字は僕従也。すべてよろづみな此意にて。言を主とし。文字を僕従として見るべき事也」(全集②－114)と書いている時、宣長が警戒しているのは、和歌の解釈をつうじて、次第に人びとが敵対的な関係に陥ることである。

「柯」が生みだすイメージは、他者の解釈と衝突する。解釈は各人で異なる以上、根本的な解決はあり得ない。唯一の解決方法として宣長が目指したのが、語源的に遡り、日本語本来の意味を確定させる作業であった。

だとしたら、宣長の「もののあはれ」論が、和辻のいう平安時代に限定された不健康な精神などとは、無縁なのは当然ではないか。宣長が目指していたのは、太古に日本人が用いていた言葉の正確な復元なのであって、それが男女の関係性、すなわち「色好み」に関わるものだったのだ。実は和辻も宣長も、「もののあはれ」を男女関係から読み解こうとしている点では共通しているのである。

「詠」の読み方

さらに宣長は、「もののあはれ」を解明するために、「詠」という文字にも注目している。ふつう詠は「詠ずる」あるいは「詠む」というふうに使われる。だが、これらの読み方もまた、大陸の古典『尚書』『説文』に影響されたものに他ならない。日本語では作歌することを「奈我牟流」「于多布」といってきた以上、「詠」は「ながむる」あるいは「うたふ」と訓読みされなくてはならない。私たちの眼の前にある「詠」の背後には、かつて存在した日本語の音《おと》があり、漢字とは異なる世界観と価値観が隠されているというわけだ。

漢字にはそれを作為した大陸の文化が宿っているが、日本語は表意ではなく表音に注意しないと本質がわからない。音の先に、古代日本人の生活の表情が隠されている。それを明るみに出す作業こそが、伝統につらなる国学者の所作なのである。

宣長は、荻生徂徠の『弁道』を恐らくは意識しつつ、周の時代以降、大陸の人心に決定的な変化が生じたと考えている。徂徠が理想とした政治、すなわち堯舜《ぎょうしゅん》ら聖人たちによる「先王の道」は、周代の中頃、具体的には孟子の登場によって衰微した。この歴史観をふまえて宣長は、周代以降、大陸の人心は議論と理屈を尊んで、何かにつけて他者の善悪をうるさく議論するようになったと指摘する。それは日本の「于多」と似ていた詩の言葉の表情にも変化をもたらし、人情の機微が詠み込まれなくなった。堅苦しい作品に堕してしまったのだ。
対照的に、日本の「于多」は次のような特徴を保持することになる。私たちは宣長が「于多」のあり方を論じながら、日本人論へと議論を拡張していく瞬間を目撃していることになる。

さて于多も世のうつるにしたがひて。上れる代のさまとはこよなくかはり来つれど。わが御国の人心は。人の国のやうにさかしだちたることなく。おほとかにやはらびたるならはしなれば。今の世まで。よみ出る歌もをのづからその心ばへにて。詩のやうにさかしだちたるすぢはさらにまじらず。ただ物はかなくあはれになつかしき事のみなるを（中略）いふ事の心ばへは神代も今もただ同じことぞかし
（全集②―149・150）

――さて「于多」も世の中の移り変わりにしたがい、上代の様子からはとても変化した。でもわが国の人心は、西側の国のように合理的にはならず、おおらかで、やわらかい流儀だから、現在でも詠む歌は自然とそういう心情である。大陸の詩のように賢ぶった様子は全くない。ただはかなく、あわれに親しいものだけである（中略）いいたいことは神代も現代もおなじことである。
「物はかなくあはれに」という部分に、「もののあはれ」論の反映を見て取ることができるだろう。

詠歌の本質を論じた「もののあはれ」論は、人間同士が他者の善悪を評価しあい、無限の対立を生みだすイデオロギー闘争、相対主義の極北とは異なる生き方として描かれる。それは「やはらびたる」「あはれになつかしき」営みなのであって、私は仮に、それを「女性的なもの」と名づけておいたのである（第四章参照）。

歌学者宣長は、これ以降、さらに議論をすすめて、「やまと」になぜ「日本」という漢字を当てるのか、「歌の道」というときの「みち」とは古来、何を意味するのかを問いつめてゆく。つねに「西側」の文化を意識し、比較しながら立論されていく以上、必然的に日本とは何か、日本人の価値観の特質とは何かという問いの前に、宣長は立たされる。こうして『石上私淑言』は、歌論から日本人論へと展開していくことになる（第八章参照）。

しかし「日本」という問題に入る前に、もう少し「もののあはれ」論にこだわっておかねばならない。宣長が源氏物語を読み込むことで、「もののあはれ」論を展開した『紫文要領』の解読がまだだからである。以下では、千年にわたる源氏物語に入門することからはじめよう。めくるめく恋のかけ引きが織りなす世界に溺れてみたいのである。

第六章　源氏物語をめぐる解釈史——中世から近現代まで

源氏物語という文化遺産

源氏物語は、多彩にして豊饒である。

後世への影響を考えると、もし源氏物語がなかったとしたら、日本文学史の魅力は半減し、かなりのダメージを受けるだろう。源氏物語絵巻、能の謡曲の数々、谷崎潤一郎の現代語訳……岩肌を流れくだった源流が、伏流水にしばし姿をくらまし、突如、河床の小石のあいだから滾々《こんこん》と湧きだすように、源氏物語はかたちを変えて千年以上ものあいだ日本文化を彩りつづけている。

たとえば、天正二年（1574）三月、織田信長は越後の政敵・上杉謙信にたいし、狩野永徳の筆になる源氏物語図屛風一双を贈っている。このとき同時に贈られた洛中洛外図屛風については、その政治的意図はあきらかであり、信長は自分こそが上洛し天下の覇者となるべき存在であるという威嚇と自負を込めている。永徳の筆が、まばゆいばかりの光に満たされた都を描くうちに、信長の欲望は歓喜に充たされたにちがいない。

源氏物語図屛風もまた、この野望と深いつながりをもっている。都へのあこがれとは中央の宮廷文化、すなわち天皇と公家への憧憬にほかならない。戦国大名たちは貪るように公家の美術・工芸品を追い求め、男女の駆け引きを描いた源氏物語絵を贈りあった。武力と文化とは、一般に思われているほど隔絶された世界ではないのであって、むしろ血をむさぼるような日常を生きる者ほど、激しく芸術に耽溺するものである。

その姿を、私たちはすでに細川幽斎という具体例で見た。幽斎がみずからの文才を古今伝授で発揮したことを思い出していただきたい。幽斎はあくまでも政治的価値、男性的な原理が支配する価値観のなかに、古今和歌集を位置づけようとしたのだった。信長にとっての源氏物語もまた、おなじ運命をたどる。男性的なものが支配する政治の世界と、女性的なものの象徴である源氏物語のあいだに、はっきりとした境界線を引いていたのである。

ためしに安土城天守閣の襖絵を見てみよう。信長は、謙信に源氏物語図屛風を贈答したにもかかわらず、この政治的象徴の建物において、最上階には中国古代の伝説上の帝王や儒教の聖人を描き、その階下には仏教の図像を、さらに接客等につかわれる私的空間には花鳥画をふんだんに配した。源氏物語はもとより、およそ日本的要素は排され、儒教と仏教という「西側」の原理が、周囲を彩っていたのである。

ところが、菱川師宣（1618?－1694）にはじまり、宣長と同時代の鈴木春信らの浮世絵師の時代になると、様相は一変する。源氏物語から男女間のエピソードを次々に取りだし、旧来の源氏物語絵の構図を大胆にぬけだして、下ぶくれの顔つきの女性やしなやかな体軀を描いた。浮世絵は、妖艶なポルノグラフィーとして、爆発的な人気を博したのである。また政治闘争に敗れ、須磨に流された光源氏を描く有名な場面も、浮世絵師の手にかかれば、煙管を吸ってしんなりと横たわり、遊郭で寛ぐ光源氏になってしまう。男女の恋をめぐる駆け引きは、ふしだらでエロチックな肉感性で人びとを楽しませることで、居場所をあたえられる。江戸社会の非公式な場所で存在を許されていたのである（以上、仲町啓子「近世の源氏物語絵」）。これを女性的なもののもう一つの側面であるといえるかもしれない。

こうして源氏物語は、時代とともに多彩な文化を産みだす母体となった。そうした空気のうちで、最も硬派な源氏物語解釈史の系譜に本居宣長は連なっている。

そして「もののあはれ」論というかたちで、日本文化史に最大の衝撃をのこした。

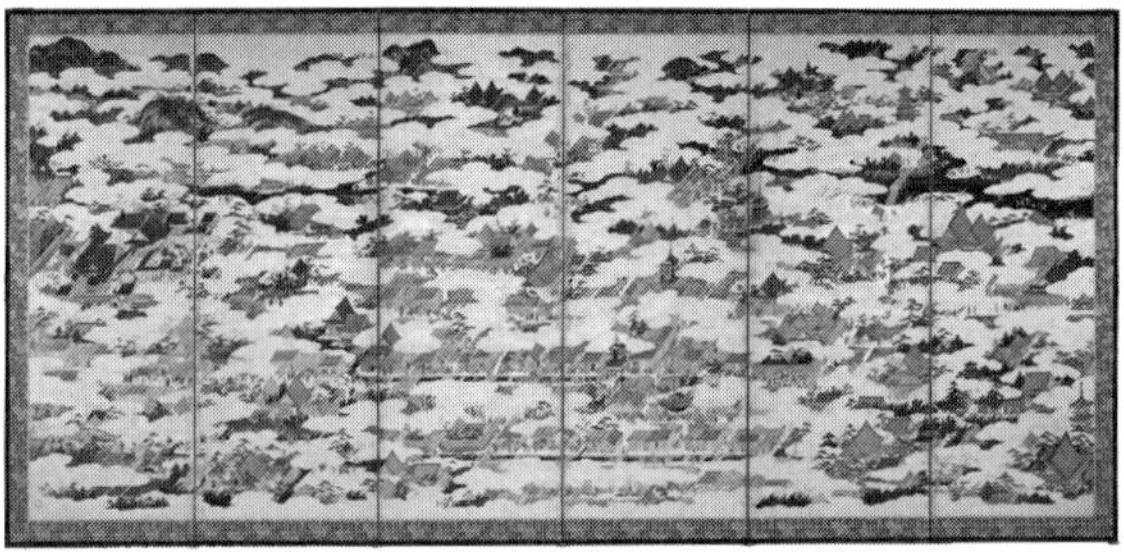

紙本金地著色洛中洛外図　米沢市上杉博物館所蔵

『石上私淑言』と『紫文要領』

宣長が三十四歳のとき、歌論『石上私淑言』とほぼ同時期に書かれた源氏物語の研究書が『紫文要領』である。

若き日の宣長は、詠歌と和歌研究の傍ら、源氏物語研究も同時にはじめていた。延享四年（1747）、十八歳の宣長は作歌のためのノート『和歌の浦』をつけることから和歌の世界に足を踏み入れた。表向きは伊勢商人の跡取りとして紙商・今井田家の養子として修業に励んでいたが、和歌の道に向かう心を抑えられなかったのである。

さらに宣長は二十歳か二十一歳のときに『源氏物語覚書』を書いている。そのころすでに宣長の関心は、源氏物語に向かっていた。

宣長の源氏物語へのあこがれが、覚書程度のものから、本格的な研究へと形を取り始めるのは、京都遊学中のことであった。上京直後の宝暦二年十月に、宣長は源氏全五十四帖のうち、第二巻にあたる帚木《ははきぎ》巻に注釈をほどこした『帚木抄』を書写している。京都遊学をおえて町医を開業したころ、後の「もののあはれ」論に先駆するかたちで『安波禮辨・紫文訳解』を起稿する。「あはれ」の語義を古事記と日本書紀の用例に探る実証的研究のスタイルを確立しつつあった。また源氏物語の講釈も仲間とともに開始しており、こうした一連の準備運動を経て、『紫文要領』は書かれたのである。

ここで宣長が、歌論と源氏研究を同時並行でおこなっていることに注意を促したい。実は和歌の世界と源氏物語は、日本文化史上で、はじめから密接だったわけではない。両者が結びつくきっかけの一つは、藤原俊成(1114-1204)が意図したものである。鎌倉初期に活躍し、『千載和歌集』の撰者でもあった俊成は、「日本古典」をつくりあげた人物である。古典が「われわれ日本人の古典」として確立した歴史を、以下、簡単に追いかけておく。

たとえば、俊成の自讃歌のひとつに、「夕されば　野べの秋風　身にしみて　うづらなくなりふか草の里」という作品がある。これについて俊成は、『伊勢物語』に深草の里の女が鶉となるという歌があり、それを踏まえて詠んだものだといった。今日「物語取り」「本歌取り」と呼ばれる、先人の歌の一部を取り入れる作歌技法を確立したのが俊成だったのである。参照先の『伊勢物語』

は、後世の歌人たちが詠歌する際の源泉、つまり古典になったのである。俊成は、古典をわが手中に収めることによって、自身の家柄である御子左家の権威を上昇させ、勢力伸長にも成功したのだ。(62)

俊成は、この手法を源氏物語にもつかった。和歌や漢詩にすぐれ、とりわけ「後京極流」とよばれる独特の書風でしられた九条良経(1169-1206)が主催した『六百番歌合』の席で源氏物語に言及したのである。

「枯野」の題詠で良経と藤原隆信が競い合ったこの歌合で、俊成が判詞をくだすことになった。満を持して良経が、「見しあきを　なにになこさむ　くさのはら　ひとへにかはる　野辺の景色に」と詠みあげると、にわかに藤原隆信の側から批判がなされた。その批判の矛先は歌意ではなく、「くさのはら」という言葉がつかわれた前例がない、というものだった。

この批判をうけて、判者・俊成が厳かに答える――「それは大問題である、紫式部は歌人であるよりも散文を書く方が素晴らしく、さらに源氏物語の花宴巻はとりわけ華やかな世界である。それにしても、源氏物語も読んだことがない歌人はダメであるなあ」と。ここで俊成は、良経が源氏物語の花宴巻にある歌を念頭に、その歌からの本歌取りをしたことを指摘し、それも知らないのかと隆信側を叱責した。つまり源氏物語を、和歌を詠む際の古典に祀りあげ、そのうえで判者であるみずからの教養をひけらかしたのである。

このようにして俊成は、和歌と源氏物語に深い関係をあたえることに成功したのである。この系譜のなかに、宣長の『石上私淑言』と『紫文要領』がある。和歌と源氏研究が宣長のなかで融合した結果、「もののあはれ」論が生みだされたからだ。そして「もののあはれ」論は、『紫文要領』で全面展開される。まずはこの著で精密に分析される源氏物語と作者・紫式部について概略を記しておきたい。

『紫式部日記』にみる闇

作者の紫式部は、藤原為時と藤原為信の娘との間に生まれた。そもそも父方を遡ると、淳和天皇時代に左大臣であった藤原冬嗣の系譜に属し、名門の出自といってよい。だがその後、良房・基経・道長へとつづく主流派にたいし、為時の系譜は傍流の地位に甘んじており、為時自身も十年余りの無官の時期があった。その後も越前守といった受領に任じられたが、受領とはいわゆる地方官のことで、財力は豊かだが出世コースから外れていた。

ただ政界から排除された為時には、文才の血が流れていた。祖父・兼輔は賀茂川近くに邸宅を構え、古今和歌集成立以後の歌壇の中心的存在だった人物である。その自宅の場所にちなんで堤中納言と呼ばれ、紀貫之や伊勢ら多くの歌人たちと一大サロンを形成してゆく。紫式部が活躍する百年ほど前、醍醐天皇の御代のころであり、源氏物語冒頭はこの時代からはじまる。

和歌の世界は、政治的敗者の一族に居場所を提供し、雅正・清正・為時・為頼らの親族はすべて勅撰集に歌を採録される栄誉を受けている。式部がみずからの血のなかに、和歌の伝統が流れていると意識したのはまちがいない。実際、源氏物語のなかには随所に、曾祖父や祖父の作品の一部が引用されているからである。(63)

為時が息子の惟規に漢籍を手ほどきする傍らで、それを先んじて会得してしまう程の才能を、式部はもっていた。その後、式部は、藤原宣孝からの求婚を受け入れ、一女をもうける。親子ほども年の離れた夫は、家柄や学問、官僚としてもまずまずの出世を遂げた人物だったが、破天荒な性格は式部とは対照的だった。貴人でも質素な身なりで参詣すべき御嶽詣の際、夫はそれを面白くなく思い、世間体を気にせず、濃い紫の指貫に純白の狩衣、ひどく派手な山吹色の衣に身を包んで御参りした。この事実を、紫式部のライバルとされる清少納言は、『枕草子』に冷ややかな筆致で書き留めている。

だが、ほどなく九州からはじまった疫病の流行は、冬には都を襲い、多くの死者が道端に転がるような惨状をもたらした。年が明けても流行り病の終わりは見えず、結局、夫の疫病死によって、式部の結婚生活は三年足らずで終わりを告げるのである。

それ以降の式部は、思うようにいかないことばかりで、嘆くことが多かった。ようやく落ち着きを取り戻したかと思えば、ふたたび激したりする情緒不安定な日々が続いた。そうした自分を思い、「数ならぬ　心に身をば　まかせねど　身にしたがふは　心なりけり」と詠んだこともあった。

実はそれ以前、式部は物心つくかつかぬかのうちに生母を失っていた。母と夫との死別は、式部の家族生活自体へのイメージを複雑なものにしたにちがいない。母の温もりを知らぬまま、漢籍の知識を子供に授けようとする父とともに過ごす生活は、私的な部分が空洞なまま、公的世界への参加を強いられるものであっただろう。

しかし当時、女性が公的世界で自己主張できる可能性は皆無であった。本来なら夫の出世に自身の可能性を託するはずだったが、夫は家庭生活のリズムを刻む前にこの世を去った。公的私的いずれの可能性も絶たれた以上、式部はさらなる孤独に転落したことだろう。母に象徴される家族も、夫に象徴される公的立場も喪失した彼女が、自身のうちを流れる文人の血に反応したのは、当然のことだったと思われる。

事実、『紫式部日記』には、この時期、さみしく物思いに耽りながら、花の色や鳥の鳴き声、春秋に変化する空の様子、月光や霜雪など、季節の推移を思う心が刻まれており、いったいこの先、自分はどうなってしまうのだろうかという不安が吐露されている。いっぽうで、他愛のない作り物語について語り合う気さくな友人とは、手紙を交換し、ああでもない、こうでもないと慰め合っていた。この世に生きている価値があるかどうかわからないまま、なんとか辛さを紛らわす日々——。

こうした式部自身の体験が、母・桐壺更衣との死別からはじまる光源氏の物語を書かせたのかもしれない。物語はまたたくまに宮中で噂となり、式部は一条天皇の中宮・彰子のもとへ出仕することとなった。彰子は藤原道長の長女であり権勢をほしいままにしており、その雅びは絢爛として絶頂を極めていた。彰子の周囲は夥しい数の美術品や書籍、調度に彩られていたが、式部の文才もまたその一つとして設えられた。

彰子懐妊の記述からはじまる『紫式部日記』は、しかし後半になるにつれ紫式部自身の不遇に筆が割かれ、陰鬱さを増していく。

たとえば、一条天皇が源氏物語を人に読み聞かせながら、「この人は日本書紀をふくむ六国史などを読んでいるにちがいない。本当に漢学の知識が豊富だ」とおっしゃったところ、嫉妬した女房から「日本紀の御局」とあだ名をつけられることになったというくだりがある。自らの才能が、自身を栄華に近づけるいっぽうで、その心を傷つける。しかしその才能を隠しておくことは、もはや不可能なのである。

本居宣長が登場する以前、源氏物語の最も優れた解釈書の一つが、四辻善成（1326－1402）の『河海抄《かかいしょう》』であった。この書には、式部が源氏物語を起筆することになった経緯が、次のように推定されている。すなわち左大臣・源高明が太宰府に左遷された際、親しかった式部はふかい嘆きの日々を送っていた。そんなおり、大斎院選子内親王から藤原彰子にたいし、珍しい草子があるだろうかと問い合わせがあった。宇津保物語や竹取物語は読み飽きていたこともあり、新しい物語をつくるよう式部に命が下ったのである。そこで式部は、滋賀の大津にある石山寺に参籠して、よい物語が書けるように祈っていると、ちょうど八月十五夜の月が琵琶湖の湖面に映り、心がみるみる澄み渡ってきた。その勢いのまま、物語の構想が頭に浮かんできたので、忘れないうちにと、仏前にあった大般若経の料紙を御本尊さま、お借りしますとお願いして、まず須磨・明石の両巻を書きとどめたのであった。ここから須磨巻には「こよひは十五夜なりけりとおぼしいでて」と書かれているといわれている――。

順徳天皇の曾孫であり、勅撰歌人でもあった四辻が、十四世紀に提起したこの仮説が史実かどうかは問わない。ただ月光に筆欲をそそのかされた紫式部が、その後に遺したものの大きさは、本人の想像を超えていただろう。

百年以上もあとの大和絵師・土佐光信（1434?－1525?）作「石山寺縁起絵巻」には、朱塗の山門のむこうに深い色を湛えて横たわる琵琶湖に、金色の月が映しだされ、憑かれたような表情でそれを見つめる式部の姿が描かれている。四辻と土佐派、そして石山寺と琵琶湖が反響し、日本文化を豊饒なものにしたのだ[64]。そのような伝統の連なりのうえに、今日まで連綿とつづく源氏物語という文化のかたちがある。

桐壺巻にみる権力瓦解の予兆

周知のように、その冒頭は桐壺巻と呼ばれ、主人公・光源氏の誕生から元服までが描かれる。それは次のように、不安とともにはじまる（以下、本文は新潮日本古典集成版による。現代語訳は集成版を参照しつつ先崎が適宜補っている）。

いづれの御時にか、女御、更衣あまたさぶらひたまひけるなかに、いとやむごとなき際にはあらぬが、すぐれて時めきたまふありけり。はじめより我はと思ひ上がりたまへる御かたがた、めざましきものにおとしめ嫉みたまふ（中略）人のそしりをもえ憚らせたまはず、世のためしにもなりぬべき御もてなしなり。上達部、上人なども、あいなく目を側めつつ、いとまばゆき人の御おぼえなり。唐土にも、かかる事の起りにこそ、世も乱れ、あしかりけれと、やうやう天の下にもあぢきなう、人のもてなやみぐさになりて、楊貴妃の例も引き出でつべくなりゆくに、いとはしたなきこと多かれど、かたじけなき御心ばへのたぐひなきを頼みにてまじらひたまふ。（一―11・12）

――どの天皇の御代だっただろうか、大臣以上の家の姫で、天皇の妃でもある女御や、それより格下の家柄から選ばれた更衣のなかで、大した身分ではないが帝の寵愛を一身に受けた更衣があった。周囲からの嫉妬がすさまじく、女性は病気がちであったけれども、帝は他人の批判など気にする余裕もない程に恋に夢中で、世間は噂でもちきりになりそうな気配である。大陸でも、こういう女性問題がもとで政治が乱れ困惑したではないかと、しだいに世間でも白けて悩みの種となった。楊貴妃の例まで引照されるので、更衣はいたたまれないことも多かったが、帝の比類ない愛情だけを頼りに宮中生活を営んでいるのだった。

桐壺更衣と呼ばれた、この身分低い女性に桐壺帝が過剰な愛の告白をすることから物語ははじまる。桐壺帝には、皇太子時代に入内した弘徽殿女御がいて、彼女との間に第一皇子をもうけていた。弘徽殿女御は、右大臣家の人間であり、第一皇子を速やかに即位させ、外戚としての勢力を伸ばすことをつよく望んでいた（第一皇子は後に朱雀帝として即位する）。すなわち摂関政治である。

その右大臣家の勢力伸長を抑え、天皇親政を目指したのが桐壺帝であった。では、桐壺帝とは実在するどの天皇がモデルなのか。古来、物語冒頭の「いづれの御時にか」という一文をめぐり、おびただしい数の論証と解釈史が積み上げられてきたが、日向一雅の『源氏物語の世界』によれば、桐壺帝は、醍醐天皇に準拠しつつ宇多天皇の史実も加味しているという。

桐壺更衣の父は、按察大納言が史実上では合致する。父・大納言は史実でも物語中でも、この時点ですでに死去しており、当時の権力状況からすれば、桐壺更衣は後ろ盾を失った女性にすぎなかった。身分低い女性という扱いとなり、身分違いの恋愛は、宮廷の権力関係に歪をもたらさずにはおかない。源氏物語とは、権力瓦解の予兆、破調と不安からはじまる物語なのである。

楊貴妃とエロス的関係

桐壺更衣は、世に前例のない美しい男の子を産み落とした後、心労が重なり世を去る。紫式部自身がそうであるように、光源氏もまた母の喪失から人生をはじめねばならなかった。母の面影を追いかけつづける宿命が、この物語を駆動してゆく。

桐壺帝は悲嘆にくれつつも、更衣の面影を宿す藤壺を入内させ、慰めを得ようとする。藤壺は先帝の内親王、すなわち天皇の四番目の娘であることから、弘徽殿の右大臣家を牽制するための政略が背景にあったといわれる。桐壺帝は、亡き桐壺更衣に代わって、今度は光源氏にすべての期待を注ぎ込み、右大臣家を出し抜いて、政権の座を譲り渡したい願望に駆られている。

だが、朝鮮半島北部の国・渤海からの使節団のなかに、高度な人相術を駆使する人物がいたので、桐壺帝はひそかに光源氏を宿舎である鴻臚館《こうろかん》に遣わした。人相見は驚き、何度も首をひねっていぶかりながら、「国父となって、天皇の地位につく相をお持ちの人として占うと、国が乱れ、民が苦しむことがあるかもしれません。朝廷の柱石の臣下となり、天下の政を補佐する人として判定すると、それもまた違うようだ」と占った。それを聞いた桐壺帝は、光源氏に政治家に必要な漢学を学ばせたうえで、天皇の補佐役として降下のうえ、源の姓を賜ったのである。

ところが、生みの母親の面影を慕う光源氏は、藤壺に想いを持ち、この義母と不義密通を犯し、子までもうける。この顚末が物語の一つの流れをつくってゆくのだが、それに先立ち、十二歳になった光源氏が結婚相手に葵上を選んだことは注目されてよい。彼女は左大臣家出身であり、桐壺帝が左大臣家と連合することで、弘徽殿の右大臣家に対抗し、圧倒することを意味しているからである。

この政治的駆け引きを、恋という私的感情が左右してゆく。冒頭部分で、「楊貴妃」に言及されている点に注目しよう。桐壺帝と桐壺更衣の禁断の恋は、大陸唐代の詩人、白居易（772－846）の詩「長恨歌」を周囲の者につよく意識させる凶事であった。唐の玄宗皇帝が楊貴妃を寵愛した結果、楊氏一族の専横を許し、安禄山での叛乱を招き、楊貴妃は殺害され玄宗皇帝は都を追われてしまう。また楊貴妃を亡くした玄宗皇帝の悲しみは深く、それは桐壺帝の悲しみに比類するものと思われた。

こうした桐壺帝の行動の背景に、先に触れたとおり、日向一雅は、醍醐天皇に加えて宇多天皇の存在を見るべきだと主張する。なぜなら「承和の旧風」と呼ばれた仁明天皇時代の天皇親政は、文徳・清和・陽成三代の治世になると摂関政治に圧倒されてしまい、藤原良房・基経の権力伸長を許してしまう。この状況を転換し、ふたたび仁明天皇時代の遺風を継承復活させようと試みたのが、宇多天皇だったからである。日向の説は、源氏物語中の登場人物を具体的な史実に探る試みであり、桐壺帝＝宇多天皇は、当時の宮中政治体制を理想の治世に戻そうと企図していたとする見方である。いいかえれば、桐壺帝＝宇多天皇は当時の〈近代〉を批判し、復古的維新をめざしていたということになるだろう。

もう一つ、桐壺更衣の死をめぐって、今度は光源氏との関係を見ておきたい。源氏物語はその後、夥しい解釈論争を誘発するのだが、その端的な例が桐壺更衣と光源氏母子にまつわる部分である。桐壺更衣が死の床についたのは、光源氏三歳の夏のことであった。当時の慣習にしたがい桐壺更衣は里下がりをするが、光源氏は内裏に残されてしまう。母の死後、光源氏も宮中を退出し二条院へと下るのだが、その際の事情を式部は次のように描く。

きこしめす御心まどひ、何ごともおぼしめし分かれず、籠りおはします。御子は、かくてもいと御覧ぜまほしけれど、かかるほどにさぶらひたまふ、例なきことなれば、まかでたまひなむとす。何事かあらむともおぼしたらず、さぶらふ人々の泣きまどひ、上も御涙のひまなく流れおはしますを、あやしと見たてまつりたまへるを、よろしきことにだに、かかる別れの悲しからぬはなきわざなるを、ましてあはれにいふかひなし。（一－17）

――更衣の死をお聞きになった桐壺帝は困惑し、分別がつかず寝込んでしまわれた。帝は、親の喪中でも光源氏を手放しがたくお思いになったが、喪中に子供がお側にいることは前例がないので、帝は退出しようとする。幼い光源氏は何が起きているのかお分かりにならず、お仕えする女房たちが泣き崩れ、帝も泣きつづけていらっしゃるのを、不思議そうにご覧になっている。普通のばあいでさえ、死別は悲しいものなのに、母との死別の意味もわからないのは一層悲しく、言葉もでない。

この場面のうち、服喪中に光源氏が宮中にいるのは前例がない、という部分に注目しよう。新潮日本古典集成は、「延喜七年（９０７）以後は、七歳以下の子供は親の喪に服するに及ばないということになった」こと、しかしここでは「若宮三歳で母の喪により宮中を退出するのが通例だ」と書かれていることから、桐壺巻は、延喜七年以前に成立したという註をつけている。この註は、室町時代に摂政関白を務めた一条兼良の『花鳥余情』と『源語秘訣』に基づく解釈である。延喜七年がひとつの区切りとして注目されている背景には次のような史実がある。

律令の定めによれば、三カ月以上七歳以下の子供が亡くなった際の定めはあるものの、逆に七歳以下の子供が身内を亡くした際の規定は存在しない。より正確にいえば、まず名例律三十条には九十歳以上、七歳以下の者は死罪となっても刑を加えないと規定されている。また假寧令の四条では、七歳以下の子供が死去した場合、親がその子供にたいし喪に服する日数を規定する一方、子供が親の死去に際して喪に服する規定は存在しなかった。さらに職制律三十条を加味すると、子供が喪に服さなかったとしても無罪とされるとされていたのである（以上、柴田純「〝七つ前は神のうち〟は本当か」[65]）。この史実から、延喜七年以降は服喪の強制はなかったと推定できる。

以上から一条兼良は、桐壺巻は、延喜七年以前の時代を描いた作品であり、桐壺帝を延喜帝になずらえている、つまり桐壺帝は醍醐天皇に準拠したものだという解釈を提示したのである。こうして、前出の日向一雅らも提唱する宇多天皇・醍醐天皇準拠説にまでつながる、時代を超えた解釈史ができあがったわけだ。室町時代に登場した解釈が、現代にまで踏襲されているのであって、上のような読み方を源氏物語研究者のあいだでは「準拠説」と呼ぶ[66]。

藤井貞和の説

だが、こうした政治的解釈や律令を参照した制度上の解釈には限界があるのではないか。準拠説を超えて恋、すなわち男女の関係性から読みなおすべきではないのか。宣長の源氏解釈に近い立場の、現代の研究者の意見を聞いておこう。

たとえば国文学者の藤井貞和は、桐壺巻の主題を、桐壺更衣をめぐる愛と死、光源氏の生誕と成長、そして更衣死後、面影を宿す人物として登場する藤壺女御への光源氏の思慕、以上の三つの軸で読み進めるべきだと考える。そして第一の主題にかんしてのみ白居易の「長恨歌」の影響があること、にもかかわらず影響は決定的なものではなく、むしろさらに時代を遡った漢代の「李夫人説話」にこそ、桐壺更衣の原型があることを説く。

寵愛と迫害に苦しみ早々に死ぬことで、物語冒頭で姿を消す桐壺更衣の存在は、「李夫人説話」で示された古代物語の原則にきわめて忠実である。その死の間際に詠んだ歌、「限りとて　別るる道の　悲しきに　いかまほしきは　命なりけり」には、わが国古代の禁忌と恋愛感情との激しいせめぎあいが描かれている。古代では、宮廷に死の匂いが入り込むことは禁じられているから、桐壺更衣は退出を余儀なくされる。しかし引き裂かれる愛のあまりの悲しさが私的感情として、この歌には横溢しているのである。

この歌にたいする桐壺帝の返歌は、実は死の間際のこの時には詠まれない。桐壺更衣死後、「長恨歌」を思い起こしながら、遺品類を見ながら詠まれるのである。「生と死との二界を超えた二人の唱和」によって、これまた古代のルールである和歌の贈答は守られたことになる（『ひらかれる

『桐壺の巻』」)。[67]

藤井の独自の解釈から見えてくるのは、「長恨歌」という大陸由来の漢詩の伝統に依拠しながらも、死者を宮廷に置いてはならないこと、和歌は生死の境界を越境したとしてもなお、贈答せねばならないという古代日本に独自のルールがあることだ。それは先ほどの準拠説に立つ解釈が、延喜七年前後を問題としていたのにたいし、藤井はさらに古代に注目したということである。つまり、古代宮廷生活のリズムを源氏物語のなかに見いだそうとしているのだ。男性と女性の関係性こそ、この書の主題だという魅力的な主張を、藤井はだしてきたわけである。

和辻哲郎の説

さらにこれとの関連で、源氏物語を読む際、どうしても押さえておくべき事柄がある。文章全体の構成についてである。たとえば和辻哲郎は、大正十一年の論文「源氏物語について」において、桐壺巻とそれにつづく帚木巻冒頭を比較検討している。帚木巻とは、今日「雨夜の品定め」と呼ばれる有名な女性論を含んだ巻で、空蟬巻・夕顔巻とともに帚木三帖として一括りにされる。「雨夜の品定め」の時、光源氏は十七歳、五月雨の一夜、物忌で宮中に籠っている光源氏のもとに、親友の頭中将、左馬頭、藤式部丞が集まり、女性談議に花を咲かせた。

それぞれの経験談は、最終的には妻にふさわしい面白い女性は中流階級のなかにいるという結論になる。そして実際、光源氏は空蟬と夕顔という二人の中流階級の女性との恋を体験することになるのだが、和辻はこの帚木巻冒頭にたいし、次のような疑問を投げかけたのである——「光源氏、光源氏と、（好色の人として）評判のみはことごとしく、世人に非難される罪が多い。のみならずこのような好色事を世間の噂にされたくないときわめて隠密に行なった情事をさえ人は語り伝えている。世間はまことに口が悪い。しかしそれは名のみである、濡れ衣である。というのは、源氏は世人の非難を恐れて恋をまじめに考えたために、仇めいた遊蕩的なことはなく、交野の少将のような好色の達人には笑われたろうと思われる人だからである」(68)。

桐壺巻における光源氏は、何よりも実母を失い、その喪失の空白を埋めるために藤壺への思慕を募らせる少年にすぎない。婚姻関係を結んだ葵上にたいしても嫌悪を感じるのみであり、喪失こそ光源氏のアイデンティティーを決定づけている。

にもかかわらず、帚木巻冒頭は、突如、彼を好色の人として描きだす。さらに注意して見てみると、桐壺巻の最終部分で、光君と命名したのは高麗の占人だということになっている。この一文はいかにも唐突なばかりか、その前段の部分にある「世間の人が光君と呼んでいる」という一文とも矛盾する。だから唐突に見える高麗の占人による光君命名は、実は、帚木巻へ強引につなぐために追加された一文ではないのか――このように和辻は推測するのだ。「かくて我々は、帚木が書かれた時に桐壺の巻がまだ存在しなかったことを推定しなければならぬ」。つまり源氏物語は、冒頭の桐壺巻から順番に五十四帖が書かれていった作品ではないと和辻は考えたのである。こう考えれば、帚木巻で、なぜ唐突に光源氏は好色の人として描かれるのかを理解することができる。

さらに和辻の推測は、紫式部執筆から遡ること二百年あまり、すでに源氏の恋の物語は巷間で伝承・蓄積され、人びとに共通の「伝説」となっていたのではないかと推定する。そして、この伝説の存在を前提にして、式部は物語を描いたというのだ。

和辻の疑問は、先の「雨夜の品定め」につづく帚木三帖で、委細を尽くして描かれる女性の傍らに突如現れる二人の女性、具体的には六条御息所と藤壺がなぜ存在するのかということにあった。生霊として、光源氏が愛する女性たちを次々に呪う六条御息所、また若紫巻において不義密通により光源氏の子種を宿してしまう義母・藤壺。極めて重要な役割をもつはずの二人は、何の説明もなく唐突に登場し役回りを果たす。あたかも、読者があらかじめ彼女たちの存在を周知しているかのように現れるのだ。

だとすれば、彼女たちもまた「伝説」として、宮廷内部の読者にイメージが共有されていたと仮定しなければ説明のしようがない。このように断定した和辻は、現在の源氏物語の原型をなす「原源氏物語」の存在を予想したのであった。

以上の和辻の源氏論は、今日、研究者の間で「桐壺系・帚木系」としてよく知られた議論に先駆するものだ。現在、全五十四帖は、三部構成であると理解されており、桐壺巻から藤裏葉までの三十三帖までを第一部、若菜上から幻までを第二部、匂宮から夢浮橋までを第三部と分類する。そのうえで、第一部については、より詳細に桐壺系・帚木系の二つに分けられる。

桐壺系は帝王の相をめぐる展開、王権と家をめぐる政治的駆け引きの物語であり、冒頭の桐壺巻から若紫巻にまで飛ぶことになる。その間に挟まれた帚木巻、空蟬巻、夕顔巻は「雨夜の品定め」

を軸に展開する女性たちをめぐる物語の系譜となっている。桐壺帝の藤壺との再婚には、右大臣家に対抗する天皇親政の意味がふくまれていた。つまり、政治的な色彩を帯びた桐壺巻系統と、男女の恋と女の人生を中心軸とした帚木巻系統にわけることができるのだ[69]。

藤井貞和と和辻哲郎、二人の源氏論からわかるのは、源氏物語には日本の宮廷生活で常識として定着し、伝説化した物語や女性像があったということである。

現在、私たちの眼にふれる源氏物語には、古代の風が吹き、長大な時間が湛えられている。それは一条兼良から現在にまでつづく解釈の王道——すなわち準拠説——とはまったく違う読み方をしなければ、うまく感じとることができない。古代生活が垣間見える部分と、物語が描かれた当時の〈近代〉的な常識が混在した、大きな時空間をもつのが源氏物語なのだ。

それは大陸の影響を受けた律令体制成立以前、古来の日本人の生き方が描かれているという意味である。

折口信夫の源氏論

そしてこの源氏物語と古代宮廷の関係を、「色好み」という観点から最も深く読み込んだのが折口信夫（1887—1953）なのである。折口は、柳田國男・南方熊楠と並び称される民俗学の巨人である。守備範囲はひろく、万葉集研究に基づいた古代学、日本の詩歌の歴史をたどる国文学、さらに歌人として多くの作品群を遺した。「まれびと」論や日本人の他界に関する観念、大嘗祭をめぐる独自の解釈を行い、また国語学でも実績をあげるなど、折口古代学は狭義の民俗学を超えていて、今日でも折口研究は盛んである。

折口源氏学の最大の功績は、古代宮廷生活の特徴を、「色好み」として具体化し、それを儒教仏教とは異なる日本独自の倫理観として発見したことにある。折口は「恋と国家」の関係に注目しているのであり、古代以来の日本人の倫理観は、男女の恋をめぐる駆け引きとその際のルールを考えねばわからないと主張したのだ。

折口は「日本の創意」という源氏物語論のなかで、第一次性源氏物語と第二次性源氏物語という独自の分類方法を提案している。前者は伝承性が強いのにたいし、後者は作為性が目立つ。つまり物語のなかには二つの時間が流れているのであって、平安当時からみた古代と、源氏物語執筆時の〈近代〉の二つの時間が流れている。それらが複雑に絡み合い作品を構成している。

そのうえで、晋・唐の小説が神仙譚を描くのにたいし、源氏にはそれがみられないことに注目する。源氏以前、藤原時代の小説には神と人との交流を仙界に描く作品もあったが、それはあくまで大陸小説の方法を普遍的価値として模倣したものに過ぎない。源氏物語は、大陸の小説文化を採用せず、日本の古代から〈近代〉の時間軸に沿って描かれた物語なのだと折口はいう。

では、具体的に、この物語の特徴とは何だろうか。折口はまず頻繁に登場する「もののけ」の存在に注目した。もののけとは怨霊のことであり、霊魂を意味する「もの」という言葉に、病気の意味である「け」を付すことでつくられた熟語であった。つまり「霊の病ひ」が、ただちに引き起こす凶悪化した霊魂を、もののけというのである。もののけは、人が死に際し遺した怨念の深さが生みだす霊力であり、個人を越えて家系にまで祟ることがある。その祟りの退散の役割を引き受けたのが「巫女」ということになる。

具体例を源氏物語の登場人物で見てみよう。帚木三帖の第三帖で、光源氏が交わりをもった中流女性・夕顔は、怨霊に祟られることで命を落とす。光源氏とともに古屋敷に隠れ夜を明かしている最中、夕顔は怨霊に憑かれたのである。物語の表面上の展開は、六条御息所の生霊によって夕顔は死んだことになっているが、その背景を深読みすると、古屋敷に潜んでいる精霊が怨霊となることによって夕顔を取り殺したと考えることもできる。

この夕顔の死をめぐる二つの層、古屋敷の精霊こそ第一次性源氏物語の層であり、六条御息所こそ原因であるという具象化が第二次性源氏物語ということになる。古代信仰が、六条御息所という〈近代〉的女性像によって合理化されているわけである。先に和辻哲郎が六条御息所の存在に注目し、その背後に宮廷に共有された古代伝説を直感的に指摘したのは、きわめて止しかったといえるだろう。

興味深いのは、折口が「源氏物語の背景にしづんでゐる昔の日本人の生活、更に其生活のも一つ奥に生きてゐる信仰と道徳について、後世の我々はよく考へて見ることが、源氏を読む意味であり、廣く小説を読む理由になるのである」と言っていることだ（「反省の文學源氏物語」(70)）。つまり折口は、第一次性源氏物語に描かれる日本人の昔の生活の背後に、「も一つ奥」があるといっているのであり、光源氏の特徴は、この最奥の古代生活にかかわるというのである。

怨霊信仰は古代から中世へ、都が大和から平安京へ移動する時期に起こった現象である。この時期の人びとは、季節の変わり目に邪霊が発生し、疫病をもたらし農作物を荒らすと考えていた。この信仰が強まった平安時代には、御霊八所が鎮座し、御霊会なども修せられたけれども、なかなか祟りを止めることはできなかった。

「色好み」と「稜威」

しかし驚くべきことに、一門一族にも祟るとされる怨霊は、宮廷に害を与えることは決してなかったのである。なぜなら、朝廷には「も一つ奥に生きてゐる信仰と道徳」があり、これが怨霊から天皇家の系譜——物語中では光源氏も含まれる——を守ってくれたからだ。

折口信夫

折口によれば、時代によって霊力には二種類ある。まず、もののけなどの怨霊は、霊のなかでは低級な精霊に過ぎず、平安時代になって隆盛したものである。しかしはるか以前には、より上位の霊力が存在し、「稜威《いつ》」と呼ばれていた。古代には、後世に出てきた怨霊よりも古い信仰がおこなわれており、その霊力が「稜威」である。太古の奥深い信仰心に由来する、この「稜威」の霊力が満ちているかぎり、怨霊がおこす災いも抑えこまれ、激しくなることはなかった。光源氏はこの力を身に帯びている存在であり、源氏物語は、かつての根源的なエネルギーが描かれている物語なのである。「稜威」は、光源氏の生活描写によって「色好み」として具体化された。つまり「稜威」とは、男女関係がもつ豊饒なエネルギーのことなのである。大貴人にのみ許される自由で生まれながらの特別なものであり、奔放で豊潤な性の力であった(71)。

たとえば古代の鎮花祭は、大神《おおみわ》、狭井《さい》の霊力を祀ることによって、春に浮遊する悪神を鎮めようと試みた祭事である。また、三輪神の荒魂・和魂の力を借りて邪霊を鎮魂することもあった。このうち、大神、狭井の二神は朝廷成立以前にまで遡る大和在地の神々のことを指し、絶大な霊力によって平安以降の怨霊を退治する力をもつ。「まな」と呼ばれるその独自の力が貴人の身に入り込むことで、莫大な生のエネルギーを得た朝廷人は、自由自在に蠢きだす霊力を操り、国を治める権力が憑依した特別な存在と見なされ、周囲の人びとを惹きつけたのだ。

そして光源氏は、この太古の力を宿した貴種として、物語中に登場しているのである。

古代信仰がその息吹を宿していた時代には、日本人は人間を二種類に区別し、朝廷の貴人は雲のようにたなびき、すべてが正しく清らかな貴種だと考えられていた。光源氏は、その意味で天子と同格であり、清らかさと生の豊饒さの象徴であった。

では日本で最も清らかで、豊饒な生命力をもつ男性、「稜威」の持ち主には、どのような特殊な霊力が備わっているのだろうか。豊饒な生命力とは何なのか。それが「色好み」、すなわち懸想であり、恋の駆け引きだと折口は指摘した。日本人は、一番偉大で立派な人格を「色好み」という言葉で象徴させたのだ。

色好みとは、国中で最もすばらしいとされる女性と婚姻関係を結ぶことをさす。その女性は国の神々に仕える巫女であり、宗教的に特異な威力が備わっている。婚姻は、その女性たちを男性が養うことを意味する。つまり、女性の宗教的威力は男性権力者の上位に位置づけられる。そして男性権力者は、複数の巫女との性的関係をつうじて、国々の神を統合するのだ。性的関係によって、自らが治める国をより安定させ、豊饒な国として統治できるのである。

ここで、性的関係が国家統治にかかわるという見方を私たちは知ることになる。これが重要なのは、朝廷の理想人である「色好み」が、儒教や仏教以前の日本人の倫理観を体現していると考えられていること、さらに神道に深くかかわっていると思われることである。

儒教では勧善懲悪と呼ばれる倫理観があって、政治思想に決定的な影響をおよぼしている。仏教では性的関係を忌み嫌う倫理観があって、解脱をもとめ、現世への関心は稀薄である。折口は、光源氏の「色好み」のなかに、こうした大陸由来の倫理観とは異なる日本独自の発想を見いだす。儒教と仏教がともに排除した性的な人間関係を重視し、女性（巫女）がもつ呪術性を男性権力者（光源氏）が身にまとうことこそが、倫理であり、統治にかかわるというのである。

色好みといふことは、國を富まし、神の心に叶ふ、人を豊かに、美しく華やかにする——さういふ神の教へ遺したことだと考へてをつた（中略）仏教でもさういふ邪淫の道は許さない。儒教の方では勿論やかましく規律してゐる。古代日本を離れた、理論によつて、反省せないではゐられなくなりました

（「源氏物語における男女両主人公」全集⑧-339）

——「色好み」ということは、国家を豊かにし、神意にかなうことである。また人びとの心を豊かにし、美しく華やかにもしてくれる——色好みのことを、そういう神が遺してくれた教えだと昔

は考えていたのである（中略）仏教でも色好みは邪淫の道として許されていない。儒教だともちろんもっと厳しく色好みを規律している。古代日本を離れた、こうした理論によって、後世の日本人は反省をせざるを得なくなったのであった。

折口がいう理論や反省とは、人間関係を合理的に把握しようとすることである。古代日本では、性や呪術こそが人間関係の根幹であるとする。それらが奪われることで人間関係がどのように衰退するかという問題に、折口はきわめて自覚的だった。

光源氏が「色好み」という特殊な力をもちながら、同時に源姓へと「臣籍降下」したのはなぜなのか。ここに答えがある。その表面上の理由は、藤原氏の勢力を抑え――源氏物語中では、右大臣家勢力をけん制し、――天皇親政を推し進めるためだったとされる。だが折口は表面のその奥にある深意を読み取ろうとする。史学者たちの通説よりもむしろ、次のように信仰的側面を強調したのである。

太古のわが国の信仰には、幼い神を信じる風習があったのであり、その神を育む「宣教者」という存在が近侍し、神の意志を問いかけながら育て上げていく。この幼い神こそ天子の原型なのであるが、宣教者の力が、その本来の役割から外れ、越権し、天子の力を超えて絶大化してしまう場合があった。藤原氏の勢力伸長こそ、その象徴であり、太古の信仰の危機であったのだ。

かつての理想的な統治を取り戻すために、皇室は決断する。天皇親政の実を取り戻し、古代信仰の姿を復元せねばならない。そのために「色好み」の光源氏を臣籍降下し、「宣教者」の座を藤原氏から取り戻すことにしたのである。折口は政治的駆け引き、権力関係のその奥にある太古からの信仰と性的関係を見逃さなかったのだ。

国学の系譜へ

折口は論文「国文学　第二部第三章源氏物語　第一節研究篇」で展開した「色好み」論を、宣長の「もののあはれ」論に深いかかわりをもつと主張した。実際、折口は「國學とは何か」「國學の幸福」など複数の国学関連の論文を書いており、自身を、宣長をふくめた国学者の系譜に位置づけている。

折口が考える国学の定義は、恐らく「自由」「純粋と力」「気概の学」という三つのキーワードで説明できる学問体系である。国学は、神道と深いかかわりをもち、その神道は宗教に彩られた古代信仰生活の統一的原理、すなわち人びとの生き方やしきたり、道徳、芸術をつくりだしてきた。興味深いのは、ここで和歌、とりわけ万葉集時代の人びとを理想視する折口が、宣長を批判し、賀茂真淵の「ますらをぶり」に近い男性的なものを強調しはじめることである。

橿原の宮という理想の時代、壮大な叙事詩と抒情詩がつくられた時代に戻るためには、宣長が好んだような古今調、すなわち「たわやめぶり」は克服されねばならない。さらに折口はいう、万葉人の力強い生活力を国民たちがもう一度、取り戻すためには、「ますらをぶり」の歌の拍子から波立ち沸き起こる古代人の気迫の魂を、私たちの胸のうちに甦がえらせる必要がある。歌の目標を古今和歌集などの優美に求めていた時代は過ぎ去ったのであり、「たわやめぶり」の目立たない姿を捨て去って、本来の緊張感のある歌に戻らねばならないのだ。橿原の宮の時代を現代社会に実現するとは、国民の精神生活に、「純粋と力」が漲ることなのである、と。[72]

この時期の折口の国学観は、奇妙な錯綜を見せている。宣長が歌学のための参考程度とみなしていた万葉集を重視する折口は、古代の「純粋と力」の復活を願い、それは「たわやめぶり」ではなく「ますらをぶり」なのだと説く。徹底的に女性的なものを排除することで、固定化した現状は打破され、古代の理想的世界が姿をあらわす。そのダイナミズムこそ「自由」だと、折口はいうのである。

では万葉調の復興は、武断的なのだろうか。たとえば武士道や儒教的政治観とおなじ男性的なものの復活なのだろうか。だとすれば女性的なものの代表たる源氏物語を肯定するのはなぜなのか。この折口の議論の錯綜ぶりを、戦時中の高揚した気分のせいだと見なすこともできるだろう。[73]だがもう少し、折口の思いを読んでみる必要がある。

折口は国学を「非常時の国学」と「平時の国学」にわけたうえで、前者を否定した。その際、非常時を強調する国学に陥った人びとの例として挙げられたのが、昭和十一年の二・二六事件の青年将校たちであり、また彼らに肯定的に評価された、幕末の大塩平八郎たちであった。青年将校や大塩らの悲憤慷慨が、儒教的経世論の影響を受けていることに折口は注目し、見逃さなかった。

そして自らが理想とする「平時の国学」は、もっと寛大で自由であると主張し、自由のために奮闘する精神こそ青年将校たちの喧嘩腰とはまったく異なる「気概の学」だといっているのである。つまり折口は、男性的概念「ますらをぶり」と儒教的経世論と呼ぶものとのあいだに大きな違いを見ている。「ますらをぶり」にはあくまでも性的な寛大さがあるのであって、硬直した国民道徳論につながるような精神、他者に対する攻撃性はないと考えたのだ。

つまり固定しないで、非常に自由に、日本の國文學及び國文學的な傳承の中から出て来る道念、今の言葉で言ふともらるせんすと申しますが、それを引き出して来て我々の清純なる民族生活を築き上げて行く、その欲望を學風として居るのが國學ではないかと思ひます。

（「國學と國文學と」全集⑳－３０１）

――固定化せず、とても自由に日本の国文学と国文学的な伝承のなかからでてくる道の観念、現代風の言葉でいえばモラル・センスというような、そういうものを引き出してきて、私たちの清く純粋な民族生活をつくりあげていく。こういう欲望を学風としているのが、国学だろうと思うのです、と。

折口にとって、その独自の源氏物語論と国学論は、ともに古代学なのである。光源氏に巫女とのあいだの呪術性を読み取ろうとすれば、「たわやめぶり」を強調することになる。源氏物語は、儒教的倫理観ではなく宗教的霊力による国家統治の象徴なのである。

いっぽうで、和歌の理想である万葉集を持ちだす際には、宣長よりも真淵の「ますらをぶり」こそ、理想の日本人像ということになるだろう。だが、男性的な「ますらをぶり」もまた、雄渾な寛大さを湛えたまごころなのだ。

両概念に共通するのは、昭和の当時隆盛していた国民道徳のような、硬直した倫理観からの離脱であった。古代と、それを学ぶ国学に仮託されていたのは、男女による性的交わりから喚起される、ある種の豊饒さなのである。人間を攻撃性や支配と被支配の関係性ではなく、より豊かな交流として描く。こうして古代は、近代の硬直した人間関係を突破する。

自由とは、儒教的勧善懲悪を、二・二六事件の悲憤慷慨を、いずれも否定する先に顕現する。国学の自由が、「たわやめぶり」な奔放さ、「色好み」につながることはいうまでもない。「もらるせんす」という言葉には、豊かさをふくんだ人間関係の響きがある。

第七章　肯定と共感の倫理学――『紫文要領』の世界

四辻善成『河海抄』

宣長は、どのようにして源氏物語のなかに「もののあはれ」論を発見したのか。壮大かつ緻密な解釈の世界に足を踏み入れてみよう。

当時、宣長が意識していた注釈書は、四辻善成の『河海抄』である。今日ではまったく馴染みの薄いこの本が、この世にあらわれたのは貞治年間（１３６２－１３６８）の初めごろのことであったが、宣長が仮想敵として見定めるころには、すでに古典の地位を占めていた。

次にあげるべきなのは一条兼良『花鳥余情』である。文明四年（１４７２）に著され、『河海抄』の補正を意図して書かれたものだ。さらに時代を下ると、延宝元年（１６７３）に北村季吟による『湖月抄』が登場してくる。そして包括的研究の最初とされているのが、だいぶ時代を下った元禄十六年（１７０３）に、徳川光圀につかえた古典学者・安藤為章による『紫家《しか》七論《しちろん》』である。

だがこうした先行研究をしりぞけ卓越していたのが、契沖の『源註拾遺』である。契沖が真言宗の僧侶であり、大坂高津の圓珠庵に住みながら古典研究に打ち込んだこと、京都遊学中の宣長が、契沖の『百人一首改観抄』『古今余材抄』『勢語臆断』などに接して以来、傾倒していたことはすでに見たとおりである。

宣長自身の源氏研究の最初は、宝暦八年（1758）五月の『安波禮辨・紫文訳解』で、後者は源氏物語から三十語を選んだうえで語義解説を施したものである。その直後の夏から、宣長は、門人を相手に源氏講釈を開始し、一カ月に九回というかなりのハイペースで講読会をもよおした。かなり丁寧な講読会だったのだろう、全巻講釈には八年の歳月をついやし、明和三年（1766）六月に終了している。生涯四回おこなう源氏講釈の第一回目の終了である。また注目すべきものに宣長唯一の小説、源氏と六条御息所のなれそめに関する空想小説『手枕』がある。『紫文要領』完成後も宣長の源氏研究はつづき、宝暦十四年（1764）二月には源氏中の和歌すべてを抄出した『源氏物語和歌抄』を完成させているし、また翌年四月には、契沖の『源註拾遺』全八巻の書写を終える。

こうした一見地味な研究活動が、大きな地殻変動を引き起こす。わずか一語の解釈の違いが、源氏物語の見え方を変える。そして相手が古典である以上、一語の変更は、日本の歴史の見方そのものまで変えてしまうのである。『紫文要領』をよく読むと、源氏物語の二つの巻に注目し、その逐条解釈のなかから、「もののあはれ」論を導きだしたことがわかる。

夥しい解釈史

桐壺冒頭は、室町時代からの夥しい解釈史をもっている。四辻善成の『河海抄』を嚆矢とする解

源氏物語桐壺巻

釈によれば、源氏物語執筆の意図は、物語の存在意義をあきらかにすることにある。物語とはいったい何か、どのような価値をもち、そもそも何のためにあるのか。それに答えたのが桐壺冒頭ということになる。

養老律令から四書五経にいたるまで、この世界には文字が溢れている。その中にあって、日本語で書かれた物語とはいったい何なのか。日本文学史のなかで、最も長いあいだ支配的だった定義は次のようなものである。

誠に君臣の交、仁義の道、好色の媒、菩提の縁にいたるまでこれをのせずといふことなし。そのをもむき荘子の寓言におなじき物歟。詞の妖艶さらに比類なし。(74)

この物語には君臣の交わり、仁義の道、男女の仲、菩提の縁にいたるまであらゆることが描かれている。それはまるで『荘子』の寓話とおなじようなものであり、言葉の優美さはそれに勝る優れたものなのだ――『河海抄』には現代の研究者をふくめ、千年にわたる源氏物語解釈史の特徴が、あますところなく描かれている。

君臣や仁義という概念は、典型的な儒教の倫理観であり、また菩提の縁とは、仏教的色彩が濃厚な概念である。安土城天守閣の襖絵とおなじ構造で、この文章はできあがっていて、この常識的解釈を打ち破ることから国学は登場した。工藤重矩などの最新研究を参照すると、源氏物語がいかに大陸の学問との緊張関係のうえに――ということは「西側」の普遍的価値観を意識して――成り立っているのかが見えてくるからである。

源氏物語を読む意義を問われれば、歴史上つねに、儒教が定義する文学観に合致しているからだと答えるのが正解だった。

先に『石上私淑言』巻一の部分でみたように、宣長はもともと日本語で「于多」と呼ばれた言葉が、「歌」の漢字をあてられた結果、音読み「カ」を含むようになり、大陸の音読み発音に引きずられた解釈が積みあがっていくさまを詳細に書き留めていた（181頁参照）。そして本来、日本語の「于多」に相当する言葉の世界は、大陸では「歌」ではなく「詩」に該当することを指摘していたのである。

詩学の源氏物語解釈への影響

その詩について、たとえば『論語』の為政篇第二・第二章に、「子曰く、詩三百、一言以てこれを蔽う、曰く、思い邪無しと」と語った一文がある。この「思無邪」の三文字にたいし、朱子は独自の解釈を加えたのだった。その著『論語集註』巻一で、朱子は「凡そ詩の言善きものは、以て人の善心を感発すべし。悪しきものは、以て人の逸志を懲創すべし。その用、人をしてその性情の正を得せしむるに帰するのみ」と注釈した。そのうえで程子の「思い邪無しとは、誠なり」という言葉を引用しているのである。

まずは訳しながら読み解こう。およそ詩のなかでも良い詩は、人の善心を刺激するはずだ。よくない詩は人の淫らな心を挑発するだろう。詩の効用は、人に正しい性情を得させることにあるのだ[75]。

以上からわかるのは、詩は「用」すなわち効用があるからこそ存在意義があるのであって、善者はその実力を伸ばし、そうでない者の性情を正しくする効用が詩にはある。朱子にとって、正しさとは「道」に寄与すること、すなわち政治を行う際に役立つかどうかが基準になる。『詩経』の古典的注釈のうち、絶大な影響力をもった毛詩大序においても、詩を読むのは政治的道徳的教訓を読み取るためだとされる。史書を重視するのは、そこに「まこと」すなわち事実が描かれているからであり、為政者がそこから教訓を得るためなのだ。

伊藤仁斎肖像

いっぽうで伊藤仁斎のばあい、「思無邪」はより重い意味をもつ。

「思い邪無きは直なり。夫子、詩を読みてここに至って、その意に合うものあり。故に挙げてこれを示して以為らく、思い邪無きの一言、以て詩を蔽い尽くすに足れりと。それ詩は夫子の雅に言う所なるときは、則ちあにただに三百篇を蔽うのみならんや。夫子の道を蔽い尽くすと曰うと雖も可なり」（『論語古義』）。

朱子との対立点は、「思無邪」の三文字を「誠」とみなすか、「直」と総括するかにかかっている。朱子は「邪」を邪悪と解釈したうえで、『詩経』には邪悪な詩は「無」すなわち入っていないと道徳的にとらえた。「誠」はそれを象徴する一字である。

ところが仁斎はおなじ三文字を「直」、つまり気持ちが赤裸々に述べられたものだと主張したのである。詩に書かれた思いは誠実さだけではない、あらゆる感情をそのまま直截に表現したものなのだ。この仁斎の宣言が当時、どれほど革命的であったか、今日から想像するのは難しい。

だが仁斎が「直」と書いたとき、当時の普遍的価値観、詩文は政治的に役立つべきであり、人間に道徳規範に沿って生きるよう働きかける道具だとみなす世界観に亀裂が入ったのである。この亀裂を批評精神と名づけてもよい。道徳に閉じ込められていた人間は、「直」の一言をもって解放された。あるいは人間像そのものが劇的に転換した。詩文はあくまでも個人の心情を自由自在に描くために存在するとされたからである。

以上の『詩経』をめぐる朱子と仁斎の対立が、そのまま日本の詩文、源氏物語の解釈にまで影響をあたえることになる。仁斎が朱子学を否定したように、宣長は『河海抄』などの源氏解釈史に亀裂を入れたのだ。

そしてもう一人、朱子学者が『詩経』を勧善懲悪の道徳論で解釈したのにたいし、反旗を翻した人物に触れておこう。もちろん荻生徂徠のことだ。徂徠が「道」を論じる際に、朱子学をつよく意識し批判の俎上に載せていたことは、すでに見た通りである。

荻生徂徠の「詩」解釈

徂徠の『詩経』解釈の独自性は、「義」と「礼」という言葉に注目することであきらかにできる。「先王の教へは、詩書礼楽にして、詩書は言なり、義の府なり。言を知ればすなはち義を知る。礼と義とを知れば、すなはち道は以て尽くすべきに庶幾《ちか》し」と徂徠はいう。(76)

まず古代の先王たちは、具体的制度であり、しかも規範的ルールである「礼」を立てる。しかし政治の課題はきわめて多様だから、「礼」だけでは細事の判断ができない。そこで「義」すなわち個別事象により繊細に対応した規則が必要なのである。だがそれでもなお、人事百般にまで守備範囲は及ばない。そこで「人情」をより深く、細かくしるために「詩」の必要性がでてくるわけである。

ここで徂徠が論じているのは、普遍と個別をめぐる問題である。先王たちは具体的制度の制作を重んじ、たとえ「礼」を制作したとしても、一般的なルールをつくったにすぎないと考える。普遍的・抽象的な原理がもつ限界をあらわにするからだ。「葉っぱ」という言葉でひとくくりにされる樹木の葉が、実際には一枚一枚すべて個性をもつように、人間関係はどれ一つとしておなじものはない。

だとすれば、「礼」にだけ基づいて統治をおこなうことは、画一化の弊害を免れないではないか。

その細則である「義」ですら、制度である以上は限界がある。一つひとつの人間関係に寄り添うこと、画一化からはみでる非合理的で偶然によって生まれる関係を丁寧に描いた言葉こそ、「詩」にほかならない。にもかかわらず、朱子学は「詩」の役割を勧善懲悪であるといっている。それは詩が人間関係を画一化することに役立つと言っているに等しい。つまり徂徠と朱子学は、逆のことを「詩」に求めているのだ。『弁道』二十二には、次のような記述がある。

大氐、詩の言たる、上は廟堂より、下は委巷に至り、以て諸侯の邦に及ぶまで、貴賤男女、賢愚美悪、何のあらざる所ぞ。世変邦俗、人情物態、得て観るべし。その辞は婉柔にして情に近く、諷詠は感ぜしめ易し。しかれどもその事はみな零砕猥雑にして、自然に矜持の心を生ぜず。ここを以て君子は以て宵人を知るべく、丈夫は以て婦人を知るべく、朝廷は以て民間を知るべく、盛世は以て衰俗を知るべき者は、ここにおいて在り（中略）故に古人の、意智を開き、政事に達し、言語を善くし、隣国に使して専対酬酢する所以の者は、みなここにおいて得。書は正言たり。詩は微辞たり。書はその大なる者を立つ。詩は細物を遺さず[77]。

――おおよそ詩というものは、民間の市井の人から諸侯にいたるまで、身分の上下や性別、美醜を全く問わない。世の中の変化や風俗、人情を観察することができるからだ。詩につかう言葉はしなやかで情に近く、詠むことは感動をさそう。だがそれらは全て細かいことだから、自然と身を引き締めしっかりすることはできない。だから君子が市井の民を理解し、立派な男子が女性を理解し、朝廷は民間を、成長社会は衰退する社会を、それぞれ理解するカギがあるのだ。

だから『論語』陽貨篇にもあるように、昔の人が詩によって人の精神を発達させ、おなじく子路篇にあるように政治に精通し、季氏《きし》篇のように言葉を使いこなし、隣国との交渉を独力で行えるのも、すべては詩によるのだ。文書はありのままの叙述だが、詩は微妙な言葉遣いをする。文書は大きな方針を立てるが、詩は細部に遺漏がないのである。

以上のような徂徠による詩の特徴の説明は、しなやかさ、微細の強調にある。詩はあらゆる階級の人びとの感情の機微を映しだす。それは人情の観察をつうじて、政治や外交交渉でも力を発揮するだろう。宣長をふくめた国学者の琴線に触れたのは、その点にあった。

儒学者である仁斎と徂徠の詩をめぐる議論は、宣長の源氏物語解釈にも多大な影響を与えた[78]。実際、宣長は、物語は儒教や仏教が示す善悪の基準とはまったく異なるといい、物語のよし悪しの基準は、人情に添っているかどうかにあるといった。これは徂徠の詩論ときわめて近い主張をしている。そして何より大事なのは、朱子学から解放された宣長の物語論が、紫式部本人の感性にもつうじる、繊細さをもちあわせていたことである。それは宣長にあって、四辻にはない感受性だった。

準拠説と「物語道」

四辻の『河海抄』が、源氏解釈史において絶大な影響力を誇ったのには、もう一つの理由があった。それが先述した「準拠説」と呼ばれるものである。

たとえば、「物語の時代は醍醐朱雀村上三代に准スル歟」というように、物語の一言一句の背後に、史実を探り当てる読み方をしたからである。今日、専門家のあいだで「準拠説」と呼ばれる実証主義を徹底することで、源氏物語をあたかも経書のように読解してみせた。その一端は、桐壺女御の死をめぐって、すでに第六章でみたとおりである（200頁参照）。表現の裏に隠された歴史的事実を明らかにする注釈態度は、先にふれた毛詩大序の方法そのものであり、それを源氏物語に適用したのである。

『河海抄』に秘められた四辻善成の野心は、日本古典による普遍的価値観への対応というよりも、むしろ挑戦であった。大国である隋・唐時代に律令体制を輸入して以来、大学寮で漢学を学ぶ「文章道」が政治家必須の教養であったが、それを日本古典に適用すること、すなわち「物語道」をつくろうと四辻は考えたのである。和語の体系を漢学の世界観のなかに位置づけ、日本古典の地位を向上させようとする愛国的試み、ちょうど細川幽斎が古今伝授という企てによって成し遂げようとしたものと、おなじだったにちがいない。

だが一方で、こうした野心と善意は、源氏物語が出現した当時の、紫式部にとっては違和感があったであろうことも否定できない。それはたとえば今日の我々が、西洋式挨拶をまねて抱擁とキスを重ねるときに、ふと感じる羞恥の感覚、自分本来とは異なるしぐさをしていることへの違和感のようなものである。相手の慣習、文学や思想世界における国際秩序に自らの身を寄せる。そのことで自己を主張し、存在を位置づけてもらう。だが、これが言葉の世界で起こるとはいったい何を意味するのだろうか。少なくとも、式部本人の息づかい、生のリズムと齟齬するのは当然のことではないか。

事実、『紫式部日記』には、式部自身が、物語執筆の動機をあらゆる公的・私的価値を奪われ、憔悴しきった自分を慰めるためであると書いている。

夫を失い出世の機会をうばわれ、公的価値の体系から外れた女性が、それでもなお精神の空白を埋めようとした時、物語は書かれ、瞬く間に評判となり、多くの読者を獲得した。先にも触れたように、女房たちに源氏物語を読み聞かせた一条天皇は、「この作者は『日本紀』を読んでいるにちがいない」と式部を激賞する。「日本紀」とは六国史のことを指していて、わが国の正史とされていた。源氏物語の花宴巻には、左大臣と光源氏の応答が記されているが、続日本後紀の仁明天皇承和十二年に書かれた故事に基づいていることを天皇は見抜き、紫式部の教養を褒めたわけである。天皇からすれば、式部は女性であるにもかかわらず、公的世界に登場するだけの見識がある、と最高の誉め言葉を賜った。

しかし式部は、鋭利な才能で自分を傷つけてしまう。清少納言のように漢学の才能をひけらかし、男性をしのぐ自信に満ちた女性と自分を一緒にしないでほしいし、将来に希望がない自分は、秋の夜に軒先にでて物思いにふけることも多い。でも、古今和歌集の在原業平の歌にもあるように、月はさまざまの思いを誘発し、老け込む原因でもあるから、月を見ることは、一般には罪だといわれている。世間の人が忌み嫌う月の面を見る罪をきっと私は受けてしまうだろうなと思い、奥に引っ込んでいる。でもやはり、心の奥では果てしなく物思いがつづいてしまう――このように宮中への出仕を許された式部は、それを光栄であると思わないばかりか、困惑の挙句、当時禁忌とされた月を直視し、終始一貫、苦しむ[79]。式部は、みずからの実力によって公的立場を引き寄せたとしても、なお充たされないものを抱えていたのである。

精神の空白と微笑み

幼少期に母を喪失し、さらに慕っていた姉にも先立たれ、私的で柔らかな部分を傷つけられた式部は、公的場面で思ってもいない振る舞いをする自分自身に、恥じらいと偽善の匂いを嗅ぎ取っていた。恥じらいとは、他者の視線がみずからの一番奥深い部分にまで浸透し、隠れる場所を奪われることに他ならない。母の庇護をそもそももたない式部の内奥は、いわば剝きだしの傷口のように、いつも肉が露出したような状態である。そこをめがけて他人は、遠慮なく好奇の視線で突き刺してくる。よけるすべを紫式部は持ち合わせていない。ほしいままに傷つく以外の方法をもたない。この傷口をふさぎ、自己恢復するためにはどうすればよいのか。安息をあたえてくれる母はすでに存在しない。だとすれば安息と自己恢復は、みずからの手で行われねばならない。精神の居場所づくりのために、つまり徹底的に自己自身のためにつくりあげた虚構の世界、光源氏をめぐる豊饒な想像の人工庭園に紫式部は耽溺し、真綿に包まれるような安堵を求めたはずである。

だが世間はそれを許さなかった。むしろ反対の苦しみを与えたといってよい。源氏物語の作者として、瞬く間に寵児となった彼女は、今度はとっつきにくい性格の女性と思われないように立ちふるまわねばならない。意識的に周囲から浮かないように、精神の空白を隠して微笑まねばならない。源氏物語が、彼女をさらに追い詰める。

こうした気分を抱えた著者による物語は、以後、三つの解釈の波にさらされた。第一に『河海抄』のように、準拠説によって実証性を高め、儒教的価値観の一部に位置づけられることであり、第二に、藤原定家から契沖にいたる歌学の伝統に連なり、繊細な「人情」を重視する物語として位置づけられる。そして第三に仏教哲学を参照し、物語を解釈しようとする試みである。

もちろん、宣長との関連で注目すべきは、第二の系譜ということになるだろう。この第二の立場、すなわち藤原定家の系譜こそ、式部自身を襲った違和感を受け継いでいる。それは「公的」世界で認められることを断念した女性がつくりだした「そらごと」それ自体に価値を認めよ、という立場に他ならない。

宣長の「物語」解釈

物語は「そらごと」に過ぎないのか、あるいは「まこと」なのか——。

千年以上ものあいだ、日本の文化人は延々と飽きもせず、こんな話をしてきたのである。多くの言葉が積み重ねられた。ただそのなかで、断然ひかりかがやき、画期的で、現在にまで影響力を行使しているのが、「もののあはれ」論なのだ。

先に歌論『石上私淑言』を考察した結果、わかったのは、「もののあはれ」があまりにも深いとき、私たちは自分で「うた」を詠むだけでは飽き足らず、他者からの共感を求めずにはいられないということだった。他者に自分の気持ちをわかってもらうためには、ただ単に叫べばよいというものではない。相手に伝わる言葉の工夫が必要だった。

また一方で、宣長は「物の心」「事の心」という独自の概念を駆使しながら、他者をふくめた自分の周囲には、悲しむべきこと、喜ぶべきことなどの物事の本質、善悪の基準があって、それに共鳴することを「もののあはれをしる」ことだといっていた。源氏物語における男女関係は、儒教道徳で評価するかぎり、許されるものではないだろう。にもかかわらず、私たちは思わず、ああ男女ってそういうものだよな、と感銘を受けることがある。世間の善悪判断を超えたこうした感動を、宣長は高く評価した。

宣長の前には、先人たちの源氏物語をめぐる戦いがあった。

たとえば、藤原定家にとって、対立する冷泉家の準拠説こそ叩くべき相手であった。冷泉家の源氏物語研究は、本歌取りをしてみたり、紫式部の系図などをめぐり激しい論争を繰り広げている。だがその華やかさは見せかけで、古くはそのような学問は存在せず、家同士の政治的対立のなかで捏造された伝統にすぎない。本当に必要なのは、この物語の言葉づかいを味わい、紫式部の表現方法に心を澄ませることではないのか。

定家のこの主張をつよく意識して、契沖は『源註拾遺』を書いた。その大意において、「定家卿の詞に、哥ははかなくよむ物と知て、その外は何の習ひ伝へたる事もなしといへり。〈古今密勘に見えたり〉これ哥道においてはまことの習ひなるへし。然れは此物語を見るにも大意をこれになすらへて見るへし」と契沖はいう。歌と源氏物語は、はかなく詠めばよいのであって、勧善懲悪や天台四教による評価などあてはまらない――。

それはつづく賀茂真淵でより明瞭なかたちとなって、物語が政治の役に立つ「まこと（真実）」という価値基準から完全に離陸する。すなわち物語は「そらごと（虚構）」だからこそ独自の価値をもつという論理が生まれてくるのである（『伊勢物語古意』総論）。
「まこと」の世界からの離脱が、『紫式部日記』に描かれた式部の違和感にかかわっていることに気づかねばならない。物語が「そらごと」に過ぎないのか、それとも「そらごと」だからこそ価値があるのかを論じることは、式部自身の内面にかかわる。なぜなら式部自身は「まこと」の世界から零れ落ち、喪失感を慰めるために「そらごと」の世界を新たに創った。その芸術性の高さは作者自身を翻弄し、ふたたび彼女に「まこと」の宮中政治への参加を強いた――。

この二転三転する世評は、式部の感受性のもっとも敏感な部分を刺激せずにはおかない。式部の呼吸の乱れが公的価値への抗いである以上、それは一個人の違和感を超えて、日本人自身のリズムの乱れにも関連していた。宣長が「もののあはれ」という言葉に置き換えることで取り戻そうとしたのは、乱されてきた日本人古来の感性であり呼吸であった。日本人の最も柔らかな部分が、むきだしのまま公的世界にさらされることを防ぐためには、「そらごと」の世界をつくり、その世界に日本人本来の生き方を甦らせて、救う必要があったのである。

なぜ物語を描く必要があるのか。『河海抄』とはまったく異なる執筆意図を、宣長は次のように言っている。

さてその物語といふ物は、いかなる事をかきて、何のために見る物ぞといふに、世にありとあるよき事あしき事、めづらしき事おもしろき事、おかしき事あはれなることのさまざまを、しどけなく女もじにかきて、その絵をかきまじへなどして、つれづれのなぐさめによみ、又は心のむすほぼれて物思はしきときのまぎらはしなどにするもの也、その中に歌のおほき事は、国の風にして、心をのぶるものなれば、歌によりてその事の心も深く聞え、今一きは哀とみゆるものなれば也(80)（全集④―16）

――物語とは何を書いているものであり、何を目的に読むものなのか。

それは世の中のあらゆる善悪にまつわる事柄、珍しく興味深いこと、趣きと情緒のある様々な事柄を、しなやかな仮名文字で書いて、絵なども添えて、退屈を紛らわすために読んだり、鬱屈し思い悩む時をどうにかやり過ごすために読むのである。なかでも歌が多く記載されているのは、わが国の風習であって、心をのびやかにしてくれるので、歌によってこの物語の本質を深く理解でき、ひときわ深い情緒を感じることができるのである。

宣長にとって、物語の最高峰が源氏物語であり、式部は日記のなかに、みずからの執筆時の心情を赤裸々に綴っている。源氏物語は日本人本来の生き方が封じ込められた宝庫であり、「そらごと」の中にこそ、日本人が理想とする人間関係が埋め込まれているのではないか。

相容れない解釈

宣長と四辻、それにつづく『湖月抄』の源氏物語解釈は、まったく相容れない。両者の物語観の激突を見ていこう。

まずは蛍巻を見てみよう。この巻は、光源氏三十六歳のとき、六条院を舞台に繰り広げられる世界である。光源氏は玉鬘とのきわどい恋に溺れてゆく。父娘関係だと世間では思われているこの二人が、実は血のつながりがなく、義父である光源氏は、隙をみては玉鬘に禁断の恋をささやく。表向き光源氏は、兵部卿宮や右大将髭黒などの噂をし、婿としての資格を論じたりするので、玉鬘の困惑はますます深まってゆく。折しも五月雨の季節で、六条院に集う女君たちは、絵物語につれづれを慰めていた。玉鬘もまた物語に熱中し、主人公と自分の数奇な人生を比較したりしてみる。その玉鬘を相手に、光源氏との間で展開されたのが、有名な蛍巻の物語論なのである。

玉鬘は、先だつ帚木巻において男性陣四人で戦わされた理想の女性像をめぐる議論、すなわち「雨夜の品定め」に深いかかわりをもっている。その夜、頭中将が話してきかせた理想の女性のなかに、突然失踪してしまった女がいた。父の死によって零落し頭中将の愛人となっていた夕顔のことである。頭中将と夕顔の間に生まれたのが玉鬘であり、かつて夕顔と関係をもったこともある光源氏は、子供である玉鬘もまた放っておくことができない……。

今日、私たちは源氏物語のこのような記述に触れて、当時の奔放な男女関係を想像し、なんら問題を感じない。光源氏は一夫多妻制の時代を象徴する色男くらいにしか思っていない。しかし工藤重矩『源氏物語の結婚』によれば、平安時代の社会常識は、「西側」の婚姻方式である一夫一婦制だった。この時代の婚姻制度は、養老律令のなかの戸籍と相続などの法令部分である「戸令《こりょう》」に定められており、そこには婚姻許可の年齢や保証人、婚姻関係解消の際の条件がきびしく規定されていた。また現在でも諸説あるものの、重婚すれば男性は一年の懲役、女性は杖刑一百と記載された条文もある。つまり法的に妻としてあつかわれるのは一人であり、一夫一婦制が原則だったのである。さらに、女性が本人の意思で男女関係を決めるのは、恥ずべき行為だとされていた。その根拠は儒教経典の『礼記』巻三十に基づくもので、そこには孔子の言葉として、「男女は媒がないときには交わらず、結納がないときには逢わない」とあることによる。

これらの常識とは異なる世界、源氏物語の世界をどう理解すべきか。四辻のいうように、大陸の価値観に忠実に、実証的であるべきなのか。

「中にも紫式部『源氏物語』の本意は、まさしく蛍巻にいへり」と宣長はいう。源氏物語の執筆意図は、蛍巻を読めばわかる。しかもはっきりとは書かずに、古い物語のつねとして、光源氏が玉鬘を相手に語る物語論のなかに、紫式部は自分の物語観を仮託して言い表したのであった。にもかかわらず、従来の注釈は間違いがおおく、作者の本意をあきらかにするどころか、かえってとんでもない解釈をするものが多かった。したがって、『紫文要領』で逐条解釈を試みるのだ。以下、場面を再現しながら、宣長の解釈を見てみよう。

五月雨の季節、髪が乱れるのに任せて、玉鬘は物語に没頭し書き写している。様々にめずらしい人物の身の上について、本当なのか嘘なのかわからず収集したのを読んでも、自分のように波瀾に富んだ人生はないな、などと思う。光源氏は、あちこちに取り散らかった物語が眼についたので、「女というものは困ったものだ。面倒がるどころか、わざと人に騙されようと生まれてきたものらしい」と思う。また光源氏は、「こんな沢山の物語のなかにも真実はとても少ない。それを承知のうえで、こうしたつまらぬことにうつつを抜かし、ていよく騙されていることだ」と笑われたりもなさるのであった。

こうした光源氏の物語批判は、あくまでもからかい半分に過ぎない。後半になるにつれ、紫式部の本心が明らかにされてくる。実際、光源氏はつづけて、「こうした昔の世の言葉でないと、全くどうしようもなく、紛らわしようのない暇を慰めようもない」と同情を示しはじめる。嘘だらけの物語のなかに、なるほど、人の心を打つ部分があること、ふさわしく書き連ねた部分には、つまらないと思いつつも感動することを認めるのだ。物語中で姫君が物悲しそうにしていると、光源氏もまた多少、心惹かれてしまうのである。

こうして光源氏の口からは、物語の虚構性を否定的に評価する半面、確かに惹かれる部分があると認めてもいるのだ。源氏物語の該当する部分を引用し、宣長は、「下心」以下で次のように注釈を施す。

さても此いつはり共の中に、げにさもあらんと哀《あは》れをみせ、つきづきしうつづけたる、はたはかなしごとと しりながら、いたづらにこころうごき、らうたげなる姫君の物思へる、見るにかた心つくかし、

下心、げにさもあらんと哀れを見せといふ所が、源氏物語の緊要也、物の哀れをしるといふは、ここの事也（中略）然るを、物の心もしらぬ愚なる人は、ただあやしくめづらしき事をかける書をのみ好みて、なだらかに哀れをみせたる事をば好まぬもの也(81)

この部分から、宣長は自身の決定的主張を二つ取りだしている。第一に、「物の哀れ」とは何かを源氏物語は語っているという主張であり、第二に、物語は勧善懲悪を描く教戒のための書である、という従来の主張を根底からひっくり返すことである。「げにさもあらん」つまり、他人が聞いた時に深く納得し、心が動くことを虚構の世界に描いたのが物語である。つづけて、逆に珍しいこと、人を驚かすことも物語には描かれているが、それは一時的熱狂に過ぎず、読むと飽きてしまうという。そして物語は人の心が深く合点するありきたりの事、静かに感動をもよおすことを描くのが主題だというのである。

『湖月抄』の物語論

そして物語が「そらごと」なのか「まこと」なのかをめぐり、玉鬘が「げにいつはりなれたる人や、さまざまにさも汲み侍らん」と述べた部分について、敬語の使い方に注目しながら、宣長は、従来の解釈を否定してみせる。ここに解釈の激突と日本とは何かをめぐる世界観の違いが浮き彫りになるのだが、宣長の特徴をはっきりさせるために、宣長に先行する源氏研究である北村季吟『湖月抄』と比較してみよう。

『湖月抄』は、この「げにいつはり……侍らん」の部分について、光源氏が玉鬘を娘として引き受けながらも恋愛感情をいだき、度重なるきわどい行動にでて玉鬘を翻弄したことを重視する。玉鬘が光源氏をなじるように「本当に偽りに慣れたお方であるあなたは、物語についてそのように邪推するのでしょう」と光源氏を批判していると解釈するのだ。

しかし宣長はまったくちがう解釈で対抗する。

もし玉鬘が光源氏をなじっているのであれば、たとえ批判でも敬語を用いるはずである。「さも汲み給ふらん」であるべきだ。だからここは光源氏個人を非難しているのではなく、むしろ世間一般の通念、価値観として「本当に偽りに慣れた世間の人は、物語についてそのように邪推するのでしょう」と解釈すべきだと考えたのである。世間の物語への価値観を否定したうえで、物語に独自の価値を救出しようとしているのだ。そのうえで、紫式部は玉鬘に仮託しながら、物語をすべて虚構だと思うと感動がうすくなってしまうではないか、「哀れ」が浅くなってしまうではないか、だから物語を真実だと思って読むべきだと主張しているのである。

この玉鬘からの抗議を、光源氏は否定せず、やさしく受け止める。そうだね、物語に書かれたことはすべて真実だね、神代の古代から世間にある事柄を記したものが物語なのであって、あの日本書紀でさえも「片端（かたそば）」にすぎないねと応じるのである。

ここで日本書紀に光源氏が言及していることについて、後世の研究者は、「本朝の史書として日本書紀が『まことのこと』の代表だからである」と指摘している。さらに当時、「日本書紀は本朝の為政者の必読書であった。公卿を対象とし、太政官の人々を陪聴者とする日本書紀の講義、いわゆる日本紀講書は平安時代初期から村上朝まで、ほぼ三十年おきに継続して催された。日本書紀は三史五経に準ずる道々しき書である。儒学は歴史書に政教的効用を認めていた」と付け加えている。

そのうえで「かたそば」という言葉の語釈について、真実の一面しか伝えていないという意味ではなく、主ではなく脇だ、つまり日本書紀は二流の書だね、と訳すべきであり、源氏物語を日本書紀のうえに置くのである。

以上の解釈をおこなった『平安朝文学と儒教の文学観』の著者である工藤重矩は、つづけて次のように結論したのだった、「物語は日本紀以上に学問的で政治道徳の役にたつのだと、当時としては天地逆転の言辞を弄して『笑ひ給ふ』た」[82]。当時の常識にたてば、源氏物語こそ二流の書だったが、その常識に挑戦し、物語の方こそ政治道徳――すなわち「まこと」――に資すると強調し、光源氏は笑って見せたのだ。

ところが、宣長の解釈は、この江戸時代でも標準的な解釈とはまったく異なるものだった。改めてなぜ、光源氏は「笑った」のか。宣長の解釈を見てみよう。紫式部の心情がヒントになる。

式部が物語を完璧につくりすぎてしまうと、古代からの歴史と道理を詳しく書いて、日本書紀を超えようという野心があるのだな、と他人は嘲笑することだろう。これを事前に察知した式部は、非難を逃れるために先手を打ってこのように光源氏にいわせた。つまり工藤のいうように政治的価値の内部で、源氏物語と日本書紀の評価の逆転を狙うつもりなどないのだと、宣長は解釈する。光源氏は――つまり紫式部は――世間の目をはばかり、羞恥心を冗談でいなすために「笑った」のである。

前者の工藤の笑いは自信に満ちているのにたいし、後者の宣長の笑いには、恥じらいと含羞がある。

前者はあくまでも政治道徳に資するという基準に基づき、そこでの高い地位を虎視眈々と狙っている。一方後者は、むしろ冗談で煙に巻いて、日本書紀には匹敵しませんよと謙遜し微笑んでいるのだ。前者は「西側」の普遍的価値観の領域で、源氏物語を最上位にしようという野心が秘められている。後者は恥じらうことによって、普遍的価値観それ自体を相対化している。やわらかく、傷みやすい「笑い」の方が親しみやすく感じるのは、宣長が、式部の感受性の微妙なゆれ動きを理解し、この部分に解釈をほどこしているからなのだ。

「からごころ」の人間関係

宣長と式部が拒否しているのは、儒教的な人間関係である。

のちに宣長は「もののあはれ」とおなじくらい有名になる「からごころ（漢意）」という概念を創出し、儒学的思考の特徴だと批判したが、その萌芽がすでにここに現れている。「からごころ」の特徴をのちに宣長は『玉勝間』巻一において、次のように定義している。

> 漢意とは、漢国のふりを好み、かの国をたふとぶのみをいふにあらず、大かた世の人の、万の事の善悪是非を論ひ、物の理をさだめいふたぐひ、すべてみな漢籍の趣なるをいふ也
>
> （全集①－48）

——からごころとは、大陸の風俗を好んだり尊重することだけを言うのではない。およそ世間の人が何事でも善悪是非を言い争い、真理を断定すること、こうしたことすべてが外国書風だと言うのである——。

「西側」の書に基づく人間関係は、善悪を激しく区別するだけでなく、合理的解釈を世界に下したと自負している。相手を悪とみなし糾弾し、それを善へ導くべきだという態度は、みずからの価値を普遍的価値として他者へ強制することである。それはある種の競争主義にほかならず、また合理的解釈とは、みずからの解釈こそ世界で唯一の正当性をもち、価値を独占すべきということである。

たいする和歌が、「とかくに人の情のありのままをこまかに書」くというとき、宣長が主張しているのは、人間の感情には合理では説ききれない陰影や奥深さがあることへの配慮であり、理性の限界を超えた心にまで筆の力は及ぶことへの確信である。大陸から拡張した朱子学の価値基準が日本を呑み込んでいく以前の生き方を、宣長は「もののあはれ」と名づけ、もう一つの関係性を発見している。

宣長がいいたいのは、複雑さに富む人間関係を、道徳的価値観から裁断し、一側面から判断することへの抗いである。さらに問題なのは、この一面的人間像から、政治のあり方を論じるようになるからだ。人間が合理的に振る舞うことを前提に、その集合体として社会的営みを考えている。だが、人間は政治的役割にのみ所属し、自己像を形成しているわけではない。様々な役割に所属し、その束が自己なのであって画一化とは正反対の生き物なのである。

以上の朱子学批判が、『弁道』における徂徠の詩解釈から影響を受けていることはまちがいない。だが人は勉強によって何かを知るのではない。逆に蓄積された体験が言葉にふれた瞬間、「それだ！」と合点するのだ。青春時代、和歌によって解放感を味わった宣長が、硬直化した人間像の破壊に感動したのは当然と言わねばならない。さらに宣長は、朱子学と悪の関係についても精密な解釈をつけていて、儒学者よりも悪がもつ毒に精通している。たとえば宣長は、紫式部は他人の悪を論うことを嫌う作家であり、他者への評価をわざと曖昧な表現にしていると注している。誰であれ、「そしる」ことを嫌うのが式部なのだ。

宣長が儒学を批判し、勧善懲悪を嫌ったことは、研究者であれば誰でも指摘する事実にすぎない。だがそもそも、勧善懲悪とは何だろうか。具体的にどういう状態を指しているのか。研究者ですら漠然と合点したままに放置しているこの概念は、宣長にとってどのように見えていたのか。

宣長によれば、第一に人間関係を否定でみることであり、第二に世界を善悪二色に色分けすることであり、第三に自らは善の立場にいるとみなす自己絶対化のことである。対立と否定こそ朱子をふくめた儒教知識人の病であり、日本人本来の態度ではない。和歌の主題にもならなかったというのである。さらに第四として、養老律令や朱子学、一夫一婦制に共通する、人間関係を画一化することへの違和感である。隋・唐帝国がもたらした律令体制とは、中央集権化のことであり、朱子学とは人間を善悪に二項対立で評価する倫理学のことである。一夫一婦制は奔放な「色好み」による男女関係を法制度のなかに閉じ込め、悪のレッテルを貼る。こうした画一化――この国の風土と伝統になじまない制度の導入――を宣長は拒んでいる。

蛍巻にみる人間関係

以上の善悪をめぐる議論は、この直後、解釈学の精髄ともいえる部分へとつながってゆく。蛍巻解釈のその後を、丁寧に見ておく必要があるだろう。この数行をめぐる解釈の激突を再現することで、宣長の思想が浮かび上がってくる。

人の朝廷のざえつくりやう変る、同じ大和の国のことなれば、昔今のに変るべし、深きこと浅きことのけぢめこそあらめ、ひたぶるに虚言と言ひ果てむも、ことの心違ひてなむありける。仏の、いとうるはしき心にて説きおきたまへる御法も、方便といふことありて、悟りなきものは、ここかしこ違ふ疑ひを置きつべくなむ。方等経のなかに多かれど、言ひもてゆけば、ひとつ旨にありて、菩提と煩悩との隔たりなむ、この、人のよきあしきばかりのことは変りける。(83)

『湖月抄』の現代にも通用する常識的解釈によれば、引用の文章は、段落ごとに別のことを述べている。

前半は、「大陸の朝廷では、学問も記述の体裁もわが国とは異なります。いっぽうで国史と物語とは、おなじ日本のことです。昔からの国史と今出来の物語とでは違いがあるはずですし、意味深い国史と浅はかな物語という差はありましょう。ですが、物語を一途に虚言であると言い切ってしまうのも、物語の実情にそぐわない話なのです」――以上のように訳すことになっている。

たいする後半部分の訳は次のようなものだ。「仏が立派なお心からこの世に遺された教えでも、相手の時と場合に応じて様々な説き方をなさるということがあります。悟らない人は、経文のあちこちで教えが違うという疑いを抱くに違いありません。方等経のなかには方便説が多いですが、せんじ詰めていくと、同一の主旨に落ちていきます。悟りと迷いの違いなども、今ここでいう、物語に誇張された善人と悪人の違いとおなじ程度の違いです。逆に言えば、煩悩即菩提の道理とおなじ。善悪といっても、この世のほかの事ではない。結局は同一なのです」——このように試訳できるのである。

季吟の解釈上、重要な点は三点ある。

第一に、意義深い国史と浅はかな物語として、物語が下位に置かれていること。また物語の方が歴史も浅く、〈近代〉の産物にすぎないこと。第二に、大陸とわが国国史と物語をめぐる比較検討は引用前半だけの議論であり、後半には影響をあたえないこと。第三に、引用後半では、仏教の菩提と煩悩をめぐる議論が、物語中に登場する善人悪人の例と関連すると指摘されていること。つまり前半は国家間をめぐる比較であり、後半は仏教をめぐる話になるわけだ。

「そらごと」ゆえの価値

これが宣長の眼には、まったくちがう文章に見えるのだから驚きである。

宣長からすると、徹底的に冒頭の「人の朝廷」にこだわらねばならない。日本と大陸では学問の仕方はもちろん、才能評価の基準がちがっていると解釈せねばならない。しかも日本国内の日本書紀は、漢文的色彩を帯びているからアウトなのである。

源氏物語は「西側」の影響力が一時的に薄れた国風文化時代、つまり〈近代〉の産物だからこそ重要なのだ。「西側」の影響を受けた日本書紀は装飾的かつ華美な文体で描かれている。〈近代〉の源氏物語の方が、より素朴にありのままの日本人を描けているのである。古代と〈近代〉のあいだには、「西側」の価値観が挟まっていて、それを取り除くと、源氏物語は古代にそのまま接続する。「西側」からは「そらごと」に見えた人間関係こそ、本来、この国で展開されてきた人間関係なのである。文献学者・宣長の眼は血管をつなぐ外科医のように鋭いまなざしで、「深きこと浅きこと」という源氏本文のうち、「こと」に焦点を絞る。これは文章の体裁の話をしているだけだ、文体と「心」は別、つまり内容の深浅をいったものではないとまで強弁する。

読者の多くは、こうした宣長の解釈の積み重ねにうんざりするかもしれないが、結局、一連の物語論でいいたかったことは、「西側」と日本における、人間関係のちがいなのである。

「いつはり」の物語にはなぜ、特別な価値があるのだろうか。それは紫式部が、自分が理想とする人間関係、他者との繊細な視線のやり取り、豊饒かつ多彩な男女関係をそこに封じ込めているからである。それは儒教の普遍的価値がよしとする人間関係――勧善懲悪・政治的・男性的なものなどの言葉でイメージされる――とはまったく異なる、古代からの人間関係が描かれている。

宣長が源氏物語に発見したのは、光源氏を中心とする「そらごと」の人間関係が、隋・唐時代以来、日本のあらゆる領域を支配してきた価値観――大陸由来の養老律令であり朱子学であり一夫一婦制である――に挑戦し、解体を目論んでいるということであった。朱子学からみてまったく理解不可能な人間関係だからこそ、それは「そらごと」に見えるだけなのだ。そして「もののあはれ」こそが、日本人の関係の機軸になることを発見する。ここでもまた、源氏物語本文とともに宣長の解釈を引用してみよう。

その人のうへとて、ありのままにいひづることこそなけれ、よきもあしきも、世にふる人の有様の、みるにもあかず、聞くにもあまることを、後の世にもいひつたへさせまほしきふしぶしを、心にこめがたくて、いひおきはじめたるなり。（全集④－24・25）

さてその見る物きく物につけて、心のうごきて、めづらし共、あやし共、おもしろし共、おそろし共、かなし共、哀也共、見たり聞きたりする事の、心にしか思ふて計はゐられずして、人にかたりきかする也、かたるも物にかくも同じ事也、さて其見る物聞く物につきて、哀也共かなし共思ふが、心のうごくなり、その心のうごくが、すなはち物の哀れをしるといふ物なり、されば此物語、物の哀れをしるより外なし（全集④－26）

——それは誰それの身の上を、ありのままおしゃべりすることはない。善悪いずれであれ、この世を生きている人の有様の、見ているだけでは満足できず、また聞いているだけでは抑えがたいことを、後世まで伝えたいことを、黙っておけずに語ったものである。

この蛍巻本文にたいする宣長の解釈は次のようになる。

——珍しいな、不思議だな、面白いな、恐ろしいな、悲しいな、哀れだなあと見聞きするものについて、心のなかでそう思うだけではいられず、人にむかって語り聞かせる。語るのも書くのもおなじだ。哀れだな、悲しいなと思うとは、心が動くということである。そしてその心の動きが「物の哀れをしる」ということなのである。そして源氏物語の主題は、物の哀れをしることなのである。

源氏物語五十四帖は、「物の哀れをしる」という一言に尽きている。では、それはどういう行為かと問われれば、世の中におきるあらゆる事象について、眼で見て耳に聞こえ、身体に触れるものすべてについて、その物事の本質を知ることなのだ。そしてそれを他者と共有することなのである。ここで源氏物語の本質論としていわれている他者との感情の共有は、実は『石上私淑言』巻一でも言及されている。あまりにも強く、「あはれ」の深い時は、自分で詠むだけでは足りず、他人に聞いてもらうことで慰められるというのだ。

宣長の感性がモノやヒトにふれて反応する。周囲のすべての物事に動かされる心の揺れに、みずから自身が驚く。この驚きは当初、言語を絶した混沌とした感情であり、破調である。その思いが強烈に心を刺激すると、詞にして歌を詠む。それは自身の心の混乱をまとめ、喜怒哀楽・善悪是非いずれの感情に支配されていたかを「しる」、つまり認識することで鎮められる。しかもさらに、破調から収束にむかう心の動きを、他人との間で共有したいと願う。歌を聞く側にも「あはれ」と思わせることが自分を満足させる以上、他人からの承認欲求もまた人間の本質ではないか。この宣長の主張は、他人との関係に注目している点で明確に倫理学なのであり、多様な心の揺れ動きのなかで、もっとも日本人が興味を抱いてきたのが「色好み」の人間関係なのである。それが「まづ異国の書は、何の書も、とかく人の善悪をきびしく論弁して、物の道理をさかしくいう」ような、儒教や仏教のそれをつよく意識して登場してきた、ゆたかさ、おおらかさを強調した倫理学であることを、くり返し強調しておきたい。

世界はあらゆる感情に満ち満ちているとしか思えない。それにもかかわらず儒教の善悪、たった二色で世界を色分けするとしたら、この世はとても貧しく見える。凹凸をもち、容易に理解を拒む他人という存在や、生命力に溢れ咲きほこる花々も瞬く間に頽れていく悲哀の世界。極彩色や淡色の糸を紡ぎ合わせた織物こそ人間が生きている世界なのであり、この世界を他者と共有するために物語は書かれるのだ。

ここであきらかに宣長は、「肯定と共感の倫理学」を語っている。宣長は人事百般、男女関係をふくめた事象すべてを多様なまま受け入れているからだ。関心の矛先は自己の「内面」へとむかわない、むしろ他者との「関係」へとむかっている。

忘れられた「もののあはれ」

ところが今日、「もののあはれ」論の肯定と共感の倫理学、他者との関係の倫理学はすっかり忘れられている。戦後を代表する研究者が、どのように「もののあはれ」を描いてきたかといえば、乱暴を承知でいうと、「近代文学の発見」「個人の発見」をくり返し指摘しつづけてきたといえるだろう。

たとえば国文学者の日野龍夫は、「もののあはれ」を宣長が生きていた当時の通俗文学でも使われていた、ごく平凡な言葉にすぎないと喝破した。近世文藝全般に幅広い視野をもち、多くの論文を書いた日野は、日常生活と宣長のつながりに注目し、法律と道徳が支配する冷たい社会に人間は住みにくいこと、しかし逆に「物のあはれを知る」生き方が野放図になれば、社会秩序が維持できないといった。そのうえで、この両者の平衡感覚こそ「世間の噂」なのであり、社会秩序を維持する常識なのだと説く。

だとすれば、公然とは許されない人間の心情、赤裸々な感情こそ「物のあはれ」ということになろう。それが宣長によって過激に強調された理由を、日野は、「宣長はそこを突き抜けて、『物のあわれを知る』心を、既成の公的規範とはまったく別個の価値基準を有し、それとは決して両立しえない、独自の規範として理念化することができた」とした[84]。ここから政治とは区別された文学独自の価値の発見という宣長評価が生まれる。

さらに日野は「宣長と当代文化」という論文の中でも、当時の庶民文化において、「物のあはれ」という言葉はしばしば用いられていたという。浄瑠璃などが典型であり、とりわけ武士の生き様が主題になったという。その精神について日野は、「浄瑠璃における武士とは、公的立場と私情の相剋に苦悩することを期待されている存在なのであり、『物のあはれを知る』とは、たとえ公的立場と矛盾しようとも、私人としての情の発動を抑えないということであった」とまとめている[85]。

さらに「物のあはれを知る」を中世小説にまで遡ると、今度は仏教的色彩が濃厚になる。不義密通を例にとれば、妄執は地獄への道であり、受け手は来世に蛇にならねばならない。「物のあはれ」は、煩悩に翻弄される実存的苦悩にかかわるのであり、その苦悩へ共鳴することで救いをあたえ、救済してあげるのである。

そのうえで、日野の最終的な主張は、宣長の人情解放論が、源氏物語の読解そのものを平板化したというものであった。

中世の源氏解釈は濃厚に仏教的色彩を帯びているから、人間個人の「罪障を背負った存在」という側面に着目することができたのである。武士道や儒教の勧善懲悪が、人間を公的かつ表面的に描くことしかできないとしても、仏教はちがう。罪の意識や恐怖といった個人が背負う苦悩は、仏教にしか描けない「内面」の陰影と凹凸にまで手が届く。

だから仏教的解釈を否定した宣長は、男女の恋愛を平板にしか描けないのだ。男女の愛憎がもつ暗黒的な部分こそ仏教が担っていた人間描写であり、「恋する自分を自分で尊敬することができない」「一種虚無的な論理」などを、宣長はまったく理解していないというのである。この罪深さ、実存的苦悩を痛切に感じているからこそ、逆に、われとわが身の平衡感覚を取り戻すべく、勧善懲悪で源氏物語を解釈したのだ——これが日野の仏教的解釈と儒教的解釈にたいする評価である。「宣長が作中人物の内面の葛藤に関心を向けず、その恋の切なさにだけ共鳴したのは、作中人物を苦悩する人間としてはとらえず、被害者意識を抱く人間としてとらえたということであった[86]」。

かくして日野は、浄瑠璃から中世仏教までを俯瞰しつつ、宣長の「物のあはれ」との違いを鮮明化することになるのだが、その結論は宣長にたいしてきわめて辛い。たとえば、「知性を欠き、批判精神を欠き、主体性を欠いた精神であること、人間の価値を十分には発揮していない精神であることは明瞭である」としてみたり、また「人間の価値が確立していない前近代にあっては、知性そのもの・批判精神そのもの・主体性そのものはどこにも存在しない」とまでいい切ることになる[87]。

重要なのは、日野がくり返し使う主体性・人間の価値・前近代といった言葉が、何を意味してしまうのかということである。つまり日野は無意識のうちに、ある価値判断の基準を隠しもっていて、その基準から宣長を評価し、低い点数をつけていることになる。

ヒューマニズムという罠

ではその価値判断の基準とは何か。一言でいえば人間礼賛、ヒューマニズムに他ならない。日野がふと口にする「前近代」という言葉が、そのなによりの証左なのだが、近代とは人間中心の時代であり、個人主義を何よりも重んじる時代である。ヨーロッパにおいてガリレオ・ガリレイが地動説を発見したことは、中世の世界観の機軸であるキリスト教的秩序への挑戦であった。天動説の否定は、神が定めた秩序への反逆であり、それは科学技術による世界の合理的説明の勝利を意味した。つまり人間理性が神の地位を奪い、この世界を説明する主役に躍り出たのだ。これは前近代の常識からすれば異端であり、天体観測は邪悪で冒瀆的ですらあった。

ルターの宗教改革もまた同様なのであって、相次ぐ宗教戦争と教会の腐敗から独立し、聖書と個人の直接の対話を主張したルターは、教会秩序を乱したいっぽうで、個人の内面を発見した宗教家(プロテスタント)だったのである。ガリレオとルターに共通するのは、人間と個人の主体性の地位を引きあげた点にあった。世界秩序は神ではなく、人間の理性が科学的根拠をもとに定めるものだし、また政治権力と信仰の自由は分離し、個人の内面は絶対不可侵の聖域となった。

以上を「近代」と呼ぶならば、暗黙のうちに日野を支配しているのは、この近代的価値観である。理性と主体性の欠如を嘆き、前近代を批判するのは、日野がヨーロッパで十六世紀にはじまる近代的価値観を足場に、宣長を評価しているということである。

だがこの日野の態度こそ、典型的な「西側」の普遍的価値を絶対視したものではないだろうか。

細川幽斎が古今伝授で目指したのは、当時の「西側」思想である儒学を基点に、古今和歌集を解釈することであった。儒学こそ普遍性をもって「人間」を定義する価値体系であることを自明視し、その善悪の基準のなかに、日本古典を格上げしようとすることだった。

しかしこうした愛国心を否定したのが、宣長含めた国学者たちではなかったか。その努力の結晶が「もののあはれ」論として結実したのではなかったか。和歌だけでなく、能楽や茶の湯、太鼓にいたるまで、日本文化全体を覆っていた価値体系に戦いを挑み、物語の「そらごと」にこそ、古代日本人の姿を再現してみせた宣長は、最も知性と批評精神に富んでいるといえるはずなのだ。

日野にとって、人間とは罪の意識をもつ実存的な存在であらねばならず、また何よりも主体性をもたねばならない。近代こそ善であり、その価値尺度から前近代の「もののあはれ」論の限界を裁断するという方法がとられている。罪の意識や主体性からイメージされるのは、近代とはまず何よりも「内面」、すなわち個人主義的でなければならないということである。

宣長に主体性の欠如を指摘し、それを「前近代」であるがゆえの限界だと指摘する日野は細川幽斎の系譜に属している。日本文化と「西側」との緊張関係を生きたという意味で、幽斎と日野はおなじ方法論をとっていたということである。

源氏物語とは何なのか

その現代にあって、宣長の共感の哲学に近い発想の研究も存在する。前出の相良亨は、宣長には自己自身の内側に、自分を矯正する判断基準をもっていないと指摘する。「思えば、すでに述べたように『物の哀をしる』の『物』は、外在的な『物』であり、その『物』に内在する『哀』をこちらがうけとめ、しり、感ずることが『物の哀をしる』ことであった。この『物の哀をしる』を人倫の場に持ちこめば、それが他者の情への同情共感として説かれることは、もっとも自然のことである[88]」。

ここで物事の心と呼ばれているものが、歴史が蓄積してきた日本人の感情の型をしることだということに気づかねばならない。古今和歌集にはじまり源氏物語にいたるまで、そこに描かれた自然描写や男女の性的関係は、近代の自然科学の対象である自然ではないし、男女の身体上の相違でもない。宣長にとって自然の風景には、それをどう見るのが適切なのか、古典をふまえた感性の基準が堆積している。人が風景を見て、そこに伝統の息づかいや古代日本人の感じ方を発見し、それを言葉に発することが歌を詠むことなのだ。「もの」それぞれが含みもつ色あい、味わい、手ざわりを歴史と呼んでも伝統と呼んでも差しつかえない。その歴史と伝統への共感こそ、「もののあはれをしる」ことなのである。宣長は決して個人の内面など重視していない、過去の人びとの感性に共鳴すること、時空をこえた人間関係の海にみずからをゆだねている。和辻哲郎や折口信夫のみが、その系譜を正しく継承したものと思われる。

最後に、源氏物語にまつわる二章をまとめると、次のようになるだろう。

結局、注目すべき点は三点にわけられると思う。折口信夫の指摘にあるように、この物語には平安京以前のわが国びとの生活の記憶が宿っていること。平安京が唐の律令体制を意識したナショナリズムに基づいた都城であり、それ以前、大和を中心に生活を送っていた時代、太古の日本人の鼓動が源氏物語には隠されていることを折口は指摘したのだった。

また第二に、日本書紀と源氏物語はいわば対極的な意図に基づいて書かれた作品だということである。宣長以前の知識人の多くは、日本書紀が公的な書物であり、それに匹敵する作品としてこの物語の価値を主張しようと試みた。律令国家の知的教養の象徴「文章道」にたいし、「物語道」をつくろうとした野心が、源氏物語を儒教的解釈で彩ることになった理由である。この解釈史を破砕することが『紫文要領』執筆の意図であったことは確実である。

そして最後に「もののあはれ」論とは、古典や常識、あるいは風景に蓄積された太古の日本人の生き方に共鳴し、それを受動的に感じとる能力、つまり「肯定と共感の倫理学」であるというものであった。

第八章　「日本」の発見――「にほん」か、「やまと」か

これまで見てきた「もののあはれ」論からわかるのは、宣長が個人よりは男女関係に人間の本質を見いだしていたという事実である。儒教や商品貨幣経済がもたらす人間関係は受け入れることができない。肯定と共感こそ人間の人間たるゆえんであり、それを中心の価値に置き、独自の関係性を主張したのである。大陸由来の世界認識の方法が瓦解したのちに発見された、どこまでもなつかしいわが国に独自の生き方である。

では改めて、宣長にとって「日本」とは何だったのだろうか。前田勉らが指摘するように、不安を糊塗するために国家は必要だったのだろうか。あるいはまったく異なる何ものかだったのか。

ここでは一旦、宣長の時代から離れよう。そもそも了解済みの言葉として、今まで「日本」を使ってきたが、必ずしもイメージは一定していない。時代によって国土の異同もあったし、肯定・否定いずれの感情も喚起する。だからまずは「日本」研究の典型例を、現代の言論にみることからはじめたい。

具体的には、ナショナリズムをどう考えるのかということである。しかも宣長が日本人を男女関係から読み解いたことを意識して、ナショナリズムと男女関係に注目しよう。たとえば、社会学者

の上野千鶴子『近代家族の成立と終焉』には、近代日本の家族像と、そこから浮かびあがる男女間の性差が描かれている。中でも「高度成長と家族」の章に収められた二本の論文は注目に値する。ここには、ある意味典型的な、戦後知識人による男性イメージとナショナリズムの関係が描かれているからである。

『成熟と喪失』の母子関係

上野が注目したのが、戦後、石原慎太郎や大江健三郎らとともに活躍した文藝評論家である江藤淳の『成熟と喪失』であった。

江藤は夏目漱石研究から出発し、文学から政治まで幅広く論じた。六〇年安保闘争の際には、「若い日本の会」のメンバーとしてオピニオンリーダーの地位を確立し、以後、保守派の論客として数多くの評論を発表する。『一九四六年憲法　その拘束』など一連の著作は、対米関係を考える際、必須の著作として今日でも有名である。江藤は歴史への造詣も深く、勝海舟を描いた『海舟余波』や西郷隆盛論『南洲残影』などを書き、妻を癌で亡くした際の記録『妻と私』は、エッセイ風の評論という新しいジャンルを切り拓いた。

その中にあって、『成熟と喪失』は江藤の主著と呼んでよく、多くの読者を獲得した。上野千鶴子もこの著作から深刻な影響を受けた一人である。(89) 本書のサブ・タイトルは「〝母〟の崩壊」であり、日本人と家族、そして国家との関係を考えるための格好の素材だと考えられる。その内容は男性的原理を父に、女性的原理を母とみなしたうえで、数冊の小説を題材に、以下のように展開されていく。

たとえば江藤は、安岡章太郎の小説『海辺の光景』の母子関係に注目し、父と母、そして息子と娘それぞれの役割を分析する。両親と子供二人という家族像は、戦後核家族の典型であり、江藤は家族像の分析によって、「近代」社会の特徴を明らかにしていくのである。

近代以前の農耕中心の定住的な社会ならば、息子は父親の役割を引き継ぎ、「家」を存続させるだけで十分であった。宣長が「あきなひのすじ」で父の役割を担おうとしたことは、近代以前の典型である。母親のつとめは父親そっくりに息子を育てることであり、母子密着はなんらひずみをもたらさない。

ところが、近代以降の産業社会の到来は、息子に出世をうながす。そして出世とは、父親以上の何ものかになることであり、多様な選択へと羽ばたいていくことを示している。つまり社会全体の階級は崩れ去り、自分の才能ひとつで何ものにでもなれるということは、個人が流動性を増したということである。では流動化は、家族形態にどのような変化をおよぼすのか。

江藤淳

結果的に、父親は、乗り越えられねばならない、恥ずかしく「みじめな父」になり、母親はみじめな父に仕える「いらだつ母」に変貌する。そして当事者である息子は、多くのばあい、両親の期待に応えることができず、産業社会・学歴社会・出世競争の脱落者として、「ふがいない息子」の役割を演じさせられることになる。

これが意味深長なのは、出世に失敗した息子は、家庭圏内からの脱出に失敗した存在なので、母親のもとを出ていくことができず、精神的な母子密着がつづいてしまうという点にある。子は母から自立できず、母もまた失敗した息子を無限に抱擁するからだ。

では娘はどうだろうか。上野は、江藤が娘の存在を置き去りにしていると批判したうえで、次のように説明をつけ加えている。娘は女性である限り、母親同様、みずからの力で家庭圏内から出ていくことは、最初から断念されている。母が夫のみじめさを知りながら、しかし夫に頼らざるを得なかったように、娘もまた将来、男に依存して生きていく以外、展望がない。自分の将来はいらだつ母になることしかないとわかった時、未来を悲観した「不機嫌な娘」が誕生する。

産業社会が家庭内に持ち込んだ「変化すべきだ」という価値観、上昇し、学歴を元手に出世競争に参加することが「正しい」という価値観が、家族四人の内面をむしばみ、苛立ちに駆り立てていることがわかるだろう。流動化した社会が、家族をバラバラにし、翻弄しているのだ。

このふがいない息子と不機嫌な娘が結婚し、新たな家庭を設けた姿を描いたのが、小島信夫の小説『抱擁家族』である。ふがいない息子・俊介と不機嫌な娘・時子が問題なのは、彼らが産業社会の渦中を生きていて、大学教員としてそれなりの成功を収めているにもかかわらず、精神は近代以前を生きているからである。いいかえれば、近代以前とは、男性が女性を支配する関係であり、妻を母の代理だとみなし、母子密着を息子の立場から要求することを指す。だがもちろん、妻とは本来「他人」であり、俊介の母ではあり得ない。

儒教の「天」の喪失

以上のような江藤の家族論を見てきたのは、上野が男性と女性の性差に関心をよせているからである。男性にとって女性が他人になるとは、農耕的でも定住的でも母親ですらない「人間」が、目の前に登場してきたという意味である。妻は、安定性を欠き、緊張の連続を強いてくる凹凸をもった他者になったのである。

小説中の主人公・俊介にとって、他人である時子は、家庭内に縛り付けられた女性像を破壊し、産業社会という世間へでようとする存在である。家庭内で出来の悪い夫につかえ、あるいは息子の成長に自分の生きる意味を仮託していた人生を抜けだし、自分なりのアイデンティティーを発見しようとする旅をはじめた存在だ。

ではその結果、時子の内面に芽生えたものとは何だったのか。江藤によれば、それは自己の女性性の否定、すなわち「自己嫌悪」にほかならない。「近代」とは、女性に女性自身であることを自己否定させる時代、すなわち「〝母〟の崩壊」を強いる時代だった。自己破壊によってしか解放されないということ、これが『抱擁家族』から導きだした江藤の女性像の核心である。

対照的に、江藤が羨望とともに思い出しているのは、夏目漱石が描く男性像であった。江藤が第一作『夏目漱石』以来問題にしてきたのは、漱石らの時代には「儒教の超越的・父性原理」が「天」として存在していたことであり、またそれが次第に失われていくことに、戦前の作家たちが自覚的なことであった(90)。

たとえば、『坊っちゃん』に描かれた勧善懲悪の倫理観は、明治の社会秩序を基礎からしっかりと支えていたが、その根っこにあるのは江戸時代の儒教的世界観だと江藤は考える。本書で再三ふれてきた儒教は、漱石の時代まで影響力を行使していたのであって、日本人の生の基盤であった。江藤は大正デモクラシーまでその価値観は生き延びたとし、自然主義や白樺派の登場によって崩壊したと考えた。そして敗戦は、戦前の価値観の否定を徹底的に推し進めた。俊介のような、儒教的価値から見放されて、浮遊し、自信がなく、困惑する男性を生み出したのである。

ここで、江藤が漱石に見ている父性原理が、儒教の「天」といわれていることに注目しよう。つまり、江藤は本書が注目する江戸期の普遍的価値が、西洋文明の侵入後もつづいていたこと、しかし戦後はそれを全否定した結果、価値の空洞化が生じてしまい、混乱に陥ったと考えているのだ。江戸中期を生きた本居宣長との関係で重要なのは、父であり夫である俊介が、ふがいない家長だという点にあり、戦後に登場したあらたなタイプの父親だということである。『抱擁家族』には、父も家長も治者も天も、そして国家すら登場してこない。普遍的価値とは男性的なものとおなじ意味であって、その不在を——宣長とは対照的に——江藤は嘆いているのである。

ナショナリズムと男性の系譜

そして以上の江藤の議論から、「ナショナリズムと男性」の関係に注目したのが、上野千鶴子なのである。上野は問う、江藤の嘆きは男性の自意識過剰ではないのだろうか。家庭では家長として、国家では治者としてふるまうことは男性性を強調しすぎている。儒教的価値観の押しつけは、人間の女性性を抑圧するのではないだろうか――「だが、『治者』といい、『家長』といい、男性知識人にとって、その自己回復の道が、いつも『父』になり急ぐことなのは、なぜだろう（中略）男が『父』になり急ぐとき、女はどこにいるのか」（「『母』の戦後史」）[91]。

上野が批判する対象は、近代以前であれば勧善懲悪にほかならず、儒教的伝統のことである。戦後の男性知識人は、ひたすら父権的なアイデンティティーを求めつづけてきた。たとえば小林秀雄の大作『本居宣長』も、自己同一性探求の書として読むことができる。また本居宣長本人も古事記や源氏物語を、今日の国民文学の古典の地位にまで引きあげることに寄与した。だから宣長や小林が求めたのは、戦後の男性知識人たちとおなじ価値である。上野の主張を引用しておこう。宣長と古典との関係からみちびきだした男性像は、次のようなものである。「なら宣長はそれで何をやろうとしたのか？　もうひとつの文化植民地主義の源泉である『漢意』から『やまとごころ』を剔抉《てっけつ》するためです（中略）宣長や漱石、小林、そして江藤さんが問おうとした問いは、『日本とは何か？』という問いでした（中略）『日本とは何か？』の問いを通じて、小林秀雄や江藤さんが果そうとしている課題は、『治者』になるという道です」（「戦後批評の正嫡　江藤淳」）[92]。

序章で述べたように、『日本思想史入門』の「野口史観」に導かれつつ、本居宣長を読みはじめた私にとって、ここには重要なことが二ついわれている。第一に、本居宣長の「やまとごころ」が男性の系譜――治者――に属する思想であるということ。第二に、宣長を含めた男性知識人は、「日本とは何か？」すなわちナショナリズムを問うているということである。男性が治者になろうとするのは、「日本」に関心があるからであり、本居宣長から夏目漱石、小林秀雄を経由して江藤淳、西部邁にまでつながる男性的なものの系譜があるというのである(93)。ここで明らかにされているのは、「日本」とは男性的なものにかかわるということである。

ならば一方の女性とは、何だろうか。抑圧されつづけてきた女性とは、どのような存在なのだろうか。それはヒロイズムとは無縁の思想、「生き延びるための思想」の持ち主である。

これまで男性が数千年にわたり作りあげてきた思想はすべて、死ぬための思想であった。江藤や西部が典型的なように、保守的知識人たちはことごとく自死を選んでいる。自死は非日常であり、ヒロイズムは非日常の思想にちがいない。だが女がよって立つ思想は「日常の思想」である。「日常は決してヒロイックなものではありません。日常とは、昨日のように今日も続くものです。今日のように明日も子どもに御飯を食べさせなきゃいけない女にとって、日常は闘いの場です。そこでは誰が病気の子どもの保育園のお迎えに行くかが、闘いなのです」(同前)(94)。

上野は、本居宣長から江藤淳まで縦横無尽に論じることで、「日本とは何か」を、男女関係から解き明かそうとしたのだった。

「からごころ」と漢字表記

上野のナショナリズム批判と男性批判は非常にわかりやすいが、そもそも日本思想史において妥当するものなのだろうか。あるいはもしかしたら、上野もまた、西側の普遍的価値を振り回し先人たちに斬りつけているだけなのではないだろうか。

この問題を考える際に参考になるのが、やはり賀茂真淵と本居宣長の関係なのである。賀茂真淵こそ、男性的なものと女性的なものの違いを強調し、そこから「日本」を発見した国学者だからだ。ここでようやく現代を離れて、ふたたび宣長の時代に眼をむけてみよう。

人生でたった一度の両者の邂逅は、宝暦十三年（1763）五月二十五日に実現した。その六年前、宣長は、知人から最近刊行された書物だといって『冠辞考』を紹介される。万葉集に歌われたものをふくむ三五〇の枕詞を、五十音に基づいて列挙し考証をほどこしたこの書は、当初、宣長の理解を超えたものだったが、くり返し読むうちに、慕う思いは次第に募っていったのである。

面会のチャンスは偶然に訪れた。当時、和学御用として主君田安宗武に仕えていた真淵が、史跡調査の命をうけて奈良・京都を訪れていた。真淵はその足でお伊勢参りのため、松坂に入っていたのである。その際、書籍を求めて訪れた本屋・柏屋兵助が機転をきかし、宣長に真淵がいることを告げ、お伊勢参りの帰路、逗留先の新上屋にまででかけていったのである。

この劇的な対面について、当日の宣長はほぼ記録を残していない。日記にも面会の記録を記すのみである。しかし晩年の著作『玉勝間』には、「あがたゐのうしの御さとし言」という項目があり、真淵と宣長の間で交わされた議論の内容が記されている。対面以降の書簡でのやり取りなどをふくめて、宣長は真淵への複雑な思いを書きつづけるのである。

古事記の注釈をつくりたいという宣長にたいし、真淵は、自分ももともとおなじ志をもっていたこと、そのためにはまず「からごころ」からきっぱりと離れ、古代の本当のこころを明らかにせねば不可能であること、しかし古代のこころを獲得するためには、なによりも古代の言葉を自分のものにしなければならないことなどを語った。そして古代の言葉に精通するには、万葉集を十分に研究すべきであると考え、徹底的に研究するうちに、はやくも年老いてしまった。でもあなたはまだ若い。怠らずに学びつづければ、きっと志をとげることができるであろう——こう諭した。

真淵からの忠告に感動した宣長は、以後、「いよいよ萬葉集に心をそめて、深く考へ、くりかへし問ただして、いにしへのこころ詞をさとりえて見れば、まことに世の物しり人といふものの、神の御ふみ説る趣は、みなあらぬから意のみにして、さらにまことの意はええぬものになむ有ける」（全集①－87）という地点にまで到達することになる。

一見、博識にみえる学者たちの神道論は、すべて「からごころ（漢意）」、つまり朱子学や仏教の知識で古典解釈を争っているにすぎない。どれだけ斬新な切り口の学説であっても、それら「からごころ」による後世の解釈は古典そのものの意味を隠す負の作用しかもたらさない。このとき宣長の前には、「からごころ」と漢字表記という、二つの敵が見えていたにちがいない。

第七章で引用しておいたように「からごころ」とは理論武装された合理主義にほかならず、外から日本に持ち込まれた思想体系である。思想体系とは、この世界を解釈する基準という意味であり、秩序形成や善悪を決定する役割をはたしている。日本は「自分たちと同様、世界をこのように見るべきだ」と主張する普遍的価値の強制に襲われたということである。

日本人は、この普遍主義を器用に使いこなして見せた。たとえば『石上私淑言』巻二には、古今和歌集冒頭の「やまとうたは人の心を種として」の部分について、「やまとうた」を「倭歌」と漢字表記するのはなぜなのか、という質問がある。これにたいして宣長は、本来の日本語には「やまうた」という言葉は存在しなかったと答える。事態は逆で、「倭歌」という漢字表記が導入された結果、私たちは「やまとうた」という表現をするようになったのである。

では「倭歌」は、いつから使うようになったのだろうか。古事記や日本書紀では、ただ「歌」とのみ表記されていたのであって、その後、人びとが漢籍や漢詩を学ぶようになると、それとの混同を避けるために「倭歌」という漢字を用いるようになった。この漢字を「やまとうた」と発音するようになったわけだが、とうぜん大陸にも歌や詩はある。ならば「倭歌」という漢字表記で区別するのは納得できるものの、「うた」という日本語は大陸には存在しない以上、万葉仮名の「于多」と同様、「うた」といいつづければよいのだ。にもかかわらず、「やまとうた」というのは納得がいかない──「しかるに古今の序の首に。やまとうたはとかきいだされたるは。すこしいはれぬ事也（中略）ただ于多とのみあらまほしき所也。しかるに後世に是を釈するとて。夜麻登といふにさまざまの義をつけて。ことごとしくいひなすは。はなはだいはれなくおろかなる事也」（全集②－129）。

引用文章の後半に注意して読んでほしい。宣長が単なる屁理屈をこねているわけではないことがわかるからだ。

「倭歌」を漢字表記に引きずられ「やまとうた」と訓読みしたとき、何が起きたのか。これ以降、万葉仮名の「夜麻登」が「大和」と表記されるようになると、この「大和」から発想はどんどん飛躍して、「日本はおおらかで調和を貴ぶ国なのだ」といった根拠薄弱な日本論が横行するようになった。「やまと」という音に、「夜麻登」という表音漢字をあてていたとき、もちろん漢字それ自体には意味はない。だが表音文字だったはずの「夜麻登」を「大和」と書き換えたとき、無意識のうちに漢字の意味に引きずられはじめる。大陸の文化圏の常識で、日本の古代世界を解釈してしまう。これと似たような解釈の積み重ねが、神道でも行われていった。そのような事態にたいし、今の神道家たちは古代を忘却していると宣長は批判したわけだ。

万葉主義と新古今主義の深い溝

松坂の一夜以後、真淵が亡くなるまでの六年間、宣長と真淵は書簡を交わし、添削・文通によって師弟関係をつづける。とりわけ万葉集にかんしては、宝暦十四年から明和五年六月まで全巻にわたり質問をおこない、『萬葉集問目《もんもく》』として後世に遺された。

しかし、宣長と真淵では、万葉集がもつ意味合いに大きな違いがあった。後に万葉学者の大久保正が、「宣長の上代学の方向を決定づけているものは、『古事記』の中に発見せられた理念であって、『萬葉集』のそれではないのである（中略）真淵においては、『萬葉集』の研究はかれの國学を生み出した母胎であり、『萬葉集』の表現を通じて古代精神の脈動に触れる方法を見出したところに、その國学は成立している」と述べながら指摘しているのは、二人がどこに「道」、すなわち日本人古来の生き方を見出そうとしたのかの違いである。[95]

「古代精神の脈動」と大久保が呼ぶ日本人の生き方を、真淵は万葉集のなかから直接、取りだそうとしている。一方、宣長のばあい、古事記こそ「道」が脈動している世界、聖典なのであって、その内容を生き生きと再現するための手段として万葉集の言葉は研究対象となっているのである。

真淵は万葉集を絶対視する以上、当然、歌の実作も万葉調で詠まれねばならないと考える。その姿勢はきわめて単純でわかりやすい。一方の宣長にとって、万葉集は、古代言語学の稽古場にほかならず、自分で歌を詠む際の基準とはならない。宣長ははっきりと、万葉集ではなく古今集・後撰集・拾遺集の三代集が実作の理想であり、模範とすべきものであるといっている。三代集をまねることで、結果的に、新古今和歌集のような作品を詠うべきだと考えている。真淵の万葉主義と宣長の新古今主義には、埋めがたい溝があった。

両者の違いは次第にあきらかになり、添削と議論の交流は、ついに敵対的な雰囲気を帯びるようになってくる。たとえば、万葉集全二十巻の成立をめぐって、宣長は「萬葉集重載歌及巻の次第」という文章を書く。ここで宣長は、多年の研究成果をもとに、万葉集巻一・二・十三・十一・十二・十四の順に六巻のみを橘諸兄が選んだ原型であるとする真淵の主張に疑問を投げかける。各巻の年代や部立から考えると、前後二度の編纂によって全体が構成されたと考えてはどうか、と真淵に疑問をぶつけたのである（全集⑥－3～7）。

これが真淵の逆鱗にふれた。「萬葉撰者・巻の次第等の事御記被遣候、是は甚小子が意に違へり、いはばいまだ萬葉其外古書の事は知給はで異見を立らるるこそ不審なれ、か様の御志に候はば向後小子に御問も無用の事也」。万葉集以外のことを何も知らないくせに、俺の説に文句をつけるとは何事か[96]。このままでは今後、質問には答えないぞと真淵は怒っている。

『歌意考』を書くことで、真淵は、上代人のひたすらに素朴で一途な姿を描き、行動も口数も少なかったことを賛美する。素朴な心から歌をうたえば、つづくと思わなくても自然と詞はつづき、リズムが調べとなって整う。歌をよむ人よまない人の区別なく、普段づかいの詞がそのまま、歌を生みだす時代があった。この時代の特徴を一言でいいあらわすなら、「ますらをぶり」と呼ぶのがふさわしい。雄渾で男性的な、雄々しい日本人たちの姿がそこにはあった、と。

真淵の『萬葉新採百首解』

では、男性的なものや雄々しさとは、具体的に何なのだろう。

万葉集の中から真淵が選択した歌百首に解釈をほどこした著作『萬葉新採百首解』巻之上には、「さを鹿の　妻呼ぶ山の　岡辺なる　早稲田は刈らじ　霜は降るとも」という絶唱が引かれている。この作品の解釈をめぐり、真淵に質問する者があった。雄鹿が妻を呼び求めて鳴いている山麓の、岡辺にある早稲の田は刈らずに、霜が降りてもそっとしておこうというのは、いかにも変ではないか。鹿の求愛のために、わざわざ生業を放棄して、早稲を収穫しないのはおかしいのではないかと質問したのである。

真淵は答える、こうした質問は古代を理解していないことから出てくる。理屈からいえば、生業を廃すべきではないし、役人も許さないだろう。だがそもそも、このような場所で鹿が鳴くのをしみじみと聞かないでいられるだろうか。求愛の時に、収穫が待ち遠しかったからと刈り取るのは、いかにも薄情ではないか。万葉人は理論的・合理的反省以前の感慨、思った心をそのまま詠んだだけなのだ。反省することで生まれる時間、批評という自意識がこの時代には存在しない。古代では、そのまま言うから詞に真実が含まれる一方で、「後の人はおもひかへしていふゆゑに、真てふものにあらず、巧みて作れるもの也」（全集⑲－247・248）。

つまり、古今和歌集にはじまり新古今和歌集で最高潮にたっする詞の技巧性が徹底的に排除されている。「まうけずつくらず、しひずをしへず」が天地の秩序に沿った歌のあり方であり、それが男性的なものの特色なのだ。この万葉集への評価は、真淵の人間論でもある。さらにはここから古代日本人による統治のあり方を理想視してゆくのである。

たとえば真淵の論考『国意考』には、男性的なものによる統治のあり方をめぐってこう書かれている――人間と鳥獣とは異なると人間を特権視するのは人間の驕りにすぎない。それは大陸の普遍的価値観の癖のようなものである。冊封体制を敷き、中華思想に凝り固まると、周囲の国を蔑称で呼んで卑しめる。だが、天地の間に生きとし生けるものは、みな虫のようなものではないか。人間だけがなぜ特権的なのだろうか。天地日月とおなじく、鳥獣魚草木などは、古代からつづくおなじ循環のなかを生きている。しかし人間だけが、大陸の知識を得てからというもの、天地のリズムから外れたのである。無理矢理に知識を得て以来、人びとはばらばらに知識をつかって諍いを生みだし、世が乱れるようになった。統治できたとしても、互いを欺くようになった。智慧が争いを生みだしたのである。人間は万物のなかでも、むしろ悪に属するようになったのだ（以上、『国意考』）。

国文学者の井上豊は、真淵のこの態度について、「和歌は元来自然に根ざすものであり、自然が永遠である限り、古ぶりに還せないはずはなく、古歌をたよりに古道をも理解すべきである」と評している。[97] ここには統治のあり方を論じつつ、自然と日本人との関係をめぐって重要な指摘がなされている。

宣長は、古今和歌集の序を参考に、歌は人間をふくめた生き物だけがうたうものだと限定し、なかでも人間の特権性を認める。それにたいし、真淵は、生き物を超えた山川草木の自然を称賛し、その一部として人間をとらえている。とりわけ日本人は、和歌の詞の世界に包摂され、抱かれている。和歌の詞は、自然を賛美するためにうたわれるのであって、調和した世界像のなかに日本人は位置づき、この世を賛美する。だからこそ口から発せられる詞は穏やかであり、自然のリズムに沿って流れていくのである。

本来、神々の秩序に日本人は抱かれ、天地と人との間には、一切の夾雑物が存在しない。上代の日本人が発する詞の素直さは、神々の詞にそのまま通じるのであり、詞と生き方のリズムは結びついていると真淵は考えるのである。

「ますらをぶり」の政治思想

ここから、高校の文学史でもよく知られる「ますらをぶり」という生き方がでてくる。真淵によれば、大陸の学問は人為的につくられたものなので、理屈っぽい分、わかりやすい。一方、日本古代の道の学問は、天地に沿ったものであるから、理論では覆い難く、概念としてとらえにくい。合理的な思考から漏れでる何かを、日本人の生き方はもっているのだ。

そして真淵の歌論は、最終的に政治思想へと通じていく。真淵にとって、威厳をしめしたり、素朴さをあらわしたりするのは、統治のために良い方法である。しかし一方で、宮殿や衣服を華美にし、尊大にふるまえば、治安が乱れるはじまりとなる。統治の任にある上の者が勇猛心をもてば、人びとは従うものである。そして、日本で威厳をしめすべき上に立つ者とは、武士をおいて他にはいない――「誠に、武の道は直ければおろそかなし、私なし、手をたむだきて、家をも治べし、天が下をも治べし」（全集⑲－22）。

真淵は統治者の心がけを説き、また和歌が人びとの心をやわらげることは統治の役に立つという。真淵の興味は統治者それ自身にむかっている。激しい儒教批判にもかかわらず、統治者への関心は儒教とおなじであり、詩歌が政治的効用をもつという立場なのである。真淵は大陸の思想を合理主義的だと否定しつつ、和歌の「ますらをぶり」、つまり武士的かつ男性的な生き方を賛美し、日本の独自性の発見を試みた。和歌の世界と、この国とは何かという問いは、天地と人間は一体であるという壮大な宇宙観によって結びついている。この国の統治は、天地の運行に沿うようになされるべきなのである。

こうした和歌と統治をめぐる関心は、本居宣長のばあいとは決定的に異なる。

ここで真淵の『歌意考』と宣長の『石上私淑言』の中でも、両者における男性的なものと女性的なもの、武士的なものと古今集的なもの、合理的なものと非合理的なものが、対比的に描かれている箇所をみてみよう。

されど女のうたには心すべし、古今歌集の中によみ人しらずてふ歌こそ、萬葉につづきたる奈良人より、今の京の始までのあり（中略）いにしへはますらをは、たけくををしきをむねとすれば、うたもしかり、さるを古今歌集のころとなりては、男も女ぶりによみしかば、をとこ・

をみなのわかちなくなりぬ

情のかたは前にいへるやうに。心よはきをはづる後の世のならはしにつつみ忍ぶ事おほきゆへに。かへりて欲より浅くも見ゆるなめり。されど此歌のみは上つ代の心ばへをうしなはず。人の心のまことのさまを有のままによみて。めめしう心よはき方をもさらにはづる事なければ。

（真淵全集⑲－45・46流布本）

後の世にいたりて優になまめかしくよまむとするには。いよいよ物のあはれなるかたをのみむねとして。かの欲のすぢはひたすらにうとみはてて。よまむ物ともおもひたらず

（宣長全集②－157）

それぞれを丁寧に追っておこう。真淵はいう——女の歌には注意しなくてはいけない。古今集のなかでは、万葉集につづく平城京から平安京のはじまりのころの、よみ人しらずの歌だけが評価できる。古代は、男性は雄々しく勇ましくあることを趣旨としたので、歌もまたそうなっているからだ。ところが、古今集のころになると、男性までもが女性的な詠み方をするので、男女の区別がなくなってしまったのである。

一方の宣長はいう——情緒というものは、心が軟弱であるのを恥じる後世の流儀では、隠すことが多い。だからかえって、欲よりも皮相に見えることもあるだろう。だが歌だけは古代の風情を失わずに、人の本当の心の姿をありのままに詠む。女々しく心弱いこともまったく恥じることがなかった。だから後世になって、優美でみずみずしい歌を詠もうとすると、いよいよ「もののあはれ」

が主題となって、欲は詠もうなどとは思わなくなるのだ。

宣長は本当に男性的か

男性は儒教の超越的・父性的な原理、つまり天と国家を求めてやまない。それは戦死や自死を賛美するヒロイズムを呼び覚まし、国家の治者たらんとする政治思想である。日本思想は、そのような男性中心の思想史でありつづけてきた。なぜなら江藤淳や小林秀雄だけではない、彼らが共鳴した本居宣長もまた、「やまとごころ」を主張し、日本を問うた男性的な思想家だったからだ――上野がつかみだし、対峙し、反転を試みているのは男性中心の世界解釈であり、政治と「日本」への興味であり、非日常を賛美するヒロイズムである。そして、その源流に本居宣長がいる。

しかし、宣長は本当に男性的なのだろうか。また政治的に「日本」を言挙げしたのだろうか。たとえば先に詳細に検討してきた細川幽斎のばあいは、儒教的世界観を受け入れたうえで、その中に古今和歌集を位置づけようと試みていた。それはまさしく男性的なものそのものであるといってよい。日本古典を女性のもてあそびものだとする通念を打破し、政治の場面で必須の漢籍に匹敵する役割――いうまでもなく、儒教とは治者の学である――をあたえる。この野心に突き動かされている幽斎は、愛国者だったにちがいない。上野の批判は、幽斎にもまたあてはまるといえるのだろう。賀茂真淵にも上野の批判はあてはまるようにみえるが、私はあてはまらないと考える。なぜなら、第六章の源氏物語の解釈史で折口信夫が指摘したように、男性的なものには、儒教や二・二六事件につながる系譜と万葉時代の雄々しさとがあり、区別すべきだからだ。結局のところ上野の批判は、ナショナリズム批判で儒教の政治思想を斬っているにすぎない。
だが、宣長のばあいはどうだろうか。宣長は、若き日に和歌の世界に酔いしれ、歌論を書くことから出発してきた。武士道に批判的で、男性的なものよりは女性的なものに共感を覚えていた。改めて確認しておこう。たとえば『あしわけをぶね』と『石上私淑言』という最初期の歌論のなかには、次のような言葉が書きのこされていた。

さて人情と云ものは、はかなく児女子のやうなるかたなるもの也、すべて男らしく正しくきつとしたる事は、みな人情のうちにはなきもの也（中略）もとのありていの人情と云ものは、至極まつすぐにはかなくつたなくしどけなきもの也
（全集②－35・36）

吾御国は天照大御神の御国として。佗国々にすぐれ。めでたくたへなる御国なれば。人の心もなすわざもいふ言の葉も。只直くみやびやかなるままにて。天の下は事なく穏に治まり来ぬればば。人の国のやうにこちたくむつかしげなる事は。つゆまじらずなむ有ける
（全集②－154）

――和歌は人情をありのままに詠むべきものである。では人情とは何だろうか。女性や子供がそうであるように、はかなく、柔らかみをもつものである。男性が陥りがちな、正しく理論的な思考は、人情そのものではない。武士が死ぬことを悲しまないのは、うわべだけのことで、人はみな死

に際して狼狽し、悲嘆する。これこそが本物の人情であり、和歌の源泉ではないのか。

また和歌のこのような柔和な人情は、日本の統治のあり方にもつうじるものであった。大陸儒教の政治思想が、合理性を重視し、きわめて高度に理論化されていたとすれば、日本はまったくちがう統治原理をもつ。わが国は天照大御神のもとに穏やかに統治されてきた伝統をもつのである――。

ここにははっきりと「日本」への関心があり、ナショナリズムの萌芽と呼ぶべき思考が存在する。だが、それは上野のいう男性的、あるいは保守知識人とはまったく異なる論理で展開されているものである。宣長は、上野の言葉を借りればきわめて女性的な「日常の思想」の持主であり、にもかかわらず、否、だからこそ「日本とは何か」に答えることに成功している。

もし上野の男性論とナショナリズム批判が、近代以降に限定されたものであるならば、それはそれでかまわない。江戸時代の本居宣長は近代以前の思想家にすぎず、ジェンダー論などとは無縁だからだ。だがしかし、「日本とは何か」という陽差しを受けた宣長の影は、激しい論争の的となることで私たちのもとにまでのびている。

「日本」を考える時、たしかに宣長にまで遡る必要がある。だが上野が自明の前提にしているナショナリズム批判、男性批判をいくら振り回しても、宣長の影を斬ることはできない。気づけばむしろ宣長は、上野のすぐわきに身を寄せて、女性の側についている。女性の側ですらないのであって、宣長の豊饒さはナショナリズムという言葉をはるかに超えた陰影に富んでいる。宣長の豊饒な思想にナショナリズムという鋭利な刃を立てても、私の手元に届くのは、せいぜい限界や危険性といったやせ細った言葉たちである。いいたいのは、宣長は私たちが考えるよりもはるかに人間通だということである。

「日本」の発見

本居宣長のような知の巨人になると、同時並行で日本にまつわる多様な学問領域に関心をもつものである。実際、京都遊学中から書きつづけた読書ノート『本居宣長随筆』第二巻を見てみると、「古今伝授」や「和歌伝授」といった狭義の歌学にかんする項目のほかに、「宋史日本伝」や「粟田真人」、「唐書日本伝」「倭」「山跡」などの抜き書きがある。粟田真人とは大宝の遣唐使の首席として、国号「日本」を唐にたいしはじめて用いた外交官である。宣長は中国正史への関心にくわえ、倭や山跡への関心も、わが国古代の国号への関心も示している。古今和歌集や源氏物語研究とおなじ時期、古代学の準備を進めていたのであり、三十四歳で歌論『石上私淑言』を書いた時点で、後の『古事記伝』につながる宣長独自の古代学の萌芽を確認できるのである。

それを象徴するのが「日本」という国号をめぐる、一連の記述である。宣長の「日本」への関心は、古今和歌集仮名序の「やまと歌は、人の心を種として、よろづの言の葉とぞなれりける」にある「やまと」をめぐる考察からでてくるもので、わが国の国号は、夜麻登・倭・和・大八嶋國・葦原中國そして日本それぞれを比較考察することで、あきらかにできるという。後に独立した論考『国號考』にまとめられるが、『石上私淑言』巻二のなかでは歌論の一部として、国号とは何かが論じられている。

古代史は、近現代史に慣れた私たちからすると、恐ろしく時間の幅が広い。万葉集の歌人・大伴家持が没したのが延暦四年（785）であり、それ以降の百年ほどの時間が、古今集揺籃時代とも呼ぶべき時期にあたる。嵯峨天皇の在世は大陸文化を吸収し、価値基準とした時代であり、和歌は漢詩文の陰に隠れ、衰退の一途を辿っていた。ところが、唐の衰退による自国意識の覚醒が、こうした風潮に変化をもたらす。醍醐天皇が古今集編纂を求めたのは、延喜五年（905）四月十八日のことであった。唐が滅ぶのはそれからわずか二年後のことである。若き日の宣長が研究を惜しまなかった古今和歌集や源氏物語は、唐帝国の政治や経済、文化にいたる影響の波が引いた後に花開いた国風文化だった。

「にほん」か、「やまと」か

宣長古代学の舞台は国風文化以前、隋時代を含めれば西暦五八一年から九〇七年におよぶ隋・唐帝国の時代である。古事記（712）と日本書紀（720）の登場はこの時期のことであり、何より国号「日本」が登場してきた。対外的緊張がピークに達した時代に、国号「日本」とわが国の正史は登場してきたのである。

宣長は中国正史にも目配りをしながら、わが国名の変遷に独自の解釈を施していく。私たちも、隋・唐時代の古代史を念頭におきながら、宣長の理解を追っていかねばならない。時代の焦点をしぼると六〇〇年の遣隋使から古事記と日本書紀の成立までの百二十年程の国際情勢に目配りをしておこう。それは宣長の日本書紀と「日本」という国号への評価をしるために必要な歴史の復習である。

実際、「日本」と日本書紀との関係について、『石上私淑言』巻二には、次のような問答が記されている。

問云。やまとといふに日本を用るはいつのころよりぞ。
答云。日本といふ号は孝徳天皇の御時にはじまりたるに。それより七十年後の和銅五年に出来たる古事記にいまだ見えざるをおもへば。其ころもまだ夜麻登といふに用る事は無かりし也。此記は推古天皇までを記したるに。其御世にはいまだ此号なき故に書ず。惣名のやまとにも。用ひなれたるにまかせて倭の字をのみ書て。一つも日本といふ事は見えず（中略）其後日本紀に始めて夜麻登を日本とかかれたり。此紀は文をかざり字をえらびて書れたる故に。やまとの文字にもかの嘉号を取たる也。神代紀に。日本此云耶麻騰。下皆効此。世の人のいまだしらぬ事なる故に此註はある也
（全集②－143）

かなり難しい箇所なので、意訳をしておこう——「やまと」という言葉に「日本」という漢字を当てるようになったのはいつからですか、という質問者にたいして、宣長は次のように答えている。「日本」という名称は孝徳天皇（在位645－654）の御代にはじまったものであるが、それから七十年後の和銅五年につくられた古事記には、まだ「日本」は使われていない。そこから推測すると、当時もまだ「夜麻登」に「日本」を当て字することはなかったようだ。古事記には推古天皇までの史実が記載されているが、その当時はまだ「日本」という国号がなかったので、書かなかった

のである。わが国の国号である「やまと」には、使い慣れた「倭」の字を当てて、一つも「日本」という文字はみえない。（中略）そののち日本書紀ではじめて夜麻登を「日本」と書いた。日本書紀というのは、文を飾り字を選んで書いたので、「やまと」の文字にも縁起のよい名を当てたのだろう。神代紀のなかに「日本、これをやまとといふ、しもみなこれにならへ」とある。世間でまだ知らない呼称だったので、こうした注があるのである――。

この一文を書いている宣長の脳裏には、隋・唐時代の緊迫した対外関係がありありと見えていた。『石上私淑言』は、「やまと」というたった一言から、壮大な古代世界を展開してみせる。賀茂真淵が万葉集研究から、「ますらをぶり」の政治思想を導き出してきたように、歌論から国号を考察した宣長独自の日本論である。

今日の私たちは「日本」を「にほん」と読まず「やまと」と読んだ時代があったこと、古事記には「日本」という漢字は一箇所も使用されておらず、日本書紀ではじめて多用された事実にすら躓き、驚くだろう。つまり、日本書紀のこの一文を正確に読み解くことは、古代の歴史を再現し、太古の息吹を甦らせる作業である。

宝暦十三年（1763）の宣長が、千年を超える時空を駆け巡り、読者を古代に誘う。「やまと」に「倭」と「日本」いずれの漢字を当てるのか、「日本」を「やまと」と読むべきか、「にほん」と読むべきかが、大変重要な意味合いをもってくる。つまりここでも漢字の音読み・訓読みという問題にも注目しながら宣長の論理を追う必要があるのだ。

倭国は未開の国なのか

隋の文帝の治世であった開皇二十年、推古八年（600）の遣隋使の時代、文帝と倭国の使者（遣隋使）との間で、次のような緊迫したやりとりが行われた。

――文帝がかの地の風俗を質問したところ、使者は答えて、「倭王は天をもって兄となし、日をもって弟とする。兄の王は夜明け前にでてきて胡坐をかいて座り、弟王から政事について聞く。そして夜が明けると、弟王は政務一切を引き継ぎます」と、恭しく言上した。これを聴いた文帝は「これは非常に道理にあわない」といって教え諭し、改めさせた。

以上のやりとりについて、古代史家の鳥越憲三郎は、きわめて興味深い示唆をあたえてくれる[98]。鳥越によれば、兄は宇宙の主宰者としての王を意味し、至高の現人神として君臨している。弟は実際の政務を司る立場にあり、兄が祭事を、弟が政事をとりあつかう「祭政二重主権」の統治形態だったのである。丑の刻（午前二時）に最高潮に達する神事において、兄王は弟が言上する政務の次第を聴きながら、それを神へと奉告する。逆に兄王から弟にたいし、神託が命じられることもあったであろう。神と人間との中間にあり、神聖性を帯びた媒介者によって、漆黒の闇の聖殿でくり広げられるマツリゴトが、倭国の秩序を維持していたのである。

さらに『隋書』倭国伝などは、蛇のなかに、あるいは沸騰する湯のなかの小石を探らせ、偽証した者の手が爛れると裁定した「盟神探湯《くかたち》」の神事がおこなわれていたこと、また倭人の多くが顔面や身体に入れ墨をしていた事実を伝えている。漢族である隋にとって、こうした習俗が異様にみえたのは、はるか太古からつづく服飾文化の差異によるものである。漢族が住んだのは寒冷かつ乾燥した黄河流域であったから、体温を保つために毛皮や分厚い布地に身を包む生活習慣が根づいていた。それはもっぱら衣服に装飾をほどこす文化を育んだ。いっぽうで温暖湿潤地域に住んだ倭人のばあい、逆に体温を発散させるために手足を露出することが多かった。男性は腰巻だけで夏場を過ごすことも多かった民族にとっては、入れ墨こそが最高の装飾であり、病の侵入を防ぐなどの呪術的な意味合いすらもった。

こうした文化的なちがいが、政治体制や国際秩序の理解にも違いを生んだのである。太古から一人の男王が全権を掌握する大陸の皇帝たちにとって、黥面《げいめん》――顔の入れ墨のこと――は野卑であり、未開文化に思われたし、また祭政二重主権の政治体制は、隋の文帝にとって理解しがたい未成熟な体制だった。「道理にあわない」といって改めるよう指示をだしたのは、こうした世界観のちがいがあったからである。当時、倭国の「西側」に位置する隋帝国にとって、聖性は「天」とのかかわりでもたらされるべきであった。だから倭国の「日」に象徴される太陽信仰とそれに基づく統治体制は、理解不可能だったのである。

こちらでは好意を示したはずのしぐさが、相手が所属する文化では非礼にみえる。文化とは蓄積され形づくられた世界観の表現なのであって、政治体制も外交儀礼も、すべては詩文同様、文化に足場を置いている。そして文化が自己表現である以上、相手との齟齬は不可避であって、互いの違和感を和らげる作業を、私たちは外交と呼んでいるのである。

「日出づる国」の国際秩序観

七年の後に煬帝のもとに派遣される遣隋使までのあいだ、「西側」の指摘を受けた倭国は国政改革を進めてゆく。いわゆる「未開」からの〈近代化〉を推し進めたのだ。

推古十一年には遷宮とともに冠位十二階が制定され、翌年には十七条憲法が制定される。その第八条「群卿百寮、早く朝《まい》りて、晏《おそ》く退《まか》でよ」からは、官人たちの執務時間が隋を意識したものに改められていることがわかるだろう。時間とは、私たちの生活のリズムにほかならず、そのリズムを大陸のそれに置き換えることは、文化の変容といってよい。生き方それ自体を差し出して、倭国人は「普遍的価値」を受容しようとしていた。

だが小野妹子が派遣された二度目の遣隋使においても、倭側は奇妙な失敗を犯している。有名な「日出づる処の天子、書を日没する処の天子に致す。恙無きや云々」という一文のことである。煬帝の逆鱗にふれたことは、教科書でもお馴染みの事実である。

この文書は、「天子」という用語を蛮族にすぎない倭側が使用したことが、煬帝の逆鱗にふれたと理解されることが多い。しかし注目すべきはむしろ「日出づる処」「日没する処」の二箇所の方である。当時の隋側の国際秩序観と宇宙観からみたばあい、これは単なる東西の方角をあらわしているのではない。「日没する処」とは、西方はるか遠方の地、天子が君臨し、東アジアの盟主中華の支配領域外の世界を意味したのであって、中華の自意識をはげしく逆撫でする言葉だったのである。倭側は天子を僭称し、さらにこともあろうに、われわれ中華をはるか遠方の地と悪気もなく言ってきたのである。

これを単なる倭国の無理解であり、外交上の失策だと考えるのはまちがっている。なぜならここで使われている日の出・日没の記述は、ナーガールジュナ（竜樹）の著作ともいわれる摩訶般若波羅蜜経の注釈書から、自覚的に引用されたものだからである。以下、歴史学者の小林敏男『日本国号の歴史』と吉田孝『日本の誕生』の記述を中心に説明しよう。

まず、『大智度論《だいちどろん》』と呼ばれるその著作には、「経の中に説く如くんば、日出づる処は是れ東方、日没する処は是れ西方、日行く処は是れ南方、日行かざる処は是れ北方なり」（神野志隆光訳）という記述があるが、これが単なる方位をしめす以上の意味をもっていたことに注意しなければならない。

聖徳太子二王子像

倭国側の外交官たちにとって、『大智度論』ほど自己像を描くのに都合のよいものはなく、自覚的だといったのはその点にかかわる。この書はある種の国際法のようなものであり、隋の外交理念を根底からくつがえす根拠を秘めていた。恐らく「日出づる処」「日没する処」という表現を選択した裏には、倭国側が、みずからは太陽信仰をもつ独自の文化国であるという自負心があり、同時に、国際秩序を仏教的世界観で説明しようとする野心があった。

隋の中華的世界観とは、要するに冊封体制のことであり、朝鮮半島のさらに東側にある倭国は蕃《ばん》国《こく》あるいはそれ以上に支配の及ばない「絶域の国」（小林敏男）にすぎなかった。

それにたいし、『大智度論』はまったく異なる国際秩序観の典拠だったのであって、その秩序観によれば、世界はすべて贍部洲《せんぶしゅう》のうちにあり、天竺（インド）・震旦（中国）などは同一の価値観のもとに対等に置かれている。

ここには、国際社会において自国をどのように位置づけるのかをめぐる、激しい駆け引きがあったと考えてよい。中華的世界観からみれば、中華の周辺に冊封体制下の蕃国があり、その外側では支配の及ばない「絶域の国」が、理解不可能な発音で言葉を発している。あるいは入れ墨などの未開文化のまま、停滞した政治体制をとっている。倭国はそうした国の一つにすぎない。

いっぽうで冊封体制下からぬけ出し、「東海の帝国」（吉田孝）を目指しはじめていた倭国にとって、隋の中華意識をそのまま受け入れるわけにはいかない。ではどうすればよいのか。隋が典拠とし、普遍的価値だと考える華夷秩序を、他のもので置き換えたらどうか。

そのときに倭国が選んだのが、仏典『大智度論』が指し示す国際秩序観にほかならなかった。倭国は「日出づる処」の国であり、それは国内の太陽信仰とも合致する説明を可能にしてくれる。だとすれば、「日出づる処の天子、書を日没する処の天子に致す。恙無きや云々」と高らかに宣言することは当然ではないか。東アジアの国際関係において、倭国は隋と並び立ち、対等の独自外交を行う国であると主張すべきではないのか。

「日本」の登場

国号「日本」がいつ制定されたのか。公式制定の時期について、日本書紀天武天皇三年（674）三月条には、いまだ「倭国」とあることから、その後、大宝令が制定される七〇一年までの四半世紀の間に制定されたとみるのが、近年の研究動向である。その間、国際情勢は隋から唐に代わっている。具体的には、飛鳥浄御原令が制定、施行された天武十年（681）から持統三年（689）にかけてというのが定説である。

とりわけ六七二年の壬申の乱に注目すべきである。大友皇子を制圧し即位した天武天皇は、みずからを秦を打倒した漢の高祖になぞらえ、国家の正史をつくる作業を命じた。ここでも天武天皇の脳裏には、普遍的価値基準たる、大陸の制度が意識されている。またさらに、太陽信仰のもととなる「日御子」思想などをもっていた天皇を中心に臣下たちのあいだでも、国際社会を意識した「日本」という自国意識が高まってきた。こうして国内で徐々に形成されてきた「日本」が対外的に使用されたのが、大宝の遣唐使だったのである。

文武四年（701）正月一日、時の文武天皇は藤原宮の大極殿に出御し、恭しく儀式が執り行われた。これを「朝賀」という。『続日本紀』巻第二に記載された当日の様子は、文武百官が大極殿の前に整列し、神武天皇の東征神話をモチーフとした三本足のカラス――八咫烏のこと――の旗、さらに太陽と月を象った旗も立てられた事実を記している。これは陰陽を象徴し、昼夜の支配をかたちにしたものであり、また都の四方を守護するために、青龍・朱雀・玄武・白虎の旗も立てられていた(99)。

この席には朝鮮半島から新羅遣の使者も参列していたが、この事実はとても重要である。なぜなら国際社会で一定の地位を占め、できれば中心国の一つであると自負したい「日本」には、半島からの使者は、われわれの威徳を慕って参列したとみなされるからだ。またこの三月には、対馬から金が産出されたことを祝い、元号が「大宝」と定められた。前年に完成した「令」で、元号制が制度化されたことによるもので、大宝元年の八月には「律」も完成し、待望の大宝律令ができあがる。そして正月二十三日に任命された粟田真人を首席とする遣唐使が、その後入唐し、「日本」の国号を用いることになったのだ。

国内の中央集権化、つまりは〈近代化〉に成功した以上、すみやかに国際社会にも成果を示さねばならない。万葉集には、このとき帯同していた山上憶良が四年後に帰郷の際、詠んだ歌が残されている。

山上臣憶良、大唐に在る時に、本郷を憶ひて作る歌
いざ子ども　早く日本へ　大伴の　御津の浜松　待ち恋ひぬらむ　（巻一－63）

新潮日本古典集成はこの歌について、「日本」に「やまと」とルビをふったうえで、「さあ者どもよ。早く日の本の国、日本へ帰ろう。大伴の御津の浜辺の松も、われらの帰りを待ち焦れていることであろう」と訳している。大陸の楚州塩城県にたどり着いた一行は、役人の取り調べにたいし、

「日本国の使」と返答し困惑させている。それ以前、わが国の対外的呼称は「倭」が一般的であったから、海の東には大倭国という君子国があることはしっていたが、「日本」という国家の存在はしらなかったからである。だが眼の前の使者たちが極めて礼儀正しいことから、ようやく日本国と大倭国を同じ国だと信じたとされている。

通常、国号の変更は諸外国、とりわけ大国唐からの信認を受けてはじめて可能となることだった。当時は史上唯一の女帝・則天武后の治世であり、彼女自身が国号を唐から周に改めていた。中国正史『旧唐書』には、このときの唐側からみた倭人の印象について、「真人は経史を読むを好み、文を属るを解し、容止は温雅なり。則天は宴して、麟徳殿に於いて司膳卿を授け、本国に還るを放める」と好意的に記している。四枚の花びらが四方に垂れるようなかたちをした進徳冠を頭に戴き、紫の衣装に身をつつんだ粟田真人は、唐風の衣装を完璧に着こなしてみせる文明人であり、則天武后を満足させ、帰国にあたって宴席を設けさせるだけの実力を備えていた。

『日本の誕生』の著者・吉田孝は、この一文から真人が語学に巧みで読解にも作文にも秀でており、恐らくこれ以前に留学経験があったことを推測している。唐の制度を模倣した大宝律令編纂にも関わっていたという事実は、真人が、当時の国際秩序はもちろん、唐の制度にも精通した最高峰の知識人にして外交官であったことを教えてくれる。結果的に、国号は問題なく、「倭」から「日本」に変更されたのである。

外交上の大きな成果をあげて、こうした遣唐使のひとりとして、山上憶良は帰路につこうとしていたのである。そのための祝いの宴席で詠んだのが、先の歌なのだ。だから吉田は、ここで使われた「日本」は、対外的呼称の「にほん」と詠まれたに違いないと推測する。これまでは国内の呼称「やまと」については、「倭」や「夜麻登」あるいは「日本」などの漢字を時代ごとに当ててきた。しかし、今からは「日本」は「にほん」と読むべきである。このように発音することで、大宝律令を整備し、大国唐に並び立つ中央集権国家「にほん」が対外的承認を得て誕生したと考えるべきではないのか。冊封体制下にはない独自の東アジア外交を展開する東の帝国「にほん」の誕生に、宴席は華やいだのではなかったか――。

宣長にとっての「日本」

宣長自身は、先の引用にもあるように、孝徳天皇時代すなわち大化の改新のときに「日本」が制定されたと見なしている。大化の改新が唐と高句麗の開戦と同年であることが重要で、遣隋使が遣唐使に代わる際の激しい極東情勢が、自国「日本」への関心を生みだしたことはほぼ間違いない。重要なのは、宣長がこうした経緯で成立した国号「日本」にたいして、全く評価をしていないことであり、また日本書紀も否定的に引用しているという事実である。

宣長が日本書紀を否定したのはなぜか。それは日本書紀が最古の対外的ナショナリズムの書だからに他ならない。

たとえば『「日本」国号の由来と歴史』の著者・神野志隆光によれば、古事記と日本書紀の神功皇后の逸話を比較検討すると、両書の世界観の違いをはっきりと理解することができる。

日本書紀では、神功皇后の遠征の物語において、新羅を服属させる場面で「神国」「日本」などの言葉が使用され、新羅王が財宝を八十艘もの船に載せて献上したことが記載されている。「日本国」に降伏した新羅とともに、高麗・百済の二国王もまた服属の意志を示している。実際、日本書紀本文にあたってみると、新羅の王は恐怖に慄きながら、「吾聞く、東に神国有り。日本と謂ふ。亦聖王有り。天皇と謂ふ。必ず其の国の神兵ならむ。豈兵を挙げて距くべけむや」と降伏する様子が描かれ、また、「新羅の王、常に八十船の調を以て日本国に貢る」という朝貢関係がこのとき成立したことがわかるのである。

興味深いのは、同場面において引用されている『魏志』には、「四十三年。魏志に云はく、正始の四年、倭王、復使大夫伊声者掖耶約等八人を遣して上献す」とあり、倭国が八人の使者を魏に派遣した事実が「上献」と記載されていることである。もちろん当時の外交関係において、『魏志』が自国側を上とみなし、倭国を劣位に置くのは理解できよう。それを日本書紀は正確を期すために、そのまま記載したのである。さらに「日本」ではなく「倭王」という呼称も受け入れたわけだが、その結果、新羅と魏それぞれにたいする日本側の態度が違ったことがわかる(100)。

ところが古事記のばあい、そもそも『魏志』などの中国正史の引用がないのはもちろん、後の遣隋使にかんする記載さえないのである。つまり対外意識が古事記には存在しないのだ。以上の記紀二書のちがいに注目しつつ、神野志は次のように結論を述べている——「『日本書紀』のつくる歴史は、中国にも受け入れられてある『日本』を、朝鮮に対する大国的関係をつくるものとして確認し、国際的に認知された大国『日本』を成り立たせる。大宝令による『日本』という設定と、中国による、その認知とあいまって、『日本書紀』によって得られた『日本』はこのようにとらえられる」。たいする『古事記』においては、『日本』という外からの価値確認による世界関係をつくるのでなく、『倭（やまと）』が作る天皇の世界がそのまま新羅・百済までを包摂して、帝国的世界を成り立たせるのである」[101]。

日本書紀の国際感覚

ここで神野志が指摘しているのは、記紀の国際秩序観のちがいである。日本書紀にとって、まずもって意識されているのは朝鮮半島諸国である。「東の帝国」を自負するためにも、半島諸国は大陸からみるときと同様、蕃国として下位にあるべきであり、その象徴として彼らにたいしては「日本」と自称する。またそれを受け入れさせた。いっぽうで大国隋にたいしては対等の関係を目指したのであり、この時点では「倭」と名乗るにとどめていた。それに変化が起きたのが粟田真人首席の大宝の遣唐使であり、山上憶良の名歌もこのとき生まれる。これこそ、国際情勢を過剰に意識した対外ナショナリズム誕生の瞬間なのである。これは古代における〈近代化〉の時代といってよく、遣隋使から大宝の遣唐使を経て、日本書紀が誕生する期間に、「日本」のナショナリズムは急激な勃興をみせたのである。

宣長にとって、こうしたナショナリズムこそ最も忌避すべき態度だったことはいうまでもない。律と令によって大国唐の政治行政制度を急速に導入し、〈近代化〉をはかる過程で、中国正史に対抗する日本正史の作成をめざす。だがこうした態度それ自体が、ありのままの日本人の呼吸を乱し始めているではないか。「西側」の普遍的価値を前提に、自己主張を模索する生き方を強いられることで、本来の生のリズムを奪われ、精神と文化の硬化がはじまっているのではないのか。

それはまるで、古今和歌集が「古今伝授」を生み、源氏物語が『河海抄』を生みださねばならなかった悲劇を先駆している。光源氏を中心に展開される、豪奢かつ絢爛な男女関係は、平安時代の実際の婚姻関係とは異なる世界を描いていた。現実の婚姻制度は養老律令に規定されていて、重婚は禁止されていたし、儒教経典『礼記』に基づき、女性から男性に懸想することは恥ずべき行為とされていた。だがこれもまた日本人の豊かな恋のささやきを、普遍的価値に閉じ込めているのではないだろうか。中央集権化の過程で切り刻まれ、画一化された男女関係の枠に、太古の男女関係は封印されてしまったのだ。

さらに江戸初期の細川幽斎がみずからを美の使徒であると自負し、能楽と笛、太鼓から茶の湯まで自在に嗜みながら、和歌を世界文学のレベルにまで引き上げようとした野心は、宣長には日本文学の悲劇としか思えなかったのである。あるいはこうした悲劇が、日本文学の主流をなしていることに我慢がならなかった。

源氏物語は何からできているか。それは紫式部の柔らかな感受性が傷つけられたことでできた文学ではないか。母と夫をうしない、公的価値の体系から外れたのちに、物語によって朝廷から召されたことは、式部をいささかも安堵させなかった。事態は逆であって、世間的出世はしずかな式部の生活をかき乱し、一層の苦痛をあたえたのである。

そして源氏物語も古典になってゆくにあたり、作者とおなじように傷ついた。儒教的解釈の刃を当てられ、無慚に切り刻まれてきたのである。先の源氏論でふれたように、玉鬘と光源氏の間でかわされる有名な物語論の部分で、物語はその虚構性のゆえに価値が低いとみなされていたが、その際、比較の対象とされたのが日本書紀だったのである。わが国の正史として日本書紀は為政者の必読書であり、講義も頻繁におこなわれていたのだが、日本書紀にたいする賛辞は、三史五経に準ずる書であること、儒教古典を評価基準に褒めたたえられたのである。

日本書紀の解釈史

宣長の眼の前には、日本書紀成立以降、連綿とつづく解釈の歴史が横たわっていたのであって、書名「日本」自体の意味についても、夥しい解釈史があった。今ここで、詳細にふれるつもりはないが、たとえば日本書紀講書はその典型である。

平安時代にはいると、朝廷主催で日本書紀の講読が全六回おこなわれたが、まずもって問われたのは、書名である「日本」とは何なのかであった。講書は日本書紀本文を訓読して読みあげ、博士が講釈をほどこす形式で進み、その講義にまつわる覚書は「私記」と呼ばれている。これら複数の講書を比較参照した神野志は、「日本」という名称が当初は唐によって名づけられたと理解されていたこと、つまり「日本」はあくまで他称に過ぎなかった可能性を指摘している。

また国号「日本」と深い関連をもち、現在でもときどき使用例をみる「扶桑」という言葉について、小林敏男は、前漢の書『淮南子』天文訓や戦国時代成立とみられる『山海経』を参照し、大陸からみた東夷の世界のことであろうと指摘している。その地域には十個の太陽が湯浴みをする「湯谷」があるとされ、その谷のうえに太陽が昇る扶桑という木があること、太陽は一つずつ湯浴みした後、扶桑の木から登ってゆくことが「日本＝扶桑」のイメージとして描かれているのである。

室町時代を生きた一条兼良は摂政や太政大臣を歴任した人物であり、有職故実にも明るかった。さらに文明四年（1472）、七十一歳のときには源氏物語の注釈書『花鳥余情』を書きあげた日本文化の体現者である。のちの細川幽斎がそうであるように、兼良の関心もまた日本書紀へとむかっていった。日本書紀や淮南子・山海経、つまりは古今東西の知識を駆使しながら、この扶桑と日本との関係を解釈することに心血を注いだ。その兼良が、康正年間（1455－1457）に書きあげた日本書紀神代巻の注釈書が『日本書紀纂疏《さんそ》』である。

住吉朋彦の論文「日本書紀纂疏―宋学受容の一面―」などを参照すると、一条兼良がとりわけ注目したのが素戔嗚尊《すさのおのみこと》であった。父・伊弉諾尊《いざなぎのみこと》から天の下を治めよと命じられたにもかかわらず反抗し放逐された際、素戔嗚尊が怒りに燃えて天上に昇り、高天原を治める姉の天照大御神を訪ねたという逸話に、兼良はたいへんに興味深い解釈をほどこしている。神代巻第六段に付された第三の一書によれば、素戔嗚尊の粗暴をしっていた天照大御神が、邪心がないと主張する素戔嗚にたいし、誓約を要求する有名な場面がある。この両者の間の盟約が交わされた場所は「天安河」だとされている。この「天安河」が一体どこなのかについて、兼良は次のような解釈を下したのである。

すなわち「天安河」とは「天漢（天の川）」のことに他ならない。陰陽五行に基づく天の川の成り立ちを語り、漢籍を複数引照しながら、七夕の伝説に引きつけて解釈していくのである。大陸で信じられている伝説に素戔嗚尊の神話を重ね合わせることが可能であったのは、兼良が禅宗の学問の影響を受けつつ、一方で儒学者・朱子の著作を吸収していたからである。

その『日本書紀纂疏』に、「太陽は扶桑に出づ。則ち、この地自ずから日下たり。故に名づけて日本と曰ふ」と記したとき、中世を代表する古典学者の兼良は、四辻善成の『河海抄』や、後年の細川幽斎などとともに、わが国文化史の主流に確かな居場所を得ることになった。「西側」の知識を駆使して古典を解釈してみせたからだ。

その後、室町末期になると、「日本」という名称は仏教とのかかわりを深めていき、大日如来とのかかわりが指摘されるまでになる。それが『古今和歌集灌頂口伝』であることは非常に象徴的なのであって、私たちは、日本書紀にはじまり、最終的に古今和歌集の注釈書のなかに、大日如来と大日本を重ね合わせる姿をみるのである。「日本」という一語は、時代ごとの〈現代〉思想によって、着色されてきたのである。

平安京以前の信仰へ

だとすれば、「日本」が一度も使われていない古事記が、いかに宣長にとって魅力的に映ったのかは想像に難くない。そもそも日本書紀それ自体が、対外的緊張関係を意識し、唐帝国に対抗するための帝国主義的政策として編みだされた日本正史だった。さらにその後の解釈史もまた、その時々の解釈を独占していた大陸の世界観、仏教の普遍的価値観に染められてきたことは、今まで見てきたとおりである。こうした事実に自覚的だった宣長が、「日本」という国号についてどう思うかと聞かれ、答云。吾御国の本号は大八洲《おおやしま》なり。日本はもと異国へしめさむために作られたる後の号也。この故に詔命などにも。常には大八洲天皇とまうし。異国へしめさるる時に日本天皇とは申す也。令にも此おもむき見えたり。（全集②－140）[102]

と答えた時点で、「日本」成立以前の太古の世界へ視線は向いている――わが国の本当の呼称は「大八洲」である。一方で、国号「日本」はもともと、対外的に示すために後世になってつくられた呼称にすぎない。だから詔勅などをみても、通常は「大八洲天皇」と国内向けには書かれているが、対外的に提示する際には「日本天皇」ということになる。令にもこの規定がある。

この文章を書いている時の宣長は、思いのほか折口信夫の源氏物語論に近づいている。第六章で取りあげたように、折口は源氏物語のなかに、「第一次性源氏物語」と「第二次性源氏物語」という二種類の分類ができること、そのうち前者に注目すべきであることを説いていた。わが国の文学史は、平安京以前と以後に分類するべきであり、それは文学と古代信仰のかかわりを考えることを意味する。六〇〇年代から徐々にはじまっていた〈近代化〉は、律令体制の整備と平安京遷都で完成する。中央集権化と対外ナショナリズムの発生前後で、朝廷の霊力にも変化が生まれたということである。

山々に囲まれた「やまと」

つまり日本書紀・古今和歌集・源氏物語いずれの古典も、後世の解釈の手垢がついた状態のまま、宣長の眼の前にあったのである。わが国の古典は主に「西側」の解釈の刃で切り刻まれ、血にまみれた残骸となっていた。契沖や賀茂真淵は、それらを一つひとつ拾いあげて元の姿に戻そうとしはじめていた。それはしなやかな指先の感覚に頼るような精細な作業なのであって、その手つきが宣長を魅了した。〈現代〉思想の刀を振り回し、その斬れ味を自慢するのとはちがう、古典を古典のまま掬い取る丁寧さに感動したからである。

かくして宣長が最も注目したのは、古事記にも頻出する「夜麻登（やまと）」であった。折口が古代信仰を発見したのと同様、この日本語のなかに、古代人の古層が眠っていると考えたのである。しかしここでもまた難敵が待ち受けていた。宣長の前には、「やまと」をめぐる夥しい解釈史があったからである。たとえば貝原益軒『日本釈名』によれば、「やまと」は生駒山の外側にある国だから「山外」と書くのが正しいとされていた。また日本書紀の私記によれば、「この世の始まりのとき、天地が分かれて、泥がまだ乾かなかった。人々は山に住み、泥に足跡が沢山ついた。だから『やまと』は『山跡』なのである」という主張がなされていた。

日本書紀の神代紀に、太古は国も土もまた若く幼いとあるが、それは伊弉諾・伊弉冉という二神出現以前のことであり、人や物が存在しないのはもちろん、国土自体もまだなかった。国土がない以上、当然、山もまたあり得ないということになる。

さらに宣長を困惑させたのは、師とあおぐ契沖ですら、こうした解釈に引きずられていたことであった。『古今余材抄』において、契沖は、和州は四方がみな山なので、往来の跡が山に多いのも当然のことである。だから「跡」とは足あとの意味であるという。さらに、契沖は「論語」「五常」

「仁君」などの言葉をもちいて、次のように国号を説明する。

私記古語謂居住為止といへり。とまり、とどまる、ところ、あと、皆止の心を具せり。山は動なきをもて其徳とす。論語に仁者楽山といふも此心なり。五常を五方に配する時仁は東にあたる故に、もろこしに四夷を釈するにも、東夷には仁をあたへたり（中略）千世万世を経ても仁君の宝位動くことなくして、よろつの物化産して富みゆたかなる所といふは、殊に嘉号なれは、あまたある名の中にやまとをおほく用ゐ来れり。（全集⑧－6）

——日本書紀の講釈書「日本紀私記」には、古語で住むところを「止」ということがある。とまり、とどまる、ところ、あと、など、すべて「止」の意味を備えている。山は動かないことを徳とする。『論語』雍也《ようや》篇にある「仁者は天命に安んじているから、山のように静かで不動である」というのも、この意味である。仁義礼智信の五常を五つの方角に配すると、仁は東にあたる。だから中国で四方の異民族を解釈する際、わが国の方角である東夷には仁を配したのだ（中略）きわめて永い時を経ても、君主の位が動揺することなく、あらゆる物を生産して豊かな土地だというのは、特別な名称なのだから、数多くの名称のなかでも、やまとを多く使用してきたのだ——。

どれほど契沖が「やまと」を讃えても、その理論的支柱は、あくまでも「西側」を基準にし、日本書紀を参照してしまっている。では宣長にとって、「日本」の奥底に潜む原風景、太古の日本人が眼にしていた世界とはどのようなものだったのだろうか。それは「山処」であった。夥しい解釈を退けたのちに、この言葉が喚起するイメージが、宣長の眼の前にはあらわれてきたのだ。

やはり日本書紀ではなく古事記がよい。古事記にある倭建命の歌を参照すると、青山に囲まれた、とてもしずかな国が見えてくる。穏やかな稜線の山々に懐深く抱かれた国こそ、「山処」という響きから吹いてくる古代の風である。

賀茂真淵の『萬葉考』を参照すると、この国は山門から出入りする、四方を山に囲まれた土地なので、「山門」の国と名づけるべきだとしている。たしかにこれは一理あるが、宣長自身はさらに謙虚に、山々に抱かれた国であるから「夜麻」は「山」のことであり、「登」は「処」と指摘するだけにとどめた。現在の大和地域だけを指した言葉であって、そののち、神武天皇の御代に橿原の宮を定めて以降、この地が帝都とされたので後々しぜんと国号にまで拡大していったのである。

この宣長の発見は、どこまでも謙虚で、なつかしいものである。国家の由来を語るにはあまりにもしずかすぎる。

だがこの平凡にみえる事実の指摘にたどり着くまで、日本人には千年以上の歳月が必要だったのである。その間、日本人の呼吸は乱されつづけてきた。「西側」の普遍的価値によって古典は裁断され、自然のリズムから外れた身振り、大袈裟な物言いを強いられてきたのである。

宣長以前、秀才で鳴らした知識人の誰一人として、「山処」が国号の由来だと指摘できなかったし、明治以降、近代に入ると、宣長は近代文学の先駆者あるいはナショナリズムの体現者として、肯定と否定のあいだを揺れ動いた。その議論の声は、とても騒がしい。まるで古今和歌集や源氏物語の解釈史が翻弄されたのとおなじ悲劇が、宣長に襲いかかった。時代ごとの〈現代〉思想の冷たい刃を、古典も宣長も、その身に押しつけられたのである。

宣長が取り戻そうとしたのは、裁断され、切り刻まれる以前の日本人の肉声、すなわち太古の息吹をたたえた「もののあはれ」に基づく人間関係にほかならない。

終　章　太古の世界観——古典と言葉に堆積するもの

宣長、ルソー、カント

享保十五年、伊勢松坂に生まれ、享和元年に七十二歳で鬼籍に入った宣長は、現在の私たちからみると非常に遠い存在である。だがこれを西暦になおすと一七三〇年から一八〇一年にあたり、ルソーとほぼ同年代であり、一七二四年に生まれ一八〇四年に没するカントとは完全に重なり、ヘーゲルとすら人生の三十年間、おなじ時間を共有していたと聞けば、大半の人は驚くことだろう。

源氏物語を読み破り、「もののあはれ」論を展開した著作『紫文要領』が出現した一七六三年は、『社会契約論』の翌年にあたる。また、フランス革命がナポレオン独裁によって終焉するころ、わが日本の宣長は、『古事記伝』全四十四巻を完成させ、慶賀の歌会をおこなっていたのである。その直後、時代は十九世紀に入っていく。

私たちは今日、ルソーの主著やカントの『純粋理性批判』を古典として読むが、その際とくに時間的な落差を感じない。おなじくカントの『永遠平和のために』は、ウクライナ戦争が勃発し、国連が機能不全である今こそ読まれねばならないと注目されている。つまり、これら西洋の古典を、私たちは「近代」哲学として現在と地つづきで読んでいる。時間差だけではなく、西洋と日本という空間の差すら感じずに、私たちはこれらの古典を饒舌に語っている。

ところで、本居宣長のばあいはどうだろう。和歌論から出発し、源氏物語の精読から「もののあはれ」を発見した宣長は、いかにも古色蒼然として見える。私たちは宣長に先行した儒教の世界や、宣長が仮想敵としている江戸思想史の空間について詳しくしらない。と同時に、特別な興味を抱かないかぎり、今日、和歌を詠んでいる人は稀のはずである。また古今和歌集の特徴はといわれて、すらすらといえる人も数えるほどであろう。

宣長の名は研究者のあいだで口にされることはあっても書店で見かけることはなく、懐古趣味的な世界に閉じ込められているように見える。影響力ということなら親鸞や日蓮などの方が、宣長よりも圧倒的に活力があって現在にまで届いているのだから、日本では鎌倉仏教がルソーやカントの役割を担っていて、「近代」的なのかもしれない。

ではなぜ、本居宣長に注目するのだろうか。まずもって私が宣長に惹かれるのは、「西側」から到来する普遍的価値観にたいし、日本人がとった対応の最良の事例を提供してくれるからである。

人はだれしも、生きる時代を選ぶことができない。つまり本来、歴史と場所を離れて生きる事はできない。たとえ流浪し、土地の記憶とは無縁の生活者であっても、自分とは何者かという問いは逆に強まり、帰属意識への思いは愛憎相半ばしながら、内省をうながす。

ところが、本居宣長の前にあったのは、日本を日本語以外の世界観で説明しつづけてきた言語空間、すなわち、もう一つの「歴史」であった。西側から到来する価値を普遍的だとみなし、その導入に腐心することで国家として生き延びる。その立ち居振る舞いは、自分の記憶を積極的に捨てることで、自分であろうとすることだった。だがその国家とは、はたして日本だといえるのだろうか。古今伝授や源氏物語の恣意的解釈が、恣意的だとすら意識されなくなった時、文化は文明に呑み込まれているのであって、固有の顔を失っている。千年にわたり私たちは「歴史」に閉じ込められ、無色透明となり、歴史と場所を奪われつづけてきたのではなかったか。

外交儀礼や政治制度だけではなく、言語表現こそ対外的緊張の象徴なのであり、私たちの呼吸の乱れを率直に反映しているだろう。言語は他者とのあいだを架橋する作法であり、先祖の営みが堆積した澱のようなものなのだから、その国に独自の人間関係のあり方を映しだしている。

だから和歌を詠み、源氏物語を学ぶことで、宣長は「歴史」からの脱出をはかったのである。それはある種の自由の希求であり、閉塞感の打破である。だからこそ宣長は、私たちに強いメッセージをもって迫ってくる。明治以降の日本人もまた、西側の定義こそ違え、おなじ課題に対応してきたからだ。

坪内逍遥と『源氏物語玉の小櫛』

関心を、明治初期に限定する。明治十八年、近代日本文学の黎明を告げる『小説神髄』で、坪内逍遥は、これまでの日本文学の特徴を「勧善懲悪」を描くことにあったとし、新しい小説は、人間の「人情」を描写するべきだと宣言した。逍遥は「小説の主脳は人情なり、世態風俗これに次ぐ。人情とはいかなるものをいふや。曰く、人情とは人間の情慾にて、所謂百八煩悩是れなり」という有名なテーゼを吐く。

それにつづけて、高尚な人は感情を表面にはださないから、まるで煩悩を脱したように見えるけれども、有情の人である以上、情欲はかならず持ち合わせていると畳みかける。怒るべきことを怒らず、悲しんでも取り乱さないのは、ひとえに道徳による抑圧であって、人間本来の姿からは程遠い。にもかかわらず、儒教は文学のなかにまで入り込み、倫理的に生きる人物を描き、欲望を露わにすることを戒める。つまり人間を合理的に描くのだ。

だが勧善懲悪で人間を裁断する作品は、とても近代小説とはいえない。煩悩に充たされ、無限の情欲をもって跋扈する人間は、造物主がつくった世界の一役を担っている。だから今、小説家が人間を描いて小冊子をつくるのは、まるで神が天地をつくるようなものである。その任務はとても重いものといわねばならない——。

当時最先端のイギリス文藝批評を参照し、近代小説は「人情」を描くべきだと逍遥は喝破した。しかしその勢いは、あくまでも逍遥がイギリスの文藝批評家に憑依できている限りのものであって、脆弱な支えに基づいている。われに返り、欧化にいそしむ貧相な張り子細工の明治日本に住んでいることに気づいたとき、逍遥を深刻なアイデンティティーの危機が襲ったにちがいない。

ある日突然、江戸文藝の華である戯作や浮世草子は「文学」ではないと宣告される。逍遥は困惑し、問いかける。ではその「文学」とはいったい何なのですか。それは海のかなたの西側にある「近代」文学だと知識人がいう。当初、戸惑いながらその定義を受け入れていた逍遥も、いつの間にか西欧思想を身に帯びた自分に自信をもち、厳かに「近代」文学の必要性を宣言し、最先端の思想で過去の日本語の伝統を否定してみせたのだ。『小説神髄』は、いわばみずからの血で書かれた記念碑的墓碑である。だがそれが自身の身を傷つけ、血を流していることに逍遥は気づきはじめる。

逍遥を次のような考えがよぎる。鉄道や電信、郵便は「近代」であり、国是として西洋を追いかけるのはよくわかる。だがならばなぜ、言葉の世界もまた「近代」を、無条件に是とする必要があるのだろうか。言葉には、躓いたり立ち止まったり、時の流れに逆らう権利は許されないのだろうか。あるいは、言葉に流れる伝統という血脈を、死守する身振りこそ描かれるべきではないのだろうか。

つまり、敗れ去っていくものの側に寄り添うことが、日本の「近代」小説を生みだすことではないのか。こうした疑問が逍遥を襲ったと考える方が、むしろ普通だと思われる。興味深いのは、ここで逍遥が本居宣長の源氏物語論『源氏物語玉の小櫛』を引用し、手探りで日本古典のなかに「近代」小説の理念を探そうとしていたことである。

坪内逍遥

> さて物語は物のあはれを知るを旨としたるに、そのすぢにいたりては儒仏の教へに背けることも多きぞかし。そはまづ人の情の物に感ずる事には善悪邪正さまざまある中に、道理にたがへる事には感ずまじきわざなれども、情は我れながら我が心にも任せぬことありて、おのづから忍びがたきふ

し有て感ずることもあるものなり（中略）右に引用せる議論のごときは、すこぶる小説の主旨を解して、よく物語の性質をば説きあきらめたるものといふべし[103]。

——ところで、物語は「もののあはれ」を知ることを主眼としている。その作風は儒教や仏教の教えに背くことも多いはずである。なぜなら第一に、人情が物事に感動するのは、善悪邪正いろいろあって、その中には、道理を外れたことには感動すべきではないはずだが、情は自分でもコントロールできないことがある。だから自然と抑えがたいこともあって、感動してしまうこともあるものだ（中略）以上に引用した宣長の議論は、きわめて小説の主題をよく理解していて、物語の性質を解明したものだといえるだろう。

さらに宣長はいう。源氏物語のなかには、偶然、儒教と似た部分があるかもしれない。だが、それは偶然であり作者の本意ではない。物語には物語なりの本質というものがあるのだ。儒教とは違って、物語ではただただ人間のすることや、心の動きをよく知ることが善きことであり、その逆が悪しきことなのである。つまり「もののあはれ」を知っているかどうかが、善悪の基準になるのだ。

宣長の儒教批判が、勧善懲悪を批判する逍遥を刺激したのはまちがいない。人情の解放を掲げる宣長の物語論は、まさしく西洋の「文学」に匹敵するように思われたからである。儒教がつくりあげた善悪の基準、世界観への挑戦が、「もののあはれ」にはある。その自由な発想に、逍遥は驚いている。日本古典のなかに、日本を乗り越え西洋に匹敵する言葉をうむ手がかりがある。千年以上ものあいだ、日本文学を覆いつくしていた儒教的伝統のその奥に、太古の文学がある。その文学のありようは西洋の「近代」文学に類似している。「もののあはれ」と「人情」が、古代と「近代」を架橋してくれるのだ。

「近代」をつきつけられた逍遥が、宣長という血脈にすがったのは、当然のことだったといわねばならない。これ以降、人情をいきいきと描写するために、近代日本文学は「言文一致」を進めていくことになる。北村透谷にはじまり、国木田独歩をへて明治末期の自然主義文学にいたって、それは一つの完成をみることになるだろう。

古典を手ですくい、飲み干す

本居宣長が取り組んだ古今和歌集や源氏物語などの古典文学は、宮廷文化として生まれたものである。「西側」からの緊張が一瞬、解けたようにみえる国風文化の時代が、完全に外側との接触を絶ったと考えるのは短慮というべきであって、とりわけ文学の世界、すなわち言葉の世界が、政治上の転換や断絶にあわせてすぐさま劇的な転換を起こすことはあり得ない。

なぜなら言葉とは、自分が生きている時代以前の人びとの叡智、すなわち歴史を養分として成長するものだからであり、今、眼前にある言葉の突端も、歴史の土壌に根ざしていればこそ太い幹になり、繁茂することができるからである。そして本居宣長が生きた江戸中期、鎖国から百年が経過し、今や「西側」との接触が最小値にまで縮減したように見える時代ですら、言葉にかんする限り、「文明の衝突」は起きていたといってよい。宣長の「もののあはれ」論も、そうした緊張関係を養分とし、歴史の堆積から生まれでてきた思想である。

今、ここで改めて結論を述べておくと、「もののあはれ」論の最大の発見は「色好み」、すなわち男女関係と国家のかかわりを論じた点にあった。山々に囲まれた土地ではじまった男女の恋の駆引きが、夥しい数の和歌を生み、しずかに降り積もってきた。源氏物語の時代になると、その詞の伝統に耳を傾け、共鳴することが日本人としての生き方となった。それが「もののあはれをしる」ことなのだと宣長は定義してみせた。「しる」という言葉からわかるように、それは感情主義的ではなく、むしろ自覚された認識である。私たちからは、いったん、古代の詞や生活のリズムは失われている。その亀裂は自覚的に取り戻さねばならないのだ。

だがしかし、多くの国文学研究者たちは「もののあはれ」論を、圧倒的に坪内逍遥と正岡子規の影響下に論じてきたのであって、「近代」文学の発見だと見なし、勧善懲悪の儒教的文学観から解放された自己主張、自我解放の文学論の登場だと見なしてきたのである。

恐らく宣長最大の功績は、和歌と物語世界が肯定と共感の倫理学を主題とし、恋愛から「日本」という国家が立ち上がってくることを証明した点にある。

いいかえると、宣長は人間の実存ではなく、「関係」に注目したということだ。恋愛とは個人的であるよりも、男女という一対の関係性で成り立つからである。そして恋愛と国家との関係を論じた思想家は、私が知る限り近代以降でも、折口信夫や柳田國男、吉本隆明や三島由紀夫、さらには大江健三郎などの系譜があるのであって、脈々と日本文学の血脈は保たれつづけてきた。

宣長は圧倒的な先駆的業績として、日本を恋愛との関係から論じて見せた。日本という国家を考えるためには、女性的なものから考えねばならないと主張したのである。宣長が強く否定した儒教的価値観とそれに基づく国家観は、今日でも私たちの思考を呪縛している。その「普遍的価値」にたいして、「もののあはれ」論は何をもたらし、日本の自己像形成にどういう意義をもったのか――読者諸氏が自分なりの生活リズム、呼吸に合わせて生きるとき、宣長は意外に近い場所にいる。ルソーやカントに比べ、圧倒的に遠く思えた日本の古典たちが、芳醇な言葉の清水となって、私たちの前であふれだす。氷河のように山の奥深く眠っていた古典が溶けだし、湧きだしてくるのだ。

古今和歌集を、源氏物語を、宣長とともに手にすくう。

そして渇ききった喉いっぱいに飲み干し、潤せばよいのである。

あとがき

私たちは「日本古典」を扱うことに慣れていない。日常生活を送っている限り、古今和歌集や源氏物語本文はもちろん、その解釈の歴史にまで思いを馳せることはほぼないだろう。日本語の伝統は、カルチャーセンターの中に閉じ込められ、退職後の教養講座に静かに収まっている。

それは生活から文化が脱臭され、日常が無味無臭になるということである。政治の激変や経済動向とは無縁の場所に文化は鎮座し、日本語に触れることが高尚なお稽古ごとに堕しているのだ。

それをかつて、福澤諭吉は『学問のすすめ』の中で、西洋文明以前の学問は日常生活に役立つ「実学」ではない、だから駄目なのだと喝破した。近代の学問は実社会に役立つ実学であるべきであり、人びとの生活は活発に、流動的であるべきだと主張したのである。こうして文化と実学はきれいに分割してしまった。日常は必要性の尺度に溢れ、文化はカルチャーセンターに収まり互いを直視しないことで、共生関係に入ったのである。

ならば現在の私たちの生き方は、宣長が望んだ世界になっているのだろうか。歌も源氏物語も、政治に直接関係ないことを強調した宣長もまた、文化と実学が分裂することを望んだのだろうか。

恐らく事態は逆である。私は大学入学以来の三十年あまり、折に触れて宣長の文章に接してきた。

それは最初、政治の世界とは無縁の隠れ家を提供してくれたからであり、日本語の世界に耽溺することで、現実をつかの間、忘れさせてくれたからであった。しかし年齢を重ね、わが国の歴史を学ぶにつれて、言葉とは養分をたっぷりと含んだ豊饒な作物であり、その作物は土地の記憶と離れることができないことをしった。そして土地の記憶とは、対外的な緊張関係をふくむ、政治経済の動向と不可避につながっていることもしった。

日本古典を読み、文化に触れることとは、その言葉を紡いできた日本人の緊張と葛藤に触れること、つまりは日本語を保持しつづけ、次世代に受け渡すことの困難を、かすかにでも感じ取る営みなのである。宣長がおこないつづけたのは、傷つきつづけてきた日本語の本来の姿、しなやかでやわらかい言葉を、私たち自身の手で再生させようとすることだった。なだらかな、緑濃き山々にかこまれた「やまと」には、自然から喜怒哀楽にいたるまで、さまざまな出来事を肯定し共感する日本人の姿があった。

本書は、賛否両論ある本居宣長という思想家の前半生を甦らせようとする試みである。「もの」に触れ、「こと」に心を動かされる歌人にして源氏物語学者、古典に精通した知の巨人の実像に迫った。原典精読の部分は読みづらいかもしれないが、この静逸にして躍動する知のドキュメントを再現せずして、古典学の醍醐味はわからないと思う。

ある思想が生まれて流れをなし、伏流となって古書の中に閉じ込められている。地下水脈となって、溢れだす時をじっと待っている。だとすれば、宣長の死から二百二十年以上の時を経て、令和の今、滾々と湧きだす水脈を掘りだそうとする野心を持つのは当然ではないか。宣長が求めた閉鎖空間からの脱出願望を私もまた抑えることができなかった。古典に還ることによって得られる「自由」というものがある。

本書は多くの先行研究の学恩を被っている。謝辞を述べておきたい。

今回もまた、新潮社編集部の三辺直太氏と阿部正孝氏には大変なお世話をおかけした。二人の伴走がなければ、この繊細な世界を再現することはできなかった。精密きわまる校閲を施してくださった山下千恵氏の名前も挙げておくべきだろう。いつもながら深謝もうしあげる。

令和六年春

先崎　彰容

【註】

（1）以下、野口武彦『日本思想史入門』ちくまライブラリー、1993年、7-26頁。
（2）以上、福澤諭吉の引用は、『福澤諭吉全集』第三巻、岩波書店、1969年再版、129頁。適宜、旧漢字を改めてある。
（3）以上、坂本多加雄『日本は自らの来歴を語りうるか』筑摩書房、1994年、特に9-11頁参照。
（4）直前で引用した前田勉によれば、「たしかに黒船来航による対外的危機は、それまでの『藩』の割拠意識や、『士農工商』の身分意識を超え出た『日本人』という新たな帰属意識を生みだす契機になったことは、疑いようがない。しかし一方で、対外危機以前の内発的な要因を無視することはできないと思われる」。『兵学と朱子学・蘭学・国学』平凡社選書、2006年、10頁。直前の引用は、第二章を参照のこと。
（5）以下、『日本思想史辞典』ぺりかん社、2001年の「こくがく　国学」の項目をもとに再構成している。180・181頁。
（6）例えば、高橋俊和は論文「『石上私淑言』の起筆と構想」の中で、宣長が賀茂真淵に入門する以前から、独創によって『日本書紀』よりも『古事記』を重視していたと強調する。その上で、和歌と神代の結びつきを発見し、「『古事記』・『日本書紀』に記された神々の世界に、『神の心ばえ』である『物のあはれ』の情を通して初めて分け入ることができる、という信念があった」と指摘する。要するに、和歌と『源氏物語』の「物のあはれ」の世界は、太古の神代の時代と深いかかわりがあると言っているのである。『本居宣長の歌学』所収、和泉書院、1996年。145頁参照。
（7）以下、宣長からの引用は、『本居宣長全集』筑摩書房からのものとする。第一巻を全集①と表記し、該当ページ数は算用数字で示す。
（8）森瑞枝「松坂修学期の本居宣長―家の宗教をめぐって―」『國學院雑誌』87（11）、1986年、364頁。
（9）村岡典嗣『本居宣長』岩波書店、1966年、24頁。傍点原著。
（10）小林秀雄『本居宣長』上、新潮文庫版、2007年改版、32頁。
（11）岩田隆『本居宣長の生涯』以文社、1999年、43頁。
（12）例えば、「端原氏系図及城下絵図」に関して、杉田昌彦は「時間軸と空間軸を併せ持った『時空』として存在する世界についてとことん知り尽くしたい、そしてその世界の隅々まで知り尽くすことによってその世界を我がものとしたいという飽くなき欲望」があると指摘している。ままならない養子縁組という現実から目を背け、自分で構築した世界を支配する。興味深いのは、杉田がその過程で宣長が『源氏物語』を発見し没入したと指摘している点で、単に個人的な生活苦から物語を発見したのではなく、「何故文学作品が人を救いうるのか」を考えたと指摘するのである。以上、杉田昌彦「宣長における上代研究の淵源──『道の学び』と源氏研究に通底するもの──」『文芸研究』119、2013年、92-95頁。なお宣長の地図と支配関係については、日野龍夫「本居宣長と地図」『宣長・秋成・蕪村　日野龍夫著作集第二巻』所収、ぺりかん社、2005年、173頁。

(13)「本居宣長の思考法」『21世紀の本居宣長』所収、朝日新聞社、2004年、10-15頁。

(14) 以下、京都の描写は、宣長『在京日記』全集⑯-90以下を用いて再現している。

(15)『日本庶民生活史料集成』第23巻、三一書房、1981年、245頁。膽吹覚「本居宣長『在京日記』に見る宝暦期京都の年末年始」から再引用。

(16) 芳賀徹『文明としての徳川日本』筑摩書房、2017年のⅢ-8のタイトルは「博物学の世紀──十八世紀の日本と西洋」と題され、貝原益軒や平賀源内、伊藤若冲にかんする記述を見て取ることができる。136頁以下参照。

(17) 大石慎三郎『田沼意次の時代』岩波現代文庫版、2001年、199・200頁。

(18) 宝暦五年十一月二十六日、一条兼香の娘である富子は、桃園天皇の女御として入内する。三年後の宝暦八年七月二日に富子は、のちの後桃園天皇となる親王を産み落とすことになる。当時、桃園天皇の周辺では、竹内式部という神道家が隠然たる影響力をもちはじめていた。式部に感化された公卿たちが天皇に日本書紀の神代巻を御進講するまでになり、その影響力を危惧する声が出始めていた。思想によって天皇を感化し、幕府にたいする不信感を醸成していたからである。宝暦事件とは、思想が不穏な行動にまで直結した事件だった。だからここで、ごく簡単に思想内容に触れておこう。注目すべきなのは、式部が「敬」の思想に基づいて日本書紀を解釈したことだ。御進講をした公卿グループの思想的源泉は、山崎闇斎によって確立された垂加神道であった。垂加神道とは、朱子学と神道を融合させた独自の思想体系をもち、皇統を護ることを重視する。闇斎は江戸初期に活躍した朱子学者であり、心と身体双方を重視する「敬」の思想を全面に押しだし、思想を確立した儒者である。では「敬」とはそもそも、何なのだろうか。易経のなかの言葉「敬以て内を直くし、義以て外を方にす」に注目してみよう。この一文をどう解釈するかで、様々な流派ができあがる。儒学思想のなかでも最大勢力のひとつの朱子学によれば、心の居敬の工夫と心の外側にある格物窮理の工夫、双方を重視すると解釈すべきだとされた。「敬義」という漢字二文字のなかに、朱子学の思想が凝縮されているのである。いっぽうで山崎闇斎のばあい、朱子学者でありながらも、特に「敬」の方を強調した。しかし、この概念をあまりにも強調すると、心の重視に傾斜してしまう。それでは仏教や朱子と同時代の思想家・陸象山の心学に近づいてしまい、儒学の独自性が失われる。儒学が最も重視するのは倫理である。つまり人と人との関係性だから、それが無視され個人主義的になることを恐れたのだ。だから闇斎は「敬」という言葉に、心身いずれも重視すべきだという、独自のメッセージを盛り込んだ。では闇斎がいう人間関係とは、具体的には何だろうか。君臣関係を重視した闇斎は、人間関係の理想を臣下の絶対的忠誠であるとした。そしてわが国では神道にこそ、「敬」の思想が顕現すると考えるようになってゆく。日本書紀神代巻への独自の解釈は、こうして誕生する。日本古典を、最先端の儒学思想で解釈してみせたのである。その系譜に生じたのが、宝暦事件だった。垂加神道を確立し、独特の日本書紀解釈を強調した山崎闇斎は、のちに宣長最大の論敵になるだろう。第八章でみるように、宣長は日本書紀自体に違和感を抱いただけでなく、闇斎にいたるまでの千年にわたる書紀解釈史全体に論争を挑んでいくからである。

(19) 単独化した個人が、承認欲求を求めてナショナリズムを呼び求めるという見解は、エリッヒ・フロム以外にも多くの指摘がある。最も標準的なものとして、フランシス・フクヤマ『IDENTITY　尊厳の欲求と憤りの政治』朝日新聞出版、2019年を参照。ここでは近代化がもたらす自己承認欲求の歴史を、ルソーの内面的自己の発見から説き起こし、民族的ナショナリズムに結びつく有様が描写されており、前田の国学図式に近い考え方を提供しているものと思われる。実存的な問題意識が、左派では人種差別や性差別を糾弾する運動につながり、右派では急進的ナショナリズムに帰結するというフクヤマの指摘のうち、後者が、前田図式を考える際、参考になる。

(20) 前田勉同書、特に28頁、37頁。

(21) 相良亨『本居宣長』講談社学術文庫版、2011年、25頁。

(22) 熊野純彦『本居宣長』作品社、2018年、421頁。宣長は、勅撰和歌集や源氏物語の注釈など、文献精読の学徒である一方、同時代に各所に残された伝承や風習への好奇心をつねに抱いている。こうした好奇心は、のちに近代に入り、民俗学と呼ばれる学問を先駆していたと言える。たとえば『古事記傳』のなかでも、葦原中国に派遣された天若日子が死去した際、その死を悼む儀式中における「岐佐理持」と名づけられた役柄について、地元の風習から解き明かそうとする。いったん興味が定まると、どこまでも探求する好奇心。宣長にとって「風雅」とは、世界を肯定し探求心をそそのかす言葉なのである。

(23) 以上、徂徠の統治観をめぐっては、田原嗣郎『徂徠学の世界』東京大学出版会、1991年。とくに終章第三節「治はいかにあるべきか」の部分を参照。

(24) 渡辺浩『東アジアの王権と思想』東京大学出版会、1997年、161頁。

(25) この点に関連して、興味深い仮説を提示したのが、文芸評論家の加藤典洋である。加藤は、徂徠学派と宣長の違いを念頭に、「どのように私的な価値を高く評価し、その独立を強調しようと、その一方に、公的な価値の、私的な価値の及ばない聖域が確保されている限り、その、公的な価値に背を向けた私的な価値の顕彰は、屈折し、一抹のイロニーを抱え込まずにはいない」と述べた。要するに、徂徠の学問では、あくまでも文学は政治の役に立つ限りでその存在意義を認められているから、私的な価値の顕彰も屈折とイロニーを含んでしまう。しかし宣長にはその屈折がない。宣長が主張したのは、「自分は本来的に私有自楽する存在である」といいたかったのではなく、「人間は、本来的に私有自楽する存在である」という確信があったと言うのだ。後に「もののあはれ」論で強調される、個人でも階級でもない、人間一般の感情の動きを強調する宣長の発想は、すでにこの時期にでてきている。以上、加藤典洋『日本人の自画像』岩波書店、2000年、125・126頁参照。この問題関心は、つづく注26における、子安宣邦の「アイロニー」という言葉にかかわりをもつと思われる。

(26) ところで、まだこの段階では宣長の歌論と日本論、政治論の詳細には立ち入らない。ここでは荻生徂徠が『論語』先進篇をどう解釈したのかを、比較のために見ておこう。徂徠の同時代への危機感とその挫折を、ここにも見ることができるからだ。子安宣邦によれば、徂徠は曾晳を「狂者」とみなし、沂川でのゆあみを望む言葉を「微言」だといった。「狂者」とは、大いなる志をもちながら、尋常とは異なる行動をする者をさす。またその志を内に秘めた言葉を「微言」といい、詩的な文学的言語のことをさす。ここで徂徠が詩的、文学的言語に注目したからといって、宣長の和歌とおなじ理由だと考えてはならない。むしろ事態は逆である。徂徠は孔子が、実際の統治に携わる時と位に恵まれなかった人物だと考えている。革命が起きる時代に遭遇することができず、しかも統治にかかわる立場にあることもできなかった。公的世界から挫折したものは、深い憂愁を漂わせ、自らの志を内に秘めたまま、言葉を遺す。それが詩に他ならないのだ。曾晳の言葉のなかに、孔子は自らとおなじ挫折と志を読み取り「微言」だといった。そして溜息をついて賛同したのである――。子安は徂徠の解釈を参照しつつ、以上を総括して「孔子晩年のこの時、その言葉は現実への深い嘆きの言葉、反語としての詩たらざるをえない。私は（中略）局外者を装う諷詠に、深い否定的なアイロニーの文学的な表現を読むのである」としている。要するに、徂徠はあくまでも孔子の言葉に、公的な世界を見ている。だがその構造は複雑である。詩は私的な世界を描くのではなく、公的な世界からの挫折を滲ませた悲痛なアイロニーだからである。現実で志を遂げられない時、人は憤怒の思いとともに、それを言葉に託す。公的世界で挫折したものは、自らの屈折した陰影ふかき志を言葉で後世に遺そうとするのだ。その言葉にはどれだけ隠そうとも、必ず斜に構えたアイロニーが伴う。曾皙の卑屈を、孔子は見逃さなかったと徂徠は解釈しているのである。以上、子安宣邦『思想史家が読む論語』岩波書店、2010年。特に341・342頁を参照。

(27)「清涼殿のかたも見やられて、絵にかけるやうなり、内侍所の、あたらしくきらゝかにたゝせ給へる、いとたふとく、目もあやなり、それより日の御門を出て、北へまはりて見奉り侍るに、去年の冬入内ありし一条殿の女御のおはします宮なと見奉るに、御門よりはしめて、見いれたる内のさま、いとうるはしく作りみかかれたり、それより、公家門のまへにてしはしやすらひ侍るに、公卿殿上人、あまたまふのほりまかんて給ふありさま、つねにめなれぬふせい、いと殊勝にて、むかしのさかんなりし御代の大内のさま、おもひやられて、立こともわすれてしはらくやすらひ侍りける、雲の上人の有さまは、ゆうにやさしくそ、かへすかへす見奉る」(以上、全集⑯-51)。

(28) 全集別巻1-25頁。〔 〕括弧は原文ママ。

(29) 以下、高橋俊和『本居宣長の歌学』和泉書院、1996年を参照させていただいた。特に、同書の第Ⅱ部第一章のタイトルが「新古今主義」とあるように、宣長が究極の理想とする歌集は新古今和歌集である。しかし新古今のレベルに達するためには、まず古今和歌集を含む三代集を学ぶべきというのが、宣長の主張であった。したがって以下、本書では、宣長の「古今伝授」批判も意識しつつ、新古今ではなく古今和歌集の方を中心に考察し、記述していくことになる。本書第三章、第五章を参照。

(30) 周知のように、近年の研究では、『百人一首』の撰者が藤原定家であるかどうかは、なお不明瞭であるとされている。一例として、中川博夫・田渕句美子・渡邉裕美子編『百人一首の現在』青簡舎、2022年参照。

(31) 以上、賀茂真淵「にひまなび」。『賀茂真淵全集』第十九巻、202・203頁、211頁。

(32)『あしわけをぶね』成立時期にかんする最も明快な解説としては、子安宣邦「宣長における『物のあはれ』歌論の成立」、岩波文庫版『排蘆小船・石上私淑言』所収の解説が挙げられる。

(33) 以下、『あしわけをぶね』の引用については、全集版のカタカナ表記をひらがな表記に改めつつ濁点を施している。

(34) 以下、この歌をめぐる解釈は、高橋俊和「和歌と『源氏物語』」、前掲『本居宣長の歌学』所収、155-159頁を参照している。

(35) 大野晋「語学と文学の間─本居宣長の場合─」『図書』346、1978年、61頁。

(36) 以上、『古今和歌集』新潮日本古典集成版、1989年、17・18頁。

(37) 以上、「宣長学成立まで」。日本思想大系『本居宣長』所収、566頁。

(38) はるか後のことだが、古今和歌集と新古今和歌集のちがいについて、的確に説明してくれた文章を引用しておこう。『金閣寺』などでしられる小説家の三島由紀夫は、古今和歌集の「古典主義」との対比で、新古今和歌集の特徴を次のように述べている──「そこにはいつもかすかなデカダンスが匂つてゐる。そこでは、完全な、理想的な、隅々まで明晰な、論理的世界はすでに破壊されて、廃墟になつてゐる。新古今集の各々の歌は、一首一首がこのやうな複雑に凝結した世界を成してゐて、古今集のやうに、各首が相携へて、歌集全体の秩序に参加するやうにはできてゐない。しかし、一首一首は妖しいほどの光彩を放つフラグメントであり、われわれはもはや全体としての世界と詩的宇宙を見捨てても、しばしばこの艶やかな断片に耽溺するといふ誘惑に打ち克つことができないのである」(「古今集と新古今集」)。三島の「断片」という言葉に注目すべきであろう。言葉の世界から秩序が奪われているということは、とりもなおさず時代状況もまた断片化していたのだ。もはや時代全体からも、言葉の世界においても中心軸が奪われている。確固たる正統的世界像は瓦解し、各々の世界観が、言葉の断片となって転がり、その妖艶な美を競って人びとを刹那的に魅了しているだけなのだ。とうぜん宣長もまた、古今和歌集と新古今和歌集のちがいを知っていたに違いない。そのうえでなお、宣長は両歌集を高く評価した。両歌集の歌こそ、宣長当代の歌詠みが学ぶべき模範だとみなしたのである。

(39) 藤原定家(1162─1241)『詠歌大概』は、和歌創作におけるバイブル的存在である。そこには作歌の原理原則として、「情以新為先。詞以旧可用。風体可効堪能先達之秀歌」という定義が見られる。以後、この解釈をめぐって和歌史は展開されてきたといってよい。日本文化史の核心が、二十一文字に込められているのだ。「情」とは何を意味するのかをめぐり、南北朝時代の歌人頓阿(1289─1372)などが独自の解釈を試みたが、その背景には、中世にはいり和歌が詠みつくされ、停滞している状況があった。以後、和歌はその言葉の背景に、儒教や仏教の思想を詠み込むことで、斬新さを競う方向へと向かっていく。たとえば新古今和歌集に収められた定家の有名な「みわたせば　花も紅葉もなかりけり　浦の苫屋の秋の夕暮れ」について、室町期の東常縁は『新古今集聞書』において二つの解釈を示している。以下、大谷俊太『和歌史の「近世」』も参照しつつみていこう。

春も昔になり、秋のもみぢも散はてて、何の名残なく成たる秋の暮方に、浦のとまやを見わたせば、白波のいつともわかぬけしきをながめて、世中体はかくこそ侍りけれ、何事もいたづら事也。身体も世間にとどまらぬ物なり。はてはただうらのとまやの秋の夕ぐれなりといひすてたる歌なり。

又説、花紅葉もなき体、かへりて面白し。秋の夕の感を見たてて、さてもおもしろやと思ふに、花紅葉もなし。物をかざりなどもせぬに真実の事はあるといふことにや。こと葉たくみにし色をよくするを聖人のいさむる道理に相叶歟。人間万事如此。涙おさへがたき歌なり。

春はもう過去のことだ。秋の紅葉すら散りおえた秋の夕暮れの苫屋を見渡し、寄せてはかえす白波がたつ景色を前に物思いに耽っていると、世のあらゆることは無常であり、肉体もまた滅びてゆくものなのである――前半の引用には、中世の無常観が臆面もなく披瀝されている。仏教の知識で歌を解釈・評価してみせたのである。一方、後者では、花も紅葉もない様子はかえって面白い。なぜなら言葉に技巧を加えずに詠むことこそが、真実を描くことができるからだ。この歌は巧言令色を戒める聖人の教えにかなっている。人間はあらゆることでこうあるべきだと思うと、涙が落ちてくる――。

ここで常縁がもちいている「真実」とは「まこと（誠）」であり、朱子学の中心概念にほかならない。つまり、儒学の知識で歌を解釈・評価しているのである。ちなみに、朱子学について最低限説明するために、林羅山の『三徳抄』を参照しておこう。たとえばこんな一文に出会う――「誠とは、真実自然の理也。無為無事にしてあしき事なし、是、本心の動ざる所也」。こうした儒教の人間観が、歌の存在意義にまで浸透すると、歌が政治とのかかわりを高らかに宣言し、「ただ、歌道は道をおこなはせんの教戒也（中略）心に仁あれば、おこなはずといへども、世はおさまるなり。仁をあらはす事は歌道也」（『古今和歌集両度聞書』）という統治論にまで拡大する。注意すべき点は、本来、理想的な歌とは何かをめぐり展開されていた議論が、中世では無常観や朱子学における「まこと（誠）」など、人間の生き方、統治論、世界観にまで影響をあたえている点にある。

（40）たとえば、古今和歌集の仮名序における柿本人麻呂への評価が、後年、「人麿伝」として権威を帯びてくる過程でも、古今伝授はかかわりをもつ。以下で詳述する細川幽斎が、吉田兼倶から伝えられた「神道伝授」はその典型例である。これは吉田神道を武器に、人麻呂を神聖化した中世歌学の典型例であるが、こうした解釈の積み重ねを批判することから、国学は始まった。契沖『古今余材抄』や荷田春満『古今和歌集序釈』などはその典型である。以上、城﨑陽子「霊魂の変位―古今伝授における歌聖の神格化―」『東アジア比較文化研究』13、2014年。特に106頁以下。

(41) 揖斐高は、同書の序章「方広寺鐘銘事件―林羅山評価の試金石」において、大坂冬の陣のきっかけの一つとされる方広寺鐘銘事件と羅山の暗躍に注意をうながし、また家康が儒書の講釈を聞くことを好み、政治に有効であると意識していた事実を指摘している。そして以上をまとめて、「方広寺鐘銘事件における羅山の行動の背景には、豊臣家を討滅することによって『治国平天下』をもたらすべきだとする、朱子学者としての羅山の『志』があったことを見落としてはならないであろう」とし、さらに、「儒者でありながら剃髪・法体を命ぜられて家康に仕えていた羅山も従軍し、軍装して大坂城攻めの陣営に伺候したのである。儒者であるからといって羅山は戦さの埒外にいたわけではなかった。大坂の陣は羅山自身にとっても、儒者としての志の実現にむけて一歩を踏み出す、命運のかかる戦さだったのである」と強調する。儒者や歌学者が当時、政治の世界に深いかかわりをもっていた理由がよくわかる部分である。

(42) この点にかんしては前掲『和歌史の「近世」』のなかで、「怪力乱神を語らぬ儒学者流の、人丸を、昔の書物に登場する単なる歴史上の人物としての捉え方と違い、歌道に連なろうとする者は、和歌の神である人丸への絶対帰依の心を持たねばならず、そのようにして初めて、神意に叶った、つまり、自己という現実世界でのちっぽけな枠を超えて、天地自然と合一した歌が詠み得ることになる」という事実を指摘している。以上、210頁。

(43) 「人麿影供」と信仰の関係については、前掲「霊魂の変位―古今伝授における歌聖の神格化―」、102頁、106・107頁を参照。

(44) この「三鳥の伝」について、とくに「よぶこどり」の解釈をする際、中心概念として「元初の一念」というものがある。元来は天台本覚論の用語であるが、古今伝授ではその本来の意味を離れ、中世の神典注釈の影響を受けた用法でつかわれた。『原人論』と『起信論』における「如来蔵」「阿頼耶識」との関連に特に注目し、「よぶこどり」の意味を斬新に解釈する営みがあったということである。こうした「伝統」に戦いを挑んだのが契沖・真淵そして宣長ら国学者だということになる。神典注釈については、髙尾祐太「古今伝授『三鳥』詳考　中世古典注釈の思想世界」『国語国文』85（3）、2016年を挙げておくのがよいだろう。25頁以下。

とになる。

(45) たとえば、赤瀬信吾は論文「古今伝授の三木伝」の中で、仏教教説が神鏡の意義付けを説いてゆく際、古今和歌集の「古」は本来無明の体を象徴し、「今」は万象のうつる所を体現していると説明している。こうした、今日から見れば牽強付会とも思える理論を駆使しながら、「古今伝授」はより多彩な議論を展開していった。その渦中に幽斎は秀才中の秀才として君臨することになる。

(46) その細川幽斎の影響は、宣長がもっとも評価した新古今和歌集の解釈で頂点をむかえる。前掲『和歌史の「近世」』を参照すると、次のようにいえる。戦国時代も終盤の慶長三年(1598)のある日、幽斎は、弟子の烏丸光広にたいし、次のような話を切りだしている。先に東常縁が解釈してみせた、藤原定家の「みわたせば　花も紅葉もなかりけり　浦の苫屋の秋の夕暮れ」について、自分は、「なにのてもなくみたる、よき也」という評価をくだすべきだと考えている。つまり、苫屋のある浦の景色を、そのまま何の手も加えることなく詠んだ点が、この作品が優れている理由だと考えたのである。

しかし実際は、幽斎の解釈とは異なり、定家の歌には精密な細工が施されている。源氏物語の明石巻本文を意識して、定家は、王朝物語の「幽玄」を体現して詠んでいたからだ。たとえば、上句で「花も紅葉もなかりけり」と詠んだとき、従来の代表的な美である春秋を否定することで、かえって鮮烈な美を幻視させることを目指している。定家は革新的な歌を詠むための工夫を凝らしていたのである。

もちろん、幽斎ほどの野心家が定家の戦略に気づかなかったわけがない。だが幽斎には幽斎なりの戦略があった。わざと着想の新規さや、詞に屈折や技巧を施さないのがよい歌の基準であり、その代表的な作品として定家をあげた。従来の解釈とは、ほぼ逆の評価を与えたことを、光広に告げたのである。さらにつづけて幽斎は、烏丸光広にたいし、笛方の一噌似斎の芸などは「いなかもの」にすぎず、「面白がらするは、いなか芸なり」と否定的な意見を述べた。笛の稽古に際し、師匠の教えを純粋に守らなければ、あとで必ず行き詰ってしまう。にもかかわらず、往々にして基礎をおろそかにしたまま、独自性を——つまりは「面白がらする」ような演奏を——してしまうものだ。こうして、「乱舞の事にをそくひけり。なにの道も道は一也」と幽斎は結論をくだし、和歌に話を戻したうえで、改めて定家を褒めたたえたのである。「乱舞」とは能楽のことを指している。幽斎によれば、和歌だけではなく、能楽や笛など、あらゆる芸能には共通の美意識が存在する。それは独自性を意識しすぎないこと、つまり面白がらせないことである。幽斎は、光広を前に歌論をかたりながら、能楽ばかりか太鼓や茶の湯にまで持論を展開し、饒舌を極め、芸能史全体を視野に収めようとしている。

事実、定家の和歌と歌論は、幽斎の芸能観を支えてくれるような理論を備えており、長らく美的基準となっていた。たとえば、定家の歌における「花や紅葉」の解釈は、幽斎によれば太鼓の音を評価する際にも参考になる。花や紅葉は華美な音の象徴なのであって、もし華美な音を出せないばあい、わざと叩く必要はなく、「浦の苫屋の秋の夕暮れ」のように、ただありのままの音を出せばよいのだ——。全芸術ジャンルの基準に、藤原定家は君臨している。幽斎はそれを自在に使いこなしてみせる。茶の湯の世界であれば、『南方録』では、侘茶の精神こそ定家の歌に象徴されている世界なのである。それは「無一物の境界」だといわれ、秋の夕暮れに佇む苫屋こそ、侘び寂びをよく表し、風流の極致を表現しているわけだ。茶の湯もまた、過剰な演出は避けるべきものとされているのである。

幽斎は、このとき確実に日本美の使徒であった。日本の美は、幽斎の理論ひとつによって支えられていた。かれは近世芸能全体を見渡す視野をもつ万能の芸能人であった。武将であるとともに文化に精通していること、滅びゆく伝統が双肩にかかっていることを自認していた。それは幽斎をふるいたたせこそすれ、怯えることなどあり得ない。定家の和歌解釈の正統性を独占することで、芸術の善悪の基準をわがものにできる。これだけでも十分に野心をくすぐった。幽斎の野心は、中世歌人の東常縁の歌学から儒教思想を発見し、古今伝授にもち込むかたちで具体化された。彼は朱子学が和歌を超えたあらゆるジャンルの文化に浸透していることを見抜き、みずからの理論的支柱に据えたのである。このとき幽斎は、「西側」から到来した普遍的価値の存在をみとめ、その価値にみずからをゆだねることで、正義の側に立つ。文化のあらゆるジャンルが、西側の価値に侵食されていく時代に、和歌はどのようにして生き残るべきか。和歌もまた、積極的に西側の価値に身を投じ、そこで自己の存在意義を主張すべきではないか。時代に順応し、変化に敏感であるべきではないか。秘すべきものは秘し、変化すべきものは変化させ、伝統の生き残りを目指すべきではないのか。朱子学が解釈市場を独占する以前に誕生した藤原定家の和歌は、こうして四百年以上の時間を経て、「古今伝授」の世界観、すなわち西側の普遍的価値のなかに位置づけられたのである。

(47) 以上、『契沖全集』第八巻、90・91頁。『賀茂真淵全集』第九巻、78－82頁。
(48) さらに真淵は『古今和歌集打聴』で、この作品解釈の小見出しを「是にさまさまの説共あれどみないにしへに跡なきつくりごと也、ゆめゆめ信ずべからず」と書いている。はっきりと「古今伝授」を意識し、批判の俎上に載せているのだ。その際に参照したのも、やはり万葉集であった。その巻十には、「冬過て　春し来ぬれば　年月は　改まれども　人はふり行」という作品があるが、万葉集では冬が過ぎて春が来た、と一直線に素直に詠んだ部分を、技巧的にしたのがこの作品だといったのである。

すべての鳥が趣深く囀る季節が春なのであって、百千鳥は春を飾るのにふさわしい。以上、『賀茂真淵全集』第九巻、54頁。なお、万葉集巻十のこの作品と、百千鳥の歌について、初唐の詩人劉希夷の「代悲白頭翁」という漢文学の影響を指摘したのが、鈴木宏子である。鈴木によれば、古今和歌集春歌上の「人はいさ　心もしらず　ふるさとは　花ぞむかしの　香ににほひける」にもあるように、自然は不変であるが人は移ろっていく、という認識は王朝和歌の〈型〉として、定型的なのである。『古今和歌集」の創造力』NHK出版、86－89頁参照。

(49) 以上から分かるのは、次のようなことである。宣長はきわめて屈折した歌論を展開している。たとえば宣長は『玉葉集』『風雅集』をつくった京極家や、冷泉家を認めることはなかった。またおなじく二条派を批判し、万葉集のなかに理想を探しだした賀茂真淵とも異なる意見をもっていた。万葉集の重要性を認めつつも、和歌の基準としては認めなかったのである。宣長は、あくまでも新古今集や三代集をよしとした。それは二条派の価値基準と完全にかさなる。つまり、二条派のなかから生まれた古今伝授だけを否定したのであって、宣長の和歌は徹底的に二条派のそれなのである。すると宣長の前には、古今伝授を主張する二条派、京極家と冷泉家、そして賀茂真淵の万葉集派が、それぞれの主張を競い合っている風景が見えていたはずである。

(50) 宣長が契沖の『百人一首改観抄』のどの部分にはげしく共鳴したのか。一般的には「実証的」という言葉で理由付けされてしまう理由について、「歌を歌で理解する」という特徴に注目したのが、西田正宏である。西田によれば、『改観抄』はその多くの部分を、先行する下河辺長流『百人一首三奥抄』に拠っている。にもかかわらず契沖に特徴的なのは、『三奥抄』に比べて圧倒的多くの歌を引用し、それぞれの歌の「心」の共通点を探った点にある。具体的には、有名な紀貫之の「人はいさ　心もしらず　ふるさとは　花ぞむかしの　香ににほひける」の解釈部分において、百人一首の歌の配列について言及し、歌に詠まれた素材が紅葉・桜・松・梅であることを指摘し、この歌を含む四首を検討することで、そのうち二首が紅葉と桜が絶え間なく散る様として同類（一類）であり、残り二首が心が似ている、すなわち同じ心情を詠んだ歌であると分類するのである。百人一首全体の構成にまで目配りをした点が、長流とは異なる契沖の特徴であること、特徴に単なる実証主義以上の契沖独自の特徴があること、こうした点に宣長が共鳴した可能性も考えられるかもしれない。西田正宏「契沖『百人一首改観抄』再考」、75－77頁。

(51)『契沖全集』第九巻所収の久松による解説。768頁。

(52) 前掲全集、同頁。

(53) 例えば細川幽斎が、近代以前の勧善懲悪観に基づく、典型的な解釈者だとすれば、次のような中村真一郎の解釈は、近代文学の側からの典型的な誤読ということになるだろう。同じ『伊勢物語』第四十九段にたいし、「『私はお兄さまとばかり思って、接して来ましたのに……』という、妹からの返歌をもらう挿話で、これも明らかに、近親相姦の感情を描いている。これが、後でとり上げる『宇津保物語』になると、女主人公あて宮に対して、同母兄の仲澄が焦がれ死をするという、深刻な挿話にまで発展していくので、つまり『色好み』の諸相のひとつには、後に宣長が『もののあはれ』論で指摘したように、近親相姦というものも重要な要素として含まれていたことが知られる」。ここでの中村の主張が、細川幽斎の解釈を、いわば反転させただけのものに過ぎないこと、対する契沖 - 宣長の系譜が、全く異なる方法論に基づいて、民俗学的な業績さえ含んだ斬新な解釈をしていることは、驚きに値する。中村真一郎『色好みの構造―王朝文化の深層―』岩波新書、1985年、42・43頁。

(54) 相良亨は、『あしわけをぶね』三十八条の「男らしく正しくきつとした」態度を肯定する発言を引きながら、しかしそれと対立する「もとのありていの人情」を評価する宣長について、「われわれは、宣長が『男らしく正しくきつとした』ことを肯定しているのか、批判しているのかを迷わざるをえない」と素直に吐露している。前掲『本居宣長』、68・69頁参照。

(55) ここで宣長が、「人情」に精通することと「恕心」という概念を、同時に用いていることに注目してほしい。たとえば、次のような一文である――「人情に通じ、物のこころをわきまへ、恕心を生じ、心ばせをやはらぐるに、歌よりよきはなし、春たつ朝より、雪の中に歳のくれゆくまで、何につけても、歌の趣向にあらざる事なし、かくのごとき風雅のおもむき、面白きありさまを、朝夕眼前に見つつ、一首の詠もなくして、むなしく月日を送るは、此世にこれほど惜き事はなき也」。この「恕心」について、大谷雅夫は、伊藤仁斎の『論語』解釈とその影響を受けた堀景山、さらには堀景山経由で若き日の宣長にあたえた影響について指摘している。

仁斎らが直面した問題は、朱子学を否定した際に起きる人間関係をめぐる問題である。先に簡潔に述べたように、朱子学のばあい、天理は各人に「性」として備わっているので、たとえ日常生活の不浄のなかで埋没してしまっていても、人欲を克服し、学んだ場合、聖人になることができる。朱子学が詩の役割についても、倫理的な面を強調したのは、聖人になるという最終目標を考えた場合、人欲はぜひとも克服せねばならない悪だからにほかならない。ところで、もし人欲を克服できれば、本来の「性＝天理」に人は回帰でき――これを復初の説という――、人は誰でも聖人となる。これはある種の平等主義であり、人と人との関係は、元来、共通性を前提としているのである。それにたいし、伊藤仁斎の場合、人の「性」とはそれぞれの気質だとされる。

梅は酸っぱいし、柿は甘いように、各人の本質は異なっているのだ。だとすれば、各人の気質の違いを前提とする限り、朱子学否定は、相対主義に陥るではないか。自己と他者との間には、決して乗り越えることができない溝、断絶があるではないか。

仁斎と宣長が直面していたのは、朱子学という「西」側から到来した「普遍的」価値を否定した途端、世界像は混沌としてしまうということだ。人間同士の共通の基盤を前提しないこと、人欲さえ否定しておけば、皆聖人になる可能性を強調する平等性が瓦解すること――この事態を前に、仁斎は『論語』の読み直しを迫られ、宣長は瓦解した和歌世界の再構築を問われた。その結果、宣長の実情論は、詞による自己と他者の架橋に最大限の注意を払ったわけだ。

いっぽうで、仁斎のばあい、『論語』衛霊公篇の「それ恕か、己の欲せざる所、人に施すこと勿れ」を次のように解釈することを強いられる。普通、私たちはこの有名な孔子の箴言を、「自分の望まないことを人に行わないこと」だと解釈している。だが、仁斎は、『論語古義』において、「恕」と「己の欲せざる所、人に施すこと勿れ」とは別の概念であると主張する。通常の解釈では、まず自己を前提してしまっている。自分の好悪を前提に、その先に他者が立ち現れてくるからだ。だがそれは『論語』解釈として間違っている。そうではなく、「恕」とは、何よりもまず自己を棄てること、己の好悪それ自体を棄てて、ただひたすら他者の好悪とは何かと忖度する心だと解釈したのである（『童子問』『語孟字義』）。

この仁斎の立場が画期的だったのは、詩もまた勧善懲悪説から解放されるからである。詩は政治とはかかわりをもたない。だとすれば『詩経』を読む意味とは何だろうか。仁斎によれば、人の心を表現するものだから『詩経』には、古人のすべての人情が備わっている。そして人情には古今の変化は本来ないので、『詩経』の三百篇を知ることで、普遍的な人の心を知ることができる。つまり他人の心にまつわる相対主義を克服する手段こそ、詩の役割なのだ。こうした仁斎の他者観念が、堀景山を経由して若き日の宣長に浸透したことは間違いない。宣長が「人情に通じ、物のこころをわきまへ、恕心を生じ、心ばせをやはらぐるに、歌よりよきはなし」と言い、仁斎らと異なり、とりわけ日本の和歌の特殊性を「恋」「好色」に見いだすとき、宣長は、朱子学的な普遍的価値が終焉した後の混乱状況に、新たな秩序を発見したということである。

(56) 古今和歌集からの引用は、宣長等の全集からの引用以外は新潮日本古典集成『古今和歌集』からのものとする。この部分の引用は、26頁。

(57) 本文で参照した鈴木宏子の研究をもう一度、参照しよう。貫之の恋歌に注目した論考のなかで、鈴木は、古今和歌集と万葉集の連続性と断絶に注意をうながす。恋歌一に収められた貫之の作品をとりあげてみよう。

山桜　霞の間より　ほのかにも　見てし人こそ　恋しかりけれ

山桜が霞を透して見えるように、あの日ほのかにお見受けしたあなたが、恋しくてなりません――新潮日本古典集成はこのように訳している。この何気ない恋の歌を詳細に分析してみると、まず、万葉集相聞歌の主題である「一目惚れ」の型を、この作品は受けついでいる。一目見た瞬間に恋に落ちる心の動き、その揺れ動きに反省も分析も加えずおおらかに詠いあげる万葉集の伝統に、貫之はしたがっている。

ところが一方で、前半の「山桜」と「霞」を組み合わせて詠む方法は、万葉集の伝統には存在しない。貫之時代の独創なのである。感動する心を象徴する自然の組み合わせは、貫之の技巧が凝らされているのだ。山桜は美女の象徴であり、その女性は霞の向こう側に垣間見える憧れの存在にほかならない。理想と偶像を直接描写せず、ほのかに暗示する霞という自然。ここに万葉集時代とは異なる平安王朝人に特有の美意識を見いだすことができる。宣長の「もののあはれ」論との関連で重要なのは、ここではじめて、古今和歌集と源氏物語のつながりが現れるからである。源氏物語にしばしば描かれる垣間見の男女関係が、ここに登場しているからだ。またもう一つ、貫之の恋の歌をとりあげておこう。

人知れぬ　思ひのみこそ　わびしけれ　わがなげきをば　われのみぞ知る

思う人に知ってもらえない恋の思いこそ、本当につらいものだ。所詮、私の嘆きをしるのは、この私だけなのだ――鈴木によれば、何よりも「わがなげきをば　われのみぞ知る」と畳みかける「我」という言葉に注意すべきである。万葉集の時代、相聞歌では自分の恋心が第三者にしられないよう警戒する歌はあるものの、貫之のように、恋の相手にさえしられない秘められた内面、自己の複雑な内面を凝視した歌は存在しない。またおなじ貫之の恋にまつわる作品「初雁の　泣きこそ渡れ　世の中の　人の心の　秋し憂ければ」は、恋の終わりを詠んだ歌である。ここで貫之は、みずから女性になりきり、自分を棄てた男性の心を思い、嘆いている。「泣きこそ渡れ」には、鳴きながら空を駆けめぐる雁の姿と、女性が泣く姿が掛詞となっており、また「秋」は雁が飛来する秋という季節と、恋の終焉を暗示する「飽き」が掛けられている。盛夏を過ぎたころに、雁が夕暮れ時の空に飛び去るのを見あげて、ふと、秋の近いことを覚るときがある。急に冷えた空気が、夕闇の奥深くに悲哀の匂いを含んでいることに気づき、佇むこともあった。涙が流れ、この季節に、みずからが棄てられたこと、この恋に終わりがきたことを認めざるを得ない――「飽き」るとは、そして「秋」が巡りくるということは、恋に時間の推移を発見したということである。つまり貫之の二首の恋の歌からわかるのは、第一に、恋に乱れる自意識の発見であり、第二に、恋のはじまりから終わりにいたる時間の発見なのである。万葉集にはなかった表現方法を貫之は発見している。一目惚れに酔いしれる万葉人にとって、恋に始まりと終わりがあること、四季や自然が盛衰の象徴だという認識はない。貫之らの古今和歌集の美学は、男女関係のなかに時間の流れ、盛衰の無常を発見したということだ。

以上、大岡や鈴木の研究を参照し、詳細に古今和歌集を参照してきたのは、この歌集が日本文化史に与えた影響が絶大なものだったからだ。「西側」で起きた国際秩序の激変は、漢詩文隆盛の時代の終焉を告げた。日本語でみずからをどう説明し、世界観を組み上げるかが問われたのである。以後、日本文化の道筋をつくり、その影響の頂点に、源氏物語が登場する。源氏物語はその作品中の歌だけでなく、本文のなかにも古今和歌集を意識した文章がちりばめられているからなのである。

(58) 相良前掲書、87頁。

(59)『和辻哲郎全集』第四巻、岩波書店、150頁。

(60) かくして大正十一年の和辻哲郎は、二本の論文をつうじて平安時代を否定する。古今和歌集と宣長の文芸論には男性的なものが欠如し、官能と享楽に堕し、感受性のみ鋭敏な平安貴族の精神があらわれているというのだ。このとき和辻は確実に、明治の正岡子規の系譜に連なっている。古今和歌集のような感性を女性的であるという理由で、否定しているからである。

近代文学における個性の主張はやがて自然主義文学を生みだし、明治末期の文壇を席捲する。北村透谷を経て自然主義に帰結する「言文一致」は、みずからの内面を告白する文学であり、その言葉に決定的に欠けているのは歴史である。時間の積み重なりが言葉から脱色され、個人を語ることに言葉が奉仕してしまうのだ。坪内逍遥の「実情」と、宣長の「実情」がたどり着いた先が、これほどまでに正反対の方向だったことは驚きである。宣長は言葉のなかにある歴史に触れようとするからだ。

逍遥では、赤裸々な感情表現が「そのまま」他者に理解されることが前提とされ、言葉に独自の技巧性、独立した権限はうばわれた。私の感情＝世界という等式が成立してしまい、世界を構成する他者の凹凸や手触り、自分との違いへの感覚は無視されてゆくのである。また同時に言葉は個性を表現するためにのみ奉仕させられるから、言葉から歴史は奪われてしまう。言葉は個人の感情の陰影を映しだすだけの器具と化し、時間的な厚みを失っているのである。個人と言葉は近代にはいりほぼ同時に、一切の伝統や権威、それがともなう規範を否定することで「自由」を謳歌した。他者と歴史からの解放が、じつは新たな閉塞、個人の感情という不定形なもののなかに閉じ込められるとも知らずにである。こうして時間と空間いずれの領域でも、宣長の「もののあはれ」論とは正反対の言葉が、近代文学を構成することになる。「もののあはれをしる」への和辻の低い評価も、この流れに位置づくものだと考えられよう。

(61) 第四章で私は、細川幽斎と契沖の鋭い対立にふれておいたが、そこでは『伊勢物語』の在原業平と妹との関係について、全く異なる解釈がなされていた。勧善懲悪という塵を取り払った先に契沖がみたのは、古代日本人に独特の「関係」のつくり方である。恋は否定されるどころか、人間関係の基本をなしているのだ。ところがその契沖も、うたをめぐっては次のように言う、「うたは釋名云人聲曰歌。歌柯也。如草木有柯葉也。これにふたつの心あるへし。柯葉を見て其木其草と知ことく、哥によりて心さしの顕はれて知らるる心欤。又柯葉の草木をかさることく聲の曲折高下は詞の餝となる心欤。所詮二義を兼て心得へし。哥は此國の詩也」(『契沖全集』第八巻、7頁)。

(62) この部分、とくに「日本古典」が成立してくる過程を、「古典的公共圏」という独自の概念で説明したものとして、前田雅之『古典と日本人 「古典的公共圏」の栄光と没落』を参照。55-99頁。

(63) 一例を挙げておこう。源氏物語の野分巻冒頭は、春秋優劣の論からはじまるが、そこで「春秋のあらそひに、昔より秋に心寄する人は数まさりけるを、名たたる春の御前の花園に……」という地の文がある。ここで式部が用いた「名たたる」には、『後撰和歌集』巻七、秋下に収められた伊勢と雅正のやりとりが反映されている。当時、伊勢と雅正は隣人の関係にあり、重陽の節句に際して、菊に綿をかぶせて香りと露を移し、翌朝その綿でぬぐい長寿をことほぐ風習があった。そこで伊勢が「数しらずきみが齢をのばへつつ名だたる宿の露とならなむ」と詠んだのにたいし、祖父・雅正は「露だにも名だたる宿の菊ならば花のあるじやいくよなるらむ」と応じたのである。

(64) もちろん今日、この四辻善成の仮説には疑問が付されている。例えば実際、須磨巻での光源氏は、「月のいとはなやかにさし出でたるに、今宵は十五夜なりけりとおぼし出でて、殿上の御遊び恋しく、所々ながめたまふらむかしと思ひやりたまふにつけても、月の顔のみまもられたまふ」(新潮版、二-240頁)というように、月をじっと見つめている。つまり石山寺から琵琶湖に映る月は見られないことが実証されているというわけである。清水婦久子『源氏物語の真相』23頁以下。

(65) 柴田純「〝七つ前は神のうち〟は本当か　日本幼児史考」『国立歴史民俗博物館研究報告』141、2008年。
(66) 以上、参照したのは、今井上の論文「三歳源氏の内裏退出―桐壺巻の時間と准拠―」であるが、これにつづけて今井は、自らの論文執筆の意図を、桐壺巻が本当に宇多天皇から延喜七年までの間に物語の舞台を限定できるのかを検討したいと述べている。そのうえで、『源氏物語』本文を読み込んでゆくと、実際の光源氏が喪葬令の規定にしたがい一年間服喪した形跡がないこと、宿木巻や『栄花物語』などを参照すると、母后と死別した皇子女は年齢に関係なく一定期間を内裏以外の場所ですごし、四十九日等の節目をもって内裏に戻っていることに注目する。つまり律令の規定を問わず、肉親と死別したばあい、子女は一定期間、内裏を退出していたのである。この今井の推論は、「源氏物語の世界が延喜聖代に准拠するという、いわゆる延喜天暦准拠説」を最初に提唱した『河海抄』、すなわち宣長登場以前、最も権威ある源氏研究の書物とされた四辻善成『河海抄』の解釈への果敢な挑戦なのである。今日でも数百年以前に書かれた注釈にたいする論争が繰り広げられていることの格好の事例であり、たった一行の解釈をめぐる論争のドラマをここに見ることができるだろう。
(67) 藤井貞和『源氏物語入門』所収、16頁以下。
(68) 前掲『和辻哲郎全集』第四巻、131頁。
(69) この点に関して、巻名から源氏物語全体の構想をとらえなおし、各巻ごとに読むことを勧め、かつここで言及されている桐壺巻－若紫巻の連続性に注目した論考として、前掲『源氏物語の真相』17頁以下をあげておく。
(70) 以下、折口信夫の引用は、『折口信夫全集』中公文庫版。この部分は全集第八巻、国文学篇2所収、307頁。以下、全集⑧－307などのように略記する。
(71) 「其は、今一つ古代からあつた信仰が、其後れて出た怨霊などより、力の出づる所深く、災ひを逞しうはさせなかつたからである。宮廷に傳る稜威と言はれた力が其である。源氏物語では、光源氏の持つ威力として、根強いものが書かれてゐる。それは源氏の生活力として現れたいろごのみの心であつた。大貴人にのみ許される自由な生得の力であつた」(「もののけ其他」全集⑧－319)
(72) 「萬葉びとの強い生活意力を、国民の上に今一度持ち来すには、本道のますらをぶりの歌の拍子から、波だつて来る古人の気魄を、我々の胸に甦らさねばならぬ。優美を、歌の標目とした時代は過ぎた。たわやめぶりのやつし姿をかなぐつて、本道の張りつめた歌に戻らねばならぬ（中略）橿原の宮が実現されることは、国民の内生活に、純粋と力とが漲りわたる訣なのである」

（「異訳國學ひとり案内」全集⑳－２６９）

(73) 戦時中の時代背景から折口の思想を解明したのは、植村和秀『折口信夫　日本の保守主義者』である。

(74) 以上『河海抄』からの引用は、『紫明抄・河海抄』所収、角川書店、１９６８年、１８６頁。適宜、読みやすさを考慮して、濁点・句読点を施している。

(75) 『論語』為政篇第二・第二章にかんする朱子・仁斎の解釈にかんして、最も手に取りやすい比較解説は、子安宣邦『思想史家が読む論語』岩波書店、２０１０年。特に２４４－２４７頁。徂徠の詩解釈については、日本思想大系所収の徂徠の各論文を参照している。

(76) 「弁名」上、智。前掲日本思想大系、58・59頁。

(77) 以上、前掲日本思想大系、31・32頁。

(78) 一方で、人として善き道を行うことができるようになるために詩を詠む――こうした考えは、朱子学だけでなく陽明学者にも共通する価値であり、日本においては源氏物語の解釈にまで影響をあたえることになった。一例を挙げよう。ある陽明学者は、源氏物語を次のように読むべきだと主張する――「源氏物語は、表には好色のことを書けども、実は好色の事に非ず。其故に、源氏物語を好み見る人にも、正しきに過たる人有。此物語を書たる意趣は、万の事世の末に成行ば、上代の美風衰へて、俗に流ん事を嘆き思ふといへども、其あらはに正しき書は、人忌て近づけず。見る人すくなければ、世にあまねからず（中略）強て教がましき筆法をあらはさず、只好色の戯となして、其中に上﨟の美風、心もちひをくはしく残せる者也」（熊沢蕃山『源氏外伝』、野口武彦『「源氏物語」を江戸から読む』講談社学術文庫、１９９５年より再引用）。

　蕃山にとって、『源氏物語』は戦略的な文書に他ならない。現代の世の中は堕落している。時代に合わせない限り、人は耳を貸さない。だからわざと好色の場面を描くことで、逆に上代の理想の人間関係へ思いを寄せるようにするのだ――道徳的に源氏物語を解釈しようとする姿勢はあくまで儒学的なのである。

(79) 新潮日本古典集成『紫式部日記　紫式部集』所収、91頁。

(80) 全集版の『紫文要領』は、後年の『源氏物語玉の小琴』に改めるための書き込みを反映するために、極めて煩雑な囲みなどが使用されている。そこで、新潮日本古典集成版も参照しながら、先崎が適宜判断し、読みやすい引用を作成している。

(81) 本来、この部分は、源氏本文からの引用がさらに「らうたげなる……」以下に分けられており、それぞれに下心の注釈がついている。だが理解の全体を助けるために、源氏本文を一箇所にまとめた上で、下心も統一して後ろに置く引用を行っている。全集④－21・22頁。
(82) 以上、「源氏物語螢巻の物語論義」。『平安朝文学と儒教の文学観』所収、笠間書院、2014年。特に81頁、84頁、87頁。
(83) 新潮日本古典集成版『源氏物語』四－75頁。
(84) 以上、「『物のあわれを知る』の説の来歴」。新潮日本古典集成『本居宣長集』所収の解説。特に510頁、520・521頁を参照。
(85) 『宣長・秋成・蕪村　日野龍夫著作集』第二巻所収。特に154頁以下参照。
(86) 以上、仏教にたいする日野の評価は、前掲論文、特に166頁以下に詳しい。
(87) 以上、前掲『本居宣長集』所収の解説。545・546頁。
(88) 前掲、相良亨『本居宣長』106頁、109頁。
(89) 以下、江藤淳『成熟と喪失』講談社文芸文庫版、1993年を参考に構成している。解説は上野千鶴子「『成熟と喪失』から三十年」が付されている。
(90) 『成熟と喪失』のなかに、この部分に関連する箇所を探すならば、69頁、148－151頁、250頁などをあげることができる。
(91) 上野千鶴子『近代家族の成立と終焉　新版』岩波現代文庫、2020年所収、315・316頁。
(92) 前掲『近代家族の成立と終焉　新版』所収、352・353頁。
(93) つけ加えるとすれば、西郷隆盛もまた、この系譜の典型的人物ということになるだろう。西郷の周囲には一種異様なまでの男色的雰囲気があり、西南戦争に際して多くの男たちが死をともにしたことは有名である。西郷はほとんど自死するように、征韓論を唱え、下野し、西南戦争にはしった。彼は幼少期から儒学を学び、「敬天愛人」をしばしば揮毫した。陸軍大将にして悲劇に散った西郷こそ、その後のアジア主義者や大陸浪人たちをひきつけたのであり、理想の政治家、カリスマ的男性性の象徴となったのである（拙著『未完の西郷隆盛』参照）。また西部邁の著作『福澤諭吉』中公文庫のサブ・タイトルが、「その報国心と武士道」とされていることも、象徴的といえるだろう。
(94) 前掲『近代家族の成立と終焉　新版』所収、361頁。

(95) 大久保正「解題」『本居宣長全集』第六巻所収。5頁。
(96) もう一つ、今度は和歌の実作から例をあげよう。宣長は自身の和歌の添削を、真淵に依頼していた。なかなか思うような評価を受けられず、真淵好みの万葉調で試作をしてみたものの、評価は芳しくなかった。宣長が万葉調の歌を詠んだのは、真淵の怒りをかわそうとするほかに、万葉調の古語に精通することで、古代に近づき、古事記を解明するためであった。自分自身の確信は裏切れない。そこで自分がよいと思う新古今調の作品を真淵に送ってしまった。当然のことながら、真淵からはげしく叱責されることになる。二度目の絶縁勧告は、次のように記されている。「いひなし、はいかい也、恋なとは艶にあはれにこそいはめ、是は新古今のよき歌はおきて、中にわろきをまねんとして、終に後世の連歌よりもわろくなりし也、右の歌とも一つもおのかとるへきはなし、是を好み給ふならは、萬葉の御問も止給へ、かくては萬葉は何の用にたたぬ事也」。
意訳すると、論外だ、これでは俳諧です。恋は優美な風情に、しみじみと詠むべきなのに、これでは新古今の良い歌は置いておき、とりわけ悪い歌を真似ようとして、結果的に後世の連歌よりも悪くなっている。あなたの作品のうち、私が評価するのは一つもない。こんなものを好むなら、万葉集への質問もやめなさい、これでは万葉集は何の役にもたたないのだから——。真淵の評価は、ここでも一貫して万葉集を基準としている。和歌は万葉集の作品に似ているべきであり、歌学も万葉調を分析することで明らかにできるはずであった。また道、すなわち日本人古来の生き方も、万葉集時代のようであらねばならない。
(97) 井上豊「歌意考　解説」『賀茂真淵全集』第十九巻所収、64頁。
(98) 以下は鳥越憲三郎『倭人・倭国伝全釈　東アジアのなかの古代日本』角川ソフィア文庫、2020年を参照。
(99) この前後の部分は、文中掲載の研究文献に加えて、上野誠『遣唐使　阿倍仲麻呂の夢』角川選書、2013年も参照している。
(100) 以上、日本書紀からの三箇所の引用は、岩波文庫版『日本書紀』(二)、148頁、150頁、172頁。
(101) 以上、神野志隆光『「日本」国号の由来と歴史』講談社学術文庫、2016年。45・46頁、54頁。
(102) このほかにも、『石上私淑言』では、「問云。日本となづけられたるゆへはいかに。答云。万国ことごとく光を仰ぎて。めぐみあまねき大御神の御国なる故に。日の本つ国といふ意也。又西蕃諸国より見れば。日の出る方にあるも。をのづから其こころにかなへり」(全集②-141)と記しているが、この時点での宣長は、むしろ「日本」と太陽信仰を結びつけて理解しようとしている。その一方で、『国號考』になると、「日本としもつけたまへる号の意は、万国を御照しまします、日の大御神の生ませる御国といふ意か、又は西蕃諸国より、日の出る方にあたれる意か、此二つの中に、はじめのは殊にことわりにかなへれども、そのかみのすべての趣を思ふに、なほ後の意にてぞ名づけられたりけむ、かの推古天皇の御世に、日出処天子とのたまひつかはししと同じこころばへなり」(全集⑧-468)と言って、自説をくつがえし、太陽信仰をむしろ否定して、太陽が昇る方角を単に示唆しただけであると考える。

(103) 岩波文庫版『小説神髄』、2010年改版、62頁、64頁。

【主要参考文献一覧】

『本居宣長全集』全二十巻・別巻三巻、筑摩書房、1993年
『賀茂真淵全集』全二十一巻、続群書類従完成会、1987年
『契沖全集』全十六巻、岩波書店、1976年
『源氏物語　一』新潮日本古典集成、1976年
『源氏物語　四』新潮日本古典集成、1979年
『日本書紀　(二)』岩波文庫、1994年
『古今和歌集』新潮日本古典集成、1978年
『古今和歌集』佐伯梅友校注、岩波文庫、1981年

赤瀬信吾「古今伝授の三木伝」『国文学　解釈と鑑賞』56（3）、1991年
秋山虔『源氏物語』岩波新書、1968年
秋山虔『新装版　王朝女流文学の世界』東京大学出版会、2015年
秋山虔監修『批評集成・源氏物語　第二巻　近世後期篇』ゆまに書房、1999年
秋山虔監修『批評集成・源氏物語　第四巻　近代の創見』ゆまに書房、1999年
浅野三平『近世国学論攷』翰林書房、1999年
朝日眞美子「帚木三帖における空蟬の『衣』をめぐる展開—『後撰集』の『うつせみのから』より『忘れがたき』思いへ—」『古代文学研究』2021（30）、2021年
阿部秋生『源氏物語研究序説』東京大学出版会、1959年
阿部秋生「契沖・春満・真淵」『近世神道論・前期国学』日本思想大系39所収、岩波書店、1972年
阿部秋生『源氏物語の物語論』岩波書店、1985年

阿部秋生「蛍の巻の物語論」『東京大学教養学部人文科学科紀要』24、1961年
安藤礼二『吉本隆明』NHK出版、2019年
伊井春樹監修・編集『講座源氏物語研究　第一巻　源氏物語研究の現在』おうふう、2006年
伊井春樹監修・池田忍編集『講座源氏物語研究　第十巻　源氏物語と美術の世界』おうふう、2008年
板垣俊一「近世国学の民衆的基盤―生活者としての本居宣長―」『県立新潟女子短期大学研究紀要』26、1989年
伊能健司「源氏物語『雨夜の品定め』の一解釈―語り手の立場を考えた場合―」『国文学研究』71、1980年
井上豊『賀茂真淵の学問』八木書店、1943年
井野口孝『契沖学の形成』和泉書院、1996年
揖斐高『江戸幕府と儒学者　林羅山・鵞峰・鳳岡三代の闘い』中公新書、2014年
膽吹覚「本居宣長の京都遊学　宝暦期の京都の文化社会」『國文學論叢』49、2004年
膽吹覚「宝暦六年の御所拝観　本居宣長『在京日記』に見る京都風俗」『国語国文学』49、2010年
膽吹覚「本居宣長『在京日記』に見る宝暦期京都の盆」『国語国文学』49、2010年
膽吹覚「本居宣長『在京日記』に見る宝暦期京都の年末年始」『國文學論叢』55、2010年
今井上「三歳源氏の内裏退出―桐壺巻の時間と准拠」『東京大学国文学論集』1、2006年、『源氏物語　表現の理路』所収
岩田隆『宣長学論攷』桜楓社、1988年
岩田隆『本居宣長の生涯』以文社、1999年
上野千鶴子『近代家族の成立と終焉　新版』岩波現代文庫、2020年
上野誠『折口信夫　魂の古代学』角川ソフィア文庫、2014年
上野誠『遣唐使　阿倍仲麻呂の夢』角川選書、2013年
上野誠『日本人にとって聖なるものとは何か』中公新書、2015年
上野誠『万葉集講義』中公新書、2020年
植村和秀『折口信夫　日本の保守主義者』中公新書、2017年
宇佐美喜三八『近世歌論の研究―漢学との交渉』和泉書院、1987年

宇田亮一『吉本隆明「言語にとって美とはなにか」の読み方』アルファベータブックス、2017年
内村和至「賀茂真淵における『ひとつ心』―〈空虚〉の内部構造について―」『文芸研究』83、2000年
海原亮『江戸時代の医師修業　学問・学統・遊学』吉川弘文館、2014年
江藤淳『近代以前』文春学藝ライブラリー、2013年
榎本恵理「方法としての和歌―本居宣長における和歌の意味―」『教育史フォーラム』2、2007年
円地文子『源氏物語私見』新潮社、1974年
大岡信『紀貫之』筑摩書房、1971年
大石慎三郎「宝暦・天明期の幕政」『岩波講座　日本歴史　11　近世3』所収、岩波書店、1982年版
大石慎三郎『田沼意次の時代』岩波現代文庫、2001年
大石学「享保改革と社会変容」『享保改革と社会変容』所収、吉川弘文館、2003年
小川鼎三「近代医学の先駆―解体新書と遁花秘訣―」『洋学　下』日本思想大系65所収、岩波書店、1972年
小川豊生「古今注と日本紀」『国文学　解釈と鑑賞』64（3）、1999年
小川靖彦『万葉集と日本人』角川選書、2014年
大久保紀子「歌を詠むことによって『心がはれる』とはどのようなことか」『お茶の水女子大学人文科学研究』11、2015年
大島明秀「蘭文和訳論の誕生　志筑忠雄『蘭学生前父』と徂徠・宣長学」『雅俗』18、2019年
大谷俊太『和歌史の「近世」』ぺりかん社、2007年
大谷雅夫「近世前期の学問―契沖・仁斎」『岩波講座日本文学史第8巻　17・18世紀の文学』所収、岩波書店、1996年
大谷雅夫「『もののあはれ』を知る道」『文学』4（4）、岩波書店、2003年
大津透『律令国家と隋唐文明』岩波新書、2020年
大塚敬節「近世前期の医学」『近世科学思想　下』日本思想大系63所収、岩波書店、1971年
大野晋「語学と文学の間―本居宣長の場合―」『図書』346、1978年
大矢野栄次「幕藩体制と藩政改革」『久留米大学　経済社会研究』第57巻、第3・4号合併号、2017年
小笠原春夫「国意考とその論争について」『國學院大學日本文化研究所紀要』22、1968年

荻生徂徠『荻生徂徠』日本思想大系36、岩波書店、1973年
荻生徂徠『論語徴1』平凡社東洋文庫、1994年
小沢正夫「古今集序の六義についての研究―中国の六義との比較を主として―」『日本學士院紀要』14（1）、1956年
小髙道子「本居宣長の古今伝受批判と中世の古今伝受」『教養教育研究院論叢』2（1）、2021年
小髙道子「古今伝受から御所伝受へ―歌神と古今伝受後奉納和歌―」『歌神と古今伝受』所収、和泉書院、2018年
春日美穂「『源氏物語』空蟬の出自―桐壺帝への入内の可能性を始発として―」『國學院雜誌』117（10）、2016年
加藤典洋『日本人の自画像』岩波書店、2000年
加藤弓枝『細川幽斎』笠間書院、2012年
萱沼紀子「真淵と宣長の対象と方法」『国文学　解釈と鑑賞』45（4）、1980年
柄谷行人『畏怖する人間』講談社文芸文庫、1990年
菅野覚明『本居宣長』ぺりかん社、1991年
北岡四良『近世国学者の研究　谷川士清とその周辺』故北岡四良教授遺稿集刊行会、1977年
北田有佳「国学者『契沖』の形成」『国語国文研究』155、2020年
衣笠安喜「折衷学派と教学統制」『岩波講座　日本歴史12　近世4』所収、岩波書店、1963年版
『近世神道論・前期国学』日本思想大系39、岩波書店、1972年
工藤重矩『源氏物語の結婚』中公新書、2012年
工藤重矩『平安朝文学と儒教の文学観』笠間書院、2014年
国崎望久太郎「真淵の歌論」『立命館文學』209、1962年
熊野純彦『本居宣長』作品社、2018年
桑田忠親『細川幽斎』講談社学術文庫、1996年
神野志隆光『「日本」国号の由来と歴史』講談社学術文庫、2016年
越野優子「紫式部と『物語の人物』――雨夜の品定めの『女学者』談に現れたものを巡って」『上智大学国文学論集』29、1996年

小島康敬『増補版　徂徠学と反徂徠』ぺりかん社、１９９４年
小関悠一郎『上杉鷹山』岩波新書、２０２１年
小髙修司「『物のあはれ』攷　舜庵・本居宣長の医学思想との関わりから」『日本医史学雑誌』53（2）、２００７年
小林敏男『日本国号の歴史』吉川弘文館、２０１０年
小林秀雄『本居宣長　上』新潮文庫、２００７年改版
小室正紀『草莽の経済思想　江戸時代における市場・「道」・権利』御茶の水書房、１９９９年
子安宣邦『宣長と篤胤の世界』中央公論社、１９７７年
子安宣邦『漢字論　不可避の他者』岩波書店、２００３年
子安宣邦『江戸思想史講義』岩波現代文庫、２０１０年
金春禅鳳伝書「五音之次第」『金春古伝書集成』所収、わんや書店、１９６９年
三枝康高『賀茂真淵』吉川弘文館、１９６２年
斎藤英喜『読み替えられた日本書紀』角川選書、２０２０年
齋藤希史編『日本を意識する』講談社選書メチエ、２００５年
佐伯梅友校注『古今和歌集』岩波文庫、１９８１年
酒井直樹『死産される日本語・日本人』新曜社、１９９６年
相良亨「近世日本における儒教運動の系譜」『相良亨著作集1　日本の儒教Ｉ』所収、ぺりかん社、１９９２年
相良亨『本居宣長』講談社学術文庫、２０１１年
佐佐木信綱『賀茂真淵と本居宣長』湯川弘文社、１９３５年
佐藤昌介「洋学の思想的特質と封建批判論・海防論」『洋学　上』日本思想大系64所収、岩波書店、１９７６年
佐野正巳「宣長学の展開　国学と蘭学の習合」『人文学研究所報』7、１９７３年
茂野寿子「竹内式部私見―宝暦事件を中心に」『文化史研究』12、１９６０年
シーコラ・ヤン「江戸時代の経済思想における市場原理の概念についての一考察」『日本研究』18、１９９８年
志野好伸「道―仁斎と徂徠の間―」『明治大学文学部哲学専攻論集』2、２０２０年

清水婦久子『源氏物語の真相』角川選書、2010年
清水正之『国学の他者像』ぺりかん社、2005年
清水好子『紫式部』岩波新書、1973年
白石良夫『うひ山ぶみ』講談社学術文庫、2009年
城﨑陽子「霊魂の変位―古今伝授における歌聖の神格化―」『東アジア比較文化研究』13、2014年
城﨑陽子「古今伝受の超克―本居宣長の学問様式―」『鈴屋学会報』30、2013年
新谷弘『古今伝授　細川幽斎と和歌の道』文芸社、2018年
新戸雅章『平賀源内』平凡社新書、2020年
杉田玄白『蘭学事始』岩波文庫、1982年改訂版
杉田昌彦「本居宣長と人情主義」『江戸文学』27、2002年
杉田昌彦『宣長の源氏学』新典社研究叢書222、2011年
杉田昌彦「宣長における上代研究の淵源―『道の学び』と源氏研究に通底するもの―」『文芸研究』119、2013年
鈴木一雄「『雨夜の品定め』論」『十文字学園女子短期大学研究紀要』25、1994年
鈴木淳「近世後期の源氏学と和文体の確立」『講座源氏物語研究　第五巻』所収、おうふう、2007年
鈴木日出男編『源氏物語ハンドブック』三省堂、1998年
鈴木宏子『「古今和歌集」の創造力』NHK出版、2018年
鈴木宏子『王朝和歌の想像力』笠間書院、2012年
住吉朋彦「日本書紀纂疏―宋学受容の一面―」『国文学　解釈と鑑賞』64（3）、1999年
髙尾祐太「古今伝授『三鳥』詳考　中世古典注釈の思想世界」『国語国文』85（3）、2016年
高木和子『源氏物語を読む』岩波新書、2021年
高野奈未「賀茂真淵と源氏物語」『東京大学国文学論集』4、2009年
高野奈未『賀茂真淵の研究』青簡舎、2016年
高橋圭一「宝暦事件・明和事件の実録」『国語国文』56（11）、1987年

高橋俊和『本居宣長の歌学』和泉書院、1996年
高橋正夫「経験の医学　本居宣長の医史学的考察　その一・二」『日本医史学雑誌』25（3）（4）、1979年
高橋正夫『本居宣長─済世の医心』講談社学術文庫、1986年
高浜充「堂上歌論におけるまこと」『国文学研究』8、1972年
高松亮太「賀茂真淵と田安宗武─有職故実研究をめぐって─」『近世文藝』114、2021年
高山大毅「『物のあはれを知る』説と『通』談義」『国語国文』84（11）、2015年
竹内誠「寛政改革」『岩波講座　日本歴史12　近世4』所収、岩波書店、1982年版
武原弘「蛍巻の物語論について─その機構および位相─」『日本文学研究』20、1984年
田尻祐一郎、城﨑陽子、山下久夫、志水義夫、西岡和彦『文学研究の思想　儒学、神道そして国学』東海大学文学部叢書、2014年
田中久文『日本美を哲学する　あはれ・幽玄・さび・いき』青土社、2013年
田中康二『本居宣長の思考法』ぺりかん社、2005年
田中康二『本居宣長』中公新書、2014年
田中康二『真淵と宣長　「松坂の一夜」の史実と真実』中央公論新社、2017年
田中康二「『古今集遠鏡』受容史」『日本文藝研究』64（1）、2012年
田原嗣郎『本居宣長』講談社現代新書、1968年
田原嗣郎『徂徠学の世界』東京大学出版会、1991年
田原嗣郎「近世中期の政治思想と国家意識」『岩波講座　日本歴史11　近世3』所収、岩波書店、1982年版
辻善之助『田沼時代』岩波文庫、1980年
土田健次郎「伊藤仁斎の詩経観」『詩経研究』6、1981年
寺澤捷年「古医方の勃興と古義学・古文辞学・古学　その全体像の俯瞰」『日本東洋医学雑誌』61（7）、2010年
徳川美術館編『源氏物語絵巻　徳川美術館蔵品抄2』徳川美術館、1985年
ドナルド・キーン、徳岡孝夫訳『日本文学史　近世篇二』中公文庫、2011年

長尾龍一『日本国家思想史研究』創文社、1982年
中川博夫・田渕句美子・渡邉裕美子編『百人一首の現在』青簡舎、2022年
長島弘明編『本居宣長の世界　和歌・注釈・思想』森話社、2005年
永島福太郎『一条兼良』吉川弘文館、1988年新装版
中野剛志『小林秀雄の政治学』文春新書、2021年
中村真一郎『色好みの構造―王朝文化の深層―』岩波新書、1985年
中村真一郎『源氏物語の世界』新潮選書、1968年
中村安宏「朝鮮と日本における科挙観と中華思想―李退渓と室鳩巣を中心に―」『退渓學論叢』38、2021年
中村幸彦『中村幸彦著述集　第一巻』中央公論社、1982年
西岡和彦「垂加派の日本紀研究」『国文学　解釈と鑑賞』64（3）、1999年
西田正宏「契沖『百人一首改観抄』再考」『言語文化学研究』6、2011年
西田正宏「近世歌学書のなかの『古今伝受』」『歌神と古今伝受』所収、和泉書院、2018年
野口武彦『荻生徂徠』中公新書、1993年
野口武彦『日本思想史入門』ちくまライブラリー、1993年
野口武彦「本居宣長と紫式部―『源氏物語玉の小櫛』小論」『国文学　解釈と鑑賞』40（5）、1975年
芳賀徹『平賀源内』朝日新聞社、1989年
芳賀徹『文明としての徳川日本』筑摩選書、2017年
蓮田善明『本居宣長』新潮社、1943年
花田富二夫「近世における『源氏』学―近世前期を中心に―」『講座源氏物語研究　第五巻』所収、おうふう、2007年
浜本純逸「『源氏物語玉の小櫛』考―本居宣長における中古文学の受容」『国文学攷』42、1967年
ハルオ・シラネ、北村結花訳『四季の創造』角川選書、2020年
林基「宝暦―天明期の社会情勢」『岩波講座　日本歴史12　近世4』所収、岩波書店、1963年
板東洋介「和歌・物語の倫理的意義について―本居宣長の『もののあはれ』論を手がかりに」『倫理學年報』59、2010年

板東洋介『徂徠学派から国学へ』ぺりかん社、2019年
坂内泰子「近世堂上歌人と『源氏物語』」『講座源氏物語研究　第五巻』所収、おうふう、2007年
樋口達郎「自国語意識と自国意識　本居宣長初期歌論を中心に」『倫理学』28、2012年
尾藤正英『江戸時代とはなにか』岩波書店、1992年
尾藤正英「国家主義の祖型としての徂徠」『日本の名著16　荻生徂徠』所収、中央公論社、1995年
日向一雅『源氏物語の世界』岩波新書、2004年
日野龍夫「儒学から文学へ」『江戸の儒学　日野龍夫著作集第一巻』所収、ぺりかん社、2005年
日野龍夫『宣長・秋成・蕪村　日野龍夫著作集第二巻』ぺりかん社、2005年
日野龍夫『近世文学史　日野龍夫著作集第三巻』ぺりかん社、2005年
日野龍夫「宣長学成立まで」『本居宣長』日本思想大系40所収、岩波書店、1978年
日野龍夫「『物のあわれを知る』の説の来歴」『本居宣長集』新潮日本古典集成解説、1983年
平野美樹「『雨夜の品定め』考―女を語る男の事情―」『日本文学』52（6）、2003年
胡潔『平安貴族の婚姻慣習と源氏物語』風間書房、2001年
福嶋亮大『ハロー、ユーラシア　21世紀「中華」圏の政治思想』講談社、2021年
藤井貞和『源氏物語入門』講談社学術文庫、1996年
藤井貞和『〈うた〉起源考』青土社、2020年
藤井貞和「雨夜のしな定めから蛍の巻の〝物語論〟へ」『共立女子短期大学紀要』18、1974年
藤井嘉章「『古今集遠鏡』と本居宣長の歌論」『日本語・日本学研究』5、2015年
藤田覚『田沼意次』ミネルヴァ書房、2007年
舟橋聖一・久松潜一監修『日本のこころⅢ　源氏物語絵巻五十四帖』平凡社、1973年
前田愛『幻景の明治』朝日新聞社、2005年
前田勉『近世神道と国学』ぺりかん社、2002年
前田勉『兵学と朱子学・蘭学・国学』平凡社、2006年

前田勉『江戸後期の思想空間』ぺりかん社、2009年
前田勉「『書紀集解』と本居宣長の日本紀研究」『国文学　解釈と鑑賞』64（3）、1999年
前田雅之『古典と日本人』光文社新書、2022年
町泉寿郎「江戸時代医学諸派の身体観と養生思想」『大倉山論集』68、2022年
松阪市史編さん委員会『松阪市史　第九巻　史料篇　地誌（2）』蒼人社、1981年
松本三之介「国学の成立」『岩波講座　日本歴史12　近世4』所収、岩波書店、1963年版
松本滋『本居宣長の思想と心理』東京大学出版会、1981年
馬渕和夫『五十音図の話』大修館書店、1993年
水野雄司『本居宣長の思想構造』東北大学出版会、2015年
水野雄太「『源氏物語』帚木巻論―巻末贈答歌と『名』をめぐる物語―」『学芸国語国文学』51、2019年
三宅清『国学の学的体系』文学社、1943年
宮本紗衣「『源氏物語』における人物と和歌―帚木三帖における夕顔と空蟬の対照性より―」『横浜国大国語研究』37、2019年
村岡典嗣『本居宣長』岩波書店、1966年
室伏信助「折口信夫の源氏物語観」『国文学　解釈と鑑賞』30（8）、1965年
目崎徳衛『平安王朝』講談社学術文庫、2021年
本居宣長『排蘆小船・石上私淑言』岩波文庫、2003年
本居宣長『本居宣長集』新潮日本古典集成、1983年
本山幸彦『本居宣長』清水書院、2014年
百川敬仁『内なる宣長』東京大学出版会、1987年
森和也『神道・儒教・仏教　江戸思想史のなかの三教』ちくま新書、2018年
森公章『「白村江」以後』講談社選書メチエ、1998年
森正人・鈴木元編『細川幽斎　戦塵の中の学芸』笠間書院、2010年
森瑞枝「松坂修学期の本居宣長―家の宗教をめぐって―」『國學院雜誌』87（11）、1986年

藪葉子「『源氏物語』における『夢のここち』」『武庫川国文』77、2013年
山泰幸『江戸の思想闘争』角川選書、2019年
山口仲美『日本語の歴史』岩波新書、2006年
山田広昭『三点確保　ロマン主義とナショナリズム』新曜社、2001年
湯淺幸代「『源氏物語』蛍巻の物語論―物語と史書との関わりを中心に―」『古代学研究所紀要』23、2015年
湯淺幸代「『源氏物語』夕顔巻の『滝口』―帝の皇子・光源氏の危機―」『古代学研究所紀要』29、2019年
楊世帆「荻生徂徠における天の両義性について」『中国研究集刊』67、2021年
横井金男・新井栄蔵編『古今集の世界』世界思想社、1986年
吉川幸次郎「本居宣長の思想」『日本の思想15　本居宣長集』所収、筑摩書房、1969年
吉川幸次郎「文弱の価値」『本居宣長』日本思想大系40所収、岩波書店、1978年
吉川澄美「本居宣長の在京医学修業」『日本医史学雑誌』62（4）、2016年
吉川澄美「本居宣長『送藤文興還肥序』に見る味岡三伯流医学の影響　その一～五」『医譚』102～105、113、2015～17、21年
吉田孝『日本の誕生』岩波新書、1997年
吉田悦之「本居宣長の思考法」『21世紀の本居宣長』所収、朝日新聞社、2004年
吉見健夫「紅葉賀巻の藤壺の歌『袖ぬるる～』の解釈をめぐって」『国文学研究』173、2014年
吉本隆明『源氏物語論』大和書房、1982年
吉本隆明『言語にとって美とはなにか　Ⅰ・Ⅱ』角川ソフィア文庫、2001年
李基東『東アジアにおける朱子学の地域的展開』東洋書院、1987年
渡辺浩「『道』と『雅び』―宣長学と『歌学』派国学の政治思想史的研究　1～4」『国家学会雑誌』87（9）～（12）、88（3）～（6）、1974～75年
渡辺浩『近世日本社会と宋学』東京大学出版会、1985年
渡辺浩『東アジアの王権と思想』東京大学出版会、1997年

渡辺浩『日本政治思想史』東京大学出版会、２０１０年
渡部泰明『和歌史』角川選書、２０２０年
和辻哲郎『日本精神史研究』岩波文庫、１９９２年

新潮選書

本《もと》居《おり》宣《のり》長《なが》　「もののあはれ」と「日本《にほん》」の発見《はっけん》

著　者……………… 先崎彰容《せんざきあきなか》

発　行……………… 2024年５月20日
２　刷……………… 2024年６月20日

発行者……………… 佐藤隆信
発行所……………… 株式会社新潮社
〒162-8711 東京都新宿区矢来町71
電話　編集部 03-3266-5611
　　　読者係 03-3266-5111
https://www.shinchosha.co.jp
シンボルマーク／駒井哲郎
装幀／新潮社装幀室

印刷所……………… 株式会社三秀舎
製本所……………… 株式会社大進堂

ISBN978-4-10-603911-9 C0312

未完の西郷隆盛
日本人はなぜ論じ続けるのか
先崎彰容
アジアか西洋か。道徳か経済か。天皇か革命か。福澤諭吉・頭山満から、司馬遼太郎・江藤淳まで、西郷に「国のかたち」を問い続けた思想家たちの一五〇年。
《新潮選書》

「維新革命」への道
「文明」を求めた十九世紀日本
苅部直
明治維新で文明開化が始まったのではない。日本の近代は江戸時代に始まっていたのだ。十九世紀の思想史を通観し、「和魂洋才」などの通説を覆す意欲作。
《新潮選書》

小林秀雄の謎を解く
『考へるヒント』の精神史
苅部直
モーツァルト論から徳川思想史の探究へ――批評の達人はなぜ転換したのか。ベストセラー随筆集を大胆に解体し、人文知の可能性を切り拓く超刺激的論考。
《新潮選書》

尊皇攘夷
水戸学の四百年
片山杜秀
天皇が上か、将軍が上か？　維新は水戸学の究極の問いから始まった。徳川光圀から三島由紀夫の自決まで、日本のナショナリズムの源流をすべて解き明かす。
《新潮選書》

未完のファシズム
――「持たざる国」日本の運命――
片山杜秀
天皇陛下万歳！　大正から昭和の敗戦へと、日本人はなぜ神がかっていったのか。軍人たちの戦争哲学を読み解き、「持たざる国」日本の運命を描き切る。
《新潮選書》

大久保利通
「知」を結ぶ指導者
瀧井一博
冷酷なリアリストという評価にいまだ支配される大久保利通。だが、それは真実か？　膨大な史資料を読み解き、現代に蘇らせる、新しい大久保論の決定版。
《新潮選書》

明治維新の意味　北岡伸一

驚くほどのスピード感をもって進められた近代国家樹立。それを可能にした人的要素と政策論議のあり方を、政治外交史の専門家が独自の観点から解明する。《新潮選書》

武士とは何か　呉座勇一

忠義よりも領地とメンツが大事。源義家から伊達政宗まで、史料に残された名言・暴言・失言から、中世武士のアナーキーな行動原理を読みとく画期的論考。《新潮選書》

反知性主義　アメリカが生んだ「熱病」の正体　森本あんり

民主主義の破壊者か。平等主義の伝道者か。米国のキリスト教と自己啓発の歴史から、反知性主義の恐るべきパワーと意外な効用を鮮やかな筆致で描く。《新潮選書》

不寛容論　アメリカが生んだ「共存」の哲学　森本あんり

「不愉快な隣人」と共に生きるにはどうすればいいのか。植民地期のアメリカで、多様性社会を築いた偏屈なピューリタンの「キレイごとぬきの政治倫理」。《新潮選書》

江戸の天才数学者　―世界を驚かせた和算家たち―　鳴海風

江戸時代に華開いた日本独自の数学文化。なぜ世界に先駆ける研究成果を生み出せたのか。渋川春海、関孝和、会田安明……8人の天才たちの熱き生涯。《新潮選書》

ごまかさない仏教　仏・法・僧から問い直す　佐々木閑　宮崎哲弥

「無我と輪廻は両立するのか?」など、仏教理解における数々の盲点を、二人の仏教者が、ブッダの教えに立ち返り、根本から問い直す「最強の仏教入門」。《新潮選書》